全国技工院校新能源汽车检测与维修专业（中 / 高级技能层级）

汽车机械识图习题册

主编　王希波
主审　逯　伟

中国劳动社会保障出版社

简介

本习题册是全国技工院校新能源汽车检测与维修专业教材（中 / 高级技能层级）《汽车机械识图》的配套用书。习题册内容紧扣教材的教学要求，注重基础知识的巩固和基本能力的培养，知识点分布均衡，题型丰富，难易适当，有助于学生复习巩固所学知识。

本习题册由王希波任主编，叶录京、王雪参与编写，逯伟任主审。

图书在版编目（CIP）数据

汽车机械识图习题册 / 王希波主编. -- 北京：中国劳动社会保障出版社，2020
全国技工院校新能源汽车检测与维修专业：中 / 高级技能层级
ISBN 978-7-5167-4739-1

Ⅰ. ①汽…　Ⅱ. ①王…　Ⅲ. ①汽车 – 机械图 – 识图 – 技工学校 – 习题集　Ⅳ. ①U462.1-44

中国版本图书馆 CIP 数据核字（2020）第 199001 号

中国劳动社会保障出版社出版发行
（北京市惠新东街 1 号　邮政编码：100029）
*
北京市艺辉印刷有限公司印刷装订　新华书店经销
787 毫米 ×1092 毫米　16 开本　9.5 印张　158 千字
2020 年 11 月第 1 版　2023 年 5 月第 5 次印刷
定价：21.00 元

营销中心电话：400-606-6496
出版社网址：http://www.class.com.cn
http://jg.class.com.cn

版权专有　侵权必究
如有印装差错，请与本社联系调换：（010）81211666
我社将与版权执法机关配合，大力打击盗印、销售和使用盗版图书活动，敬请广大读者协助举报，经查实将给予举报者奖励。
举报电话：（010）64954652

目　　录

第一章　制图基本知识与技能

§1-1　制图基本规定

1. 字体练习

螺母铸钢铁钉高低速轴左旋转方案要求销出口度量尺寸画斜线材料

均布与零件截面孔包减速机盖同钻铰刮平长度方主要基准后视测定内外径

0123456789RΦ　*abcdefghijklmnopqrstuvwxyz*

班级　学号　姓名

2. 字体练习

丁字尺头紧靠图板可上下移动铅笔由左向右称重泵盖体装配后试验

投 影 面 中 心 孔 轴 端 倒 角 零 件 均 布 垫 圈 画 圆 长 宽 高 技 术 要 求 相 贯 级 其 余 加 工

I II III IV V VI VII VIII IX X

A B C D E F G H I J K L M N O P Q R S T U V W X Y Z

班级　　　　学号　　　　姓名

3. 在右侧按照 1∶1 的比例绘制左侧图形

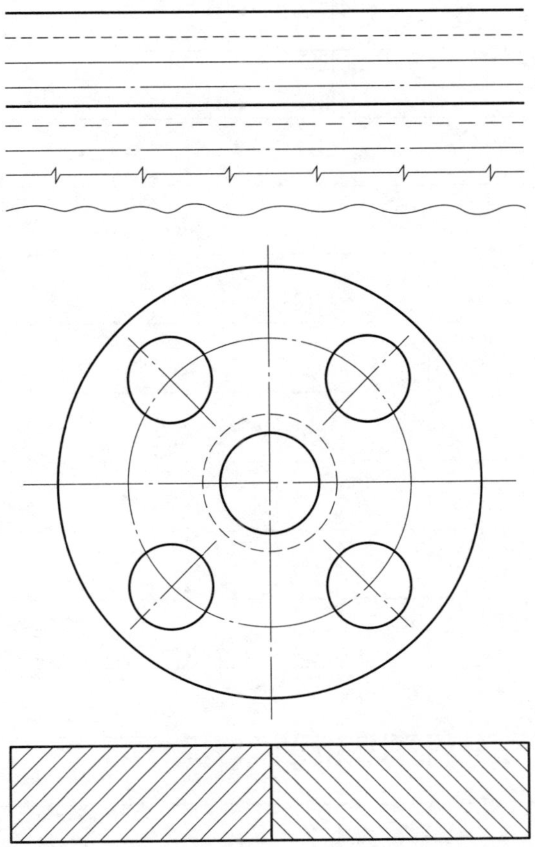

班级 学号 姓名

4. 指出图中指引线所指图线的名称和用途

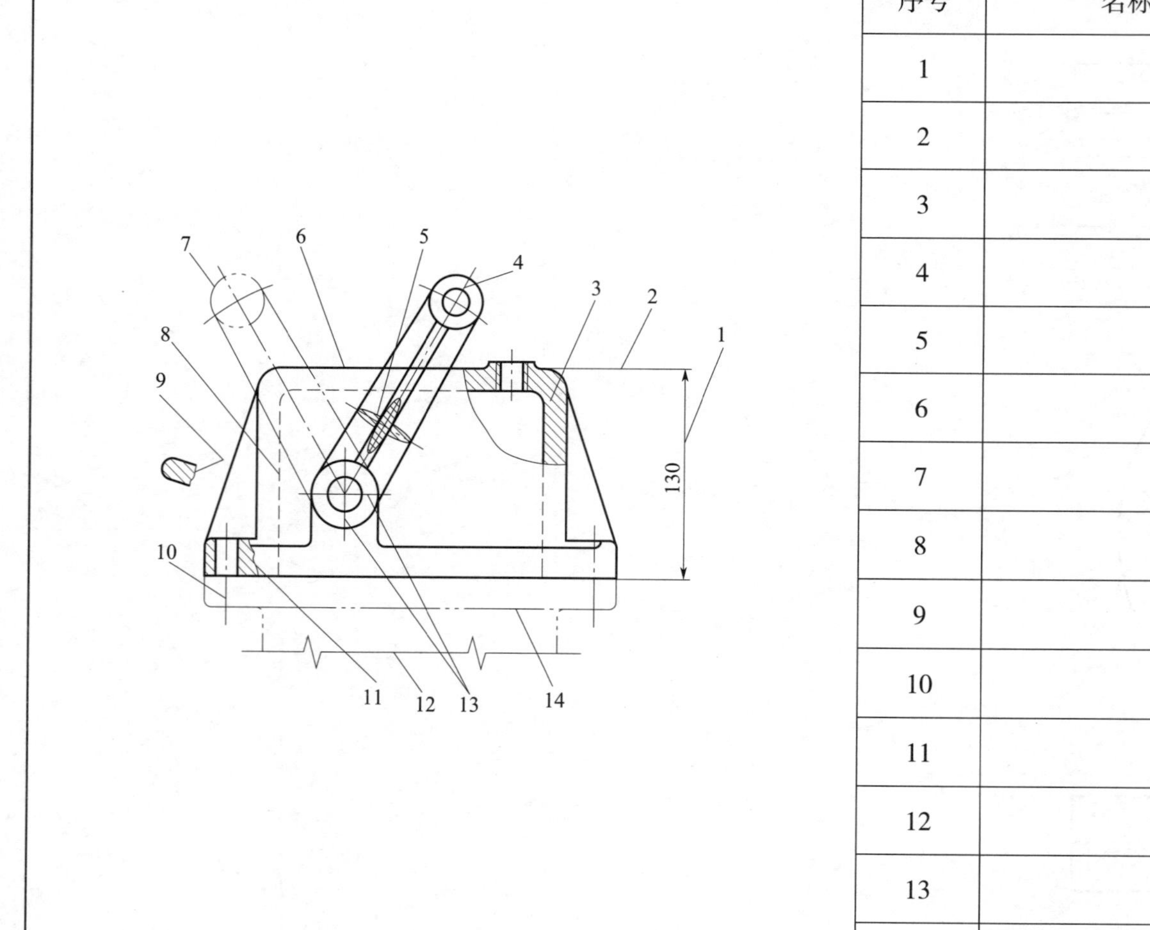

序号	名称	用途
1		
2		
3		
4		
5		
6		
7		
8		
9		
10		
11		
12		
13		
14		

班级　　　　学号　　　　姓名

§1-2 尺寸标注

1. 标注尺寸（尺寸可从图上量取，取整数）

（1）线性尺寸	（2）线性尺寸
（3）角度尺寸	（4）圆的直径和圆弧半径

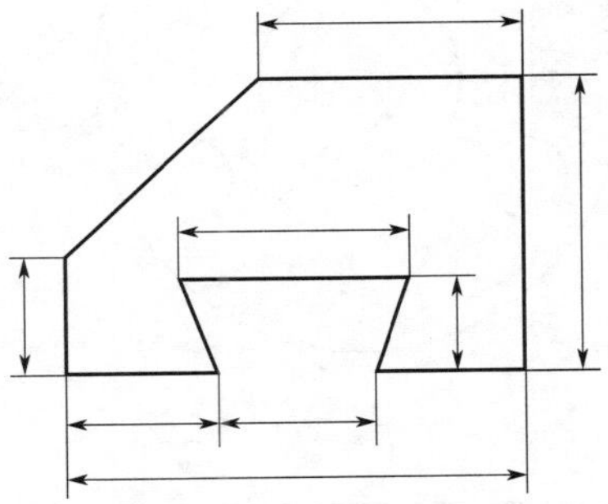

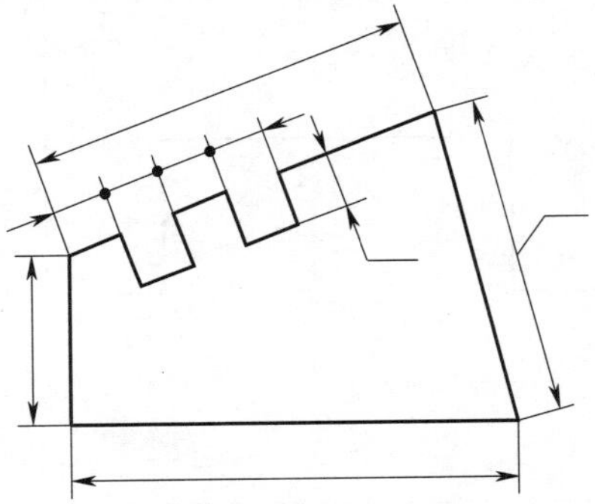

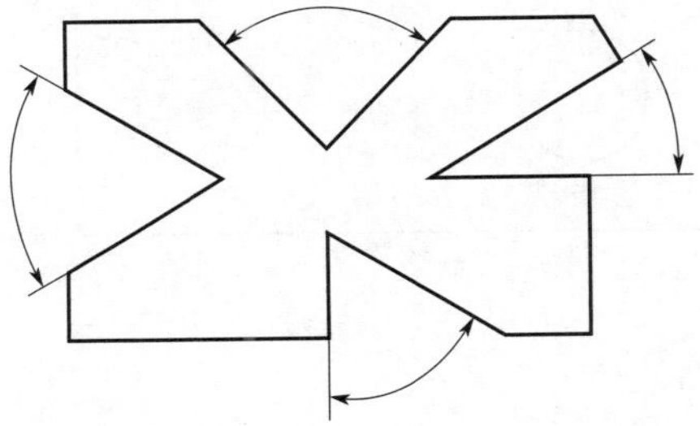

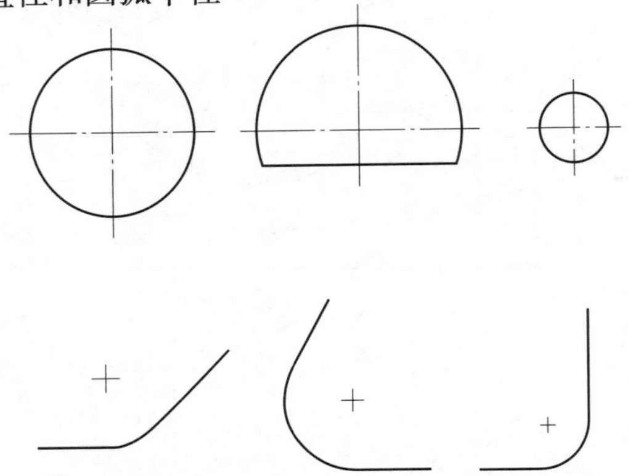

班级　　学号　　姓名

2. 标注尺寸（尺寸可从图中量取，取整数）

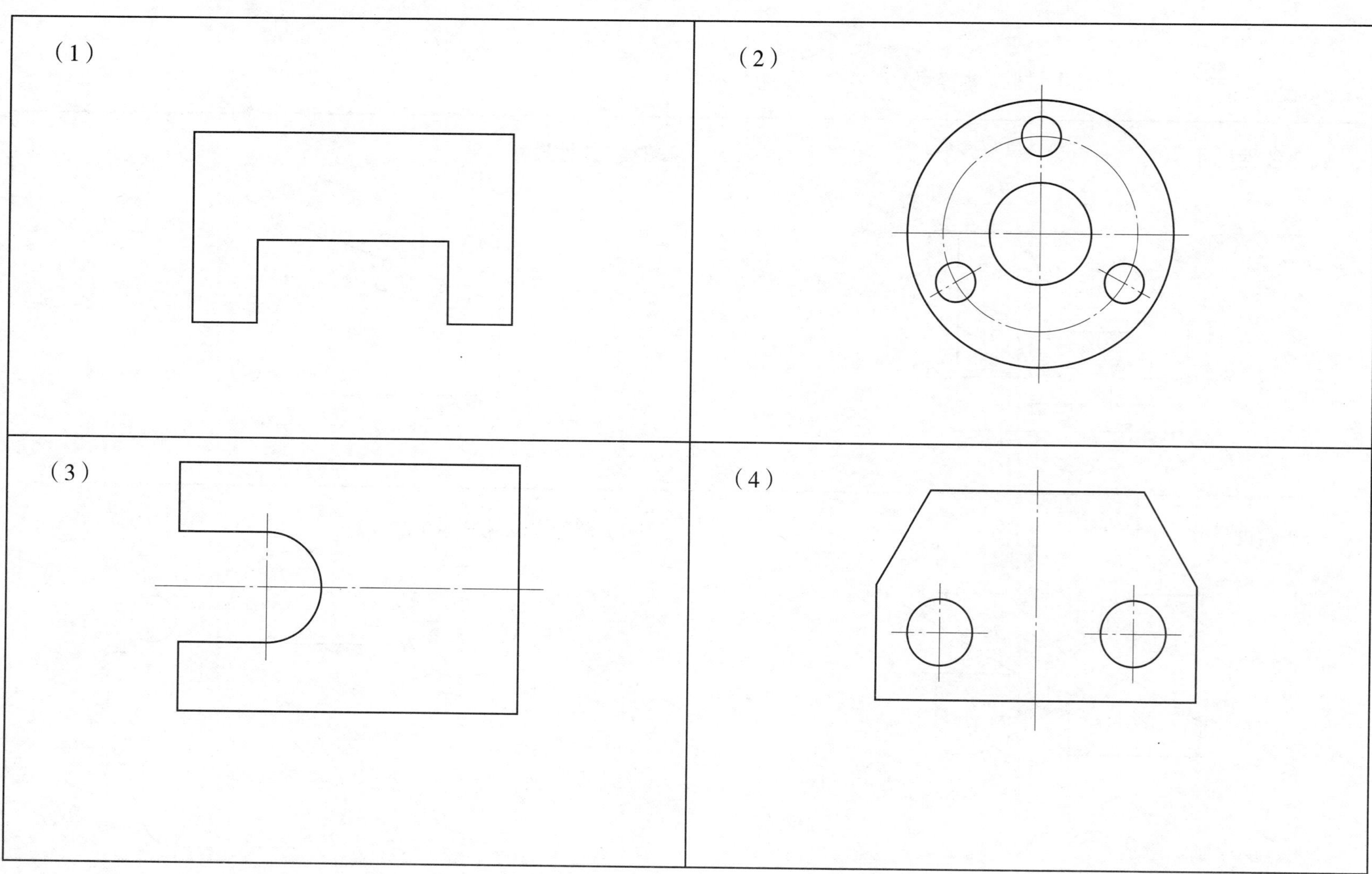

班级　　　　学号　　　　姓名

§1-3　常用绘图工具

1. 在下侧按照 1∶1 的比例绘制平面图形

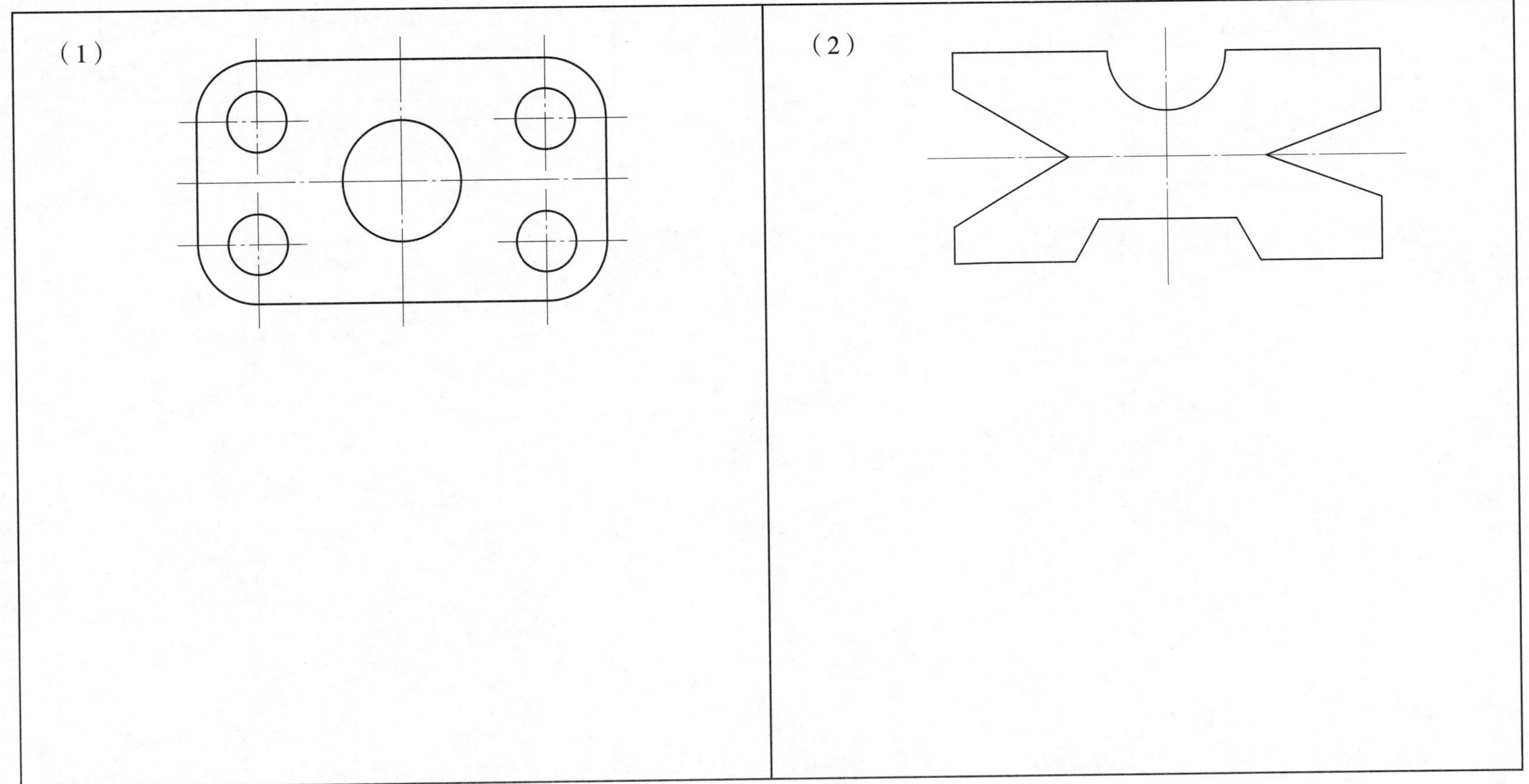

班级　　　学号　　　姓名

2. 在下侧按照 1 : 1 的比例绘制平面图形

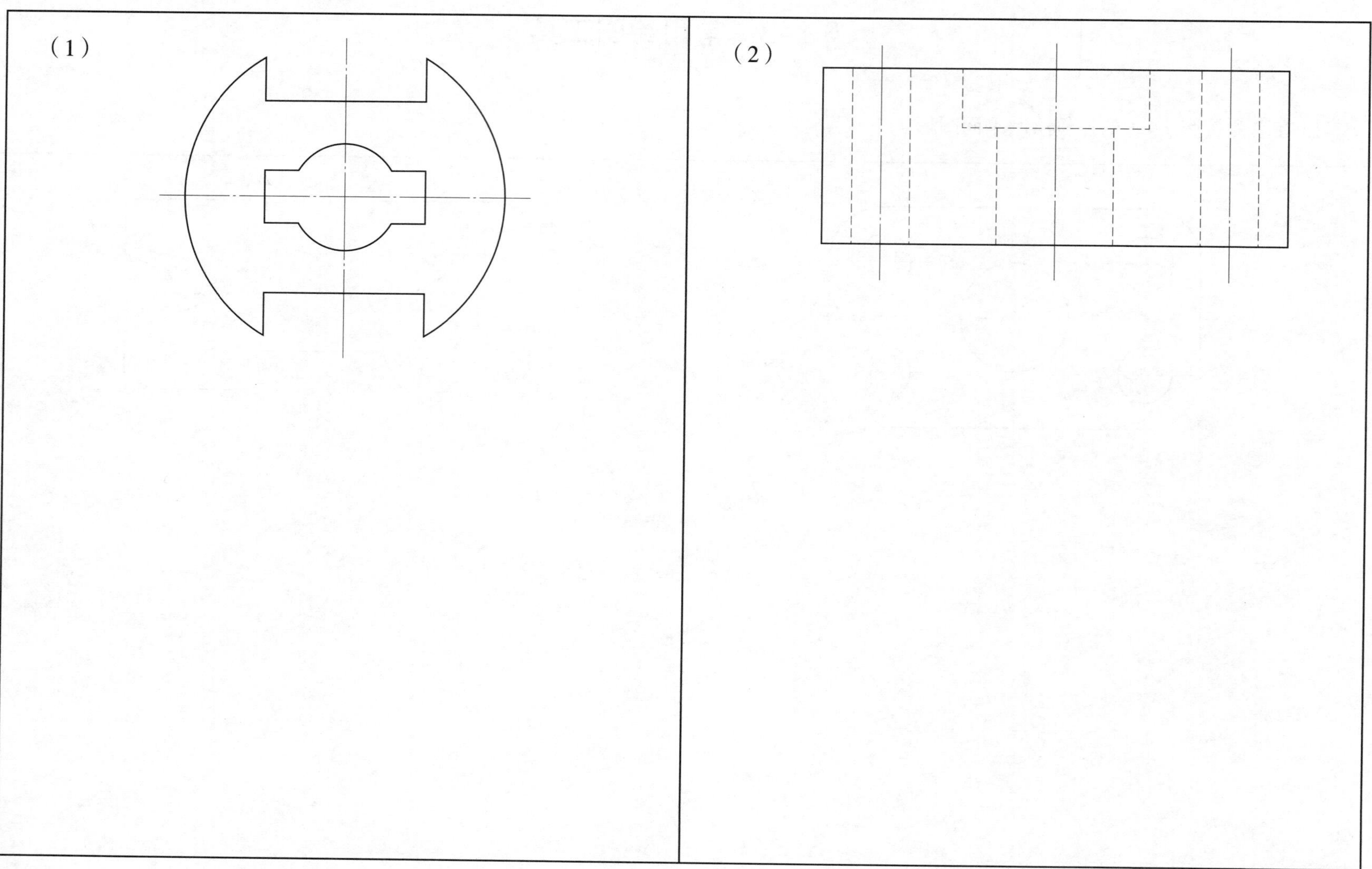

班级　　　　学号　　　　姓名

§1–4 几何图形的画法

1. 作圆的内接正多边形（同步训练）

（1）作圆的内接正三角形	（2）作圆的内接正四边形
（3）作圆的内接正五边形	（4）作圆的内接正六边形

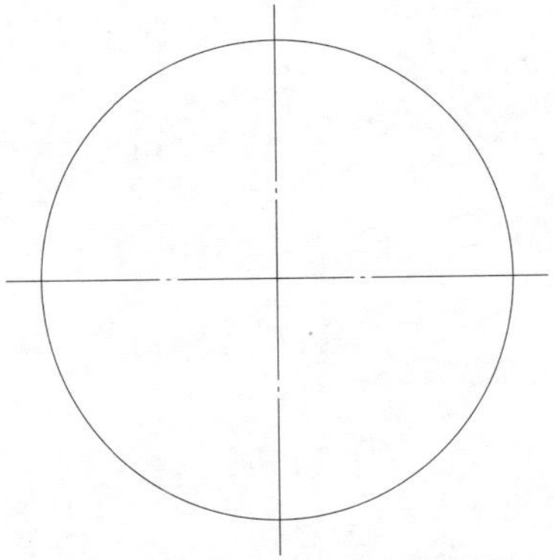

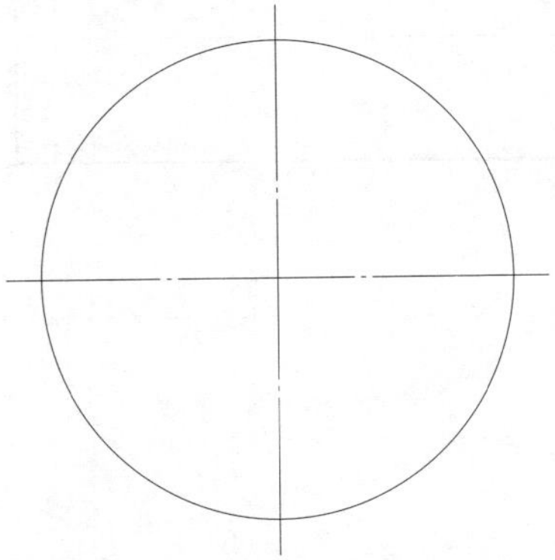

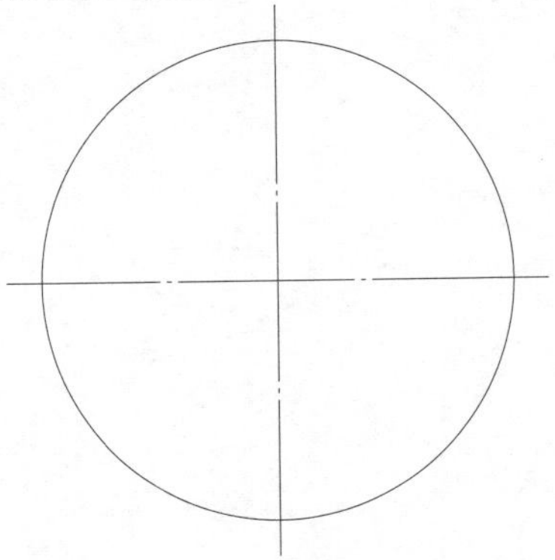

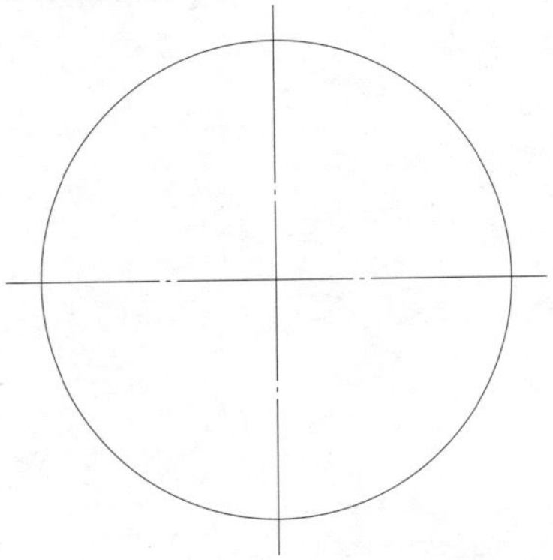

*说明：“同步训练”与教材相关内容同步，供课堂教学时教师实施教、学、练一体化教学。

班级 学号 姓名

2. 在下侧按照 1∶1 的比例抄绘平面图形（同步训练）

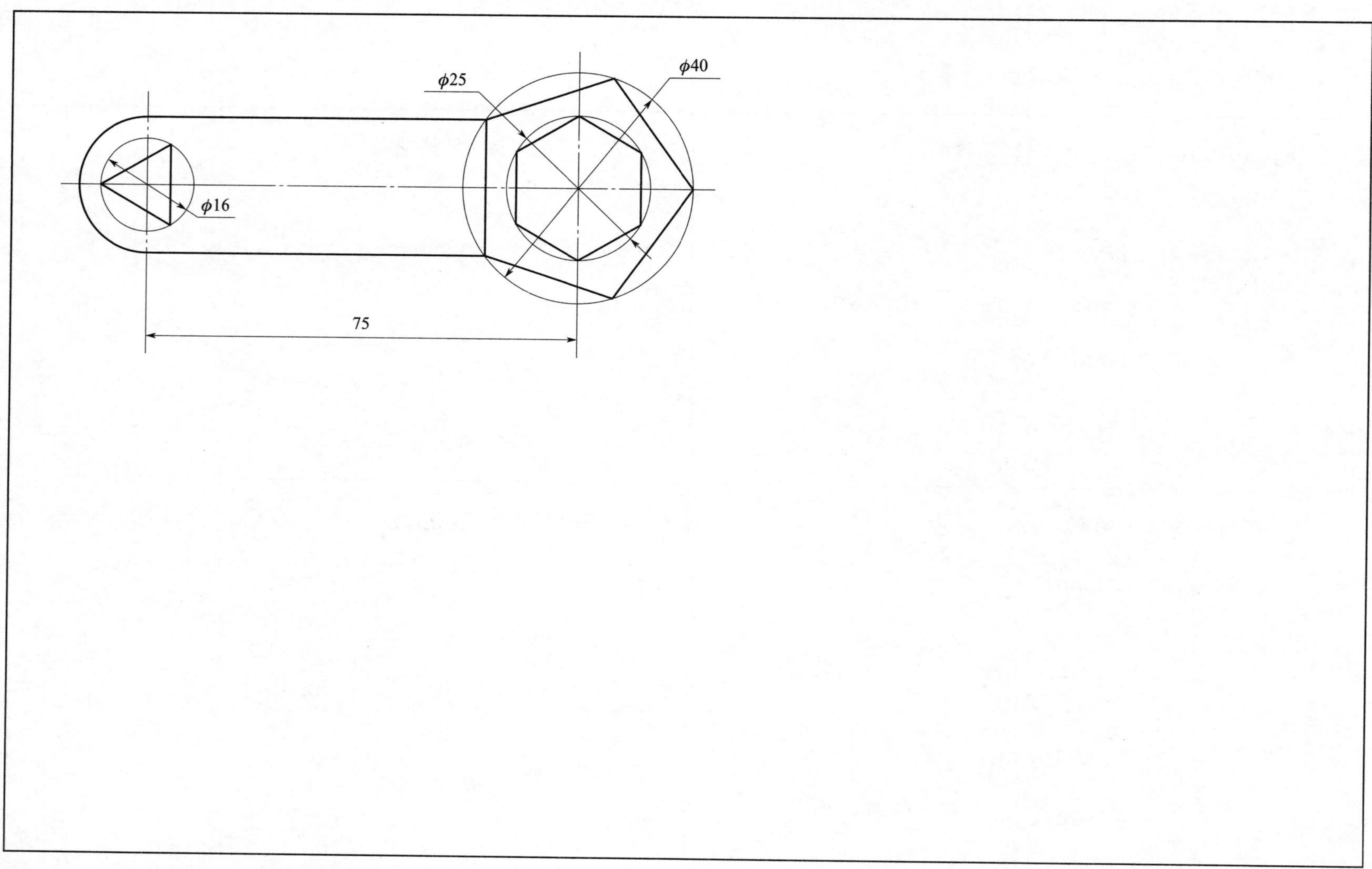

班级　　　　学号　　　　姓名

3. 斜度和锥度练习

（1）在下侧按照 1∶1 的比例绘制图形，并标注斜度

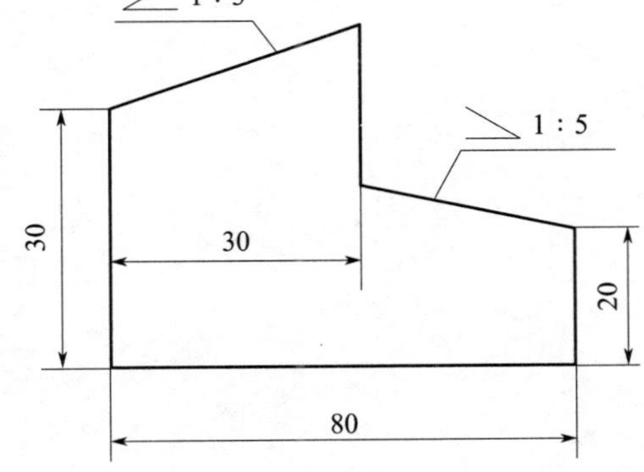

（2）参照样图在下图中画全图形轮廓，并标注锥度

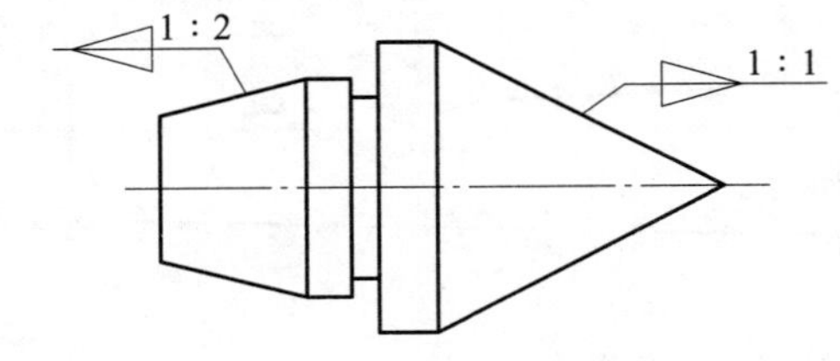

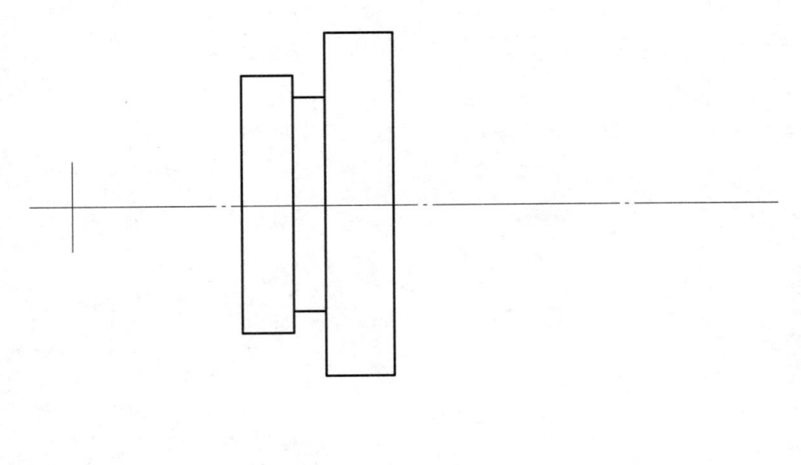

班级 学号 姓名

4. 选择合适的比例，在下侧绘制拉楔平面图，并标注斜度、锥度和尺寸（同步训练）

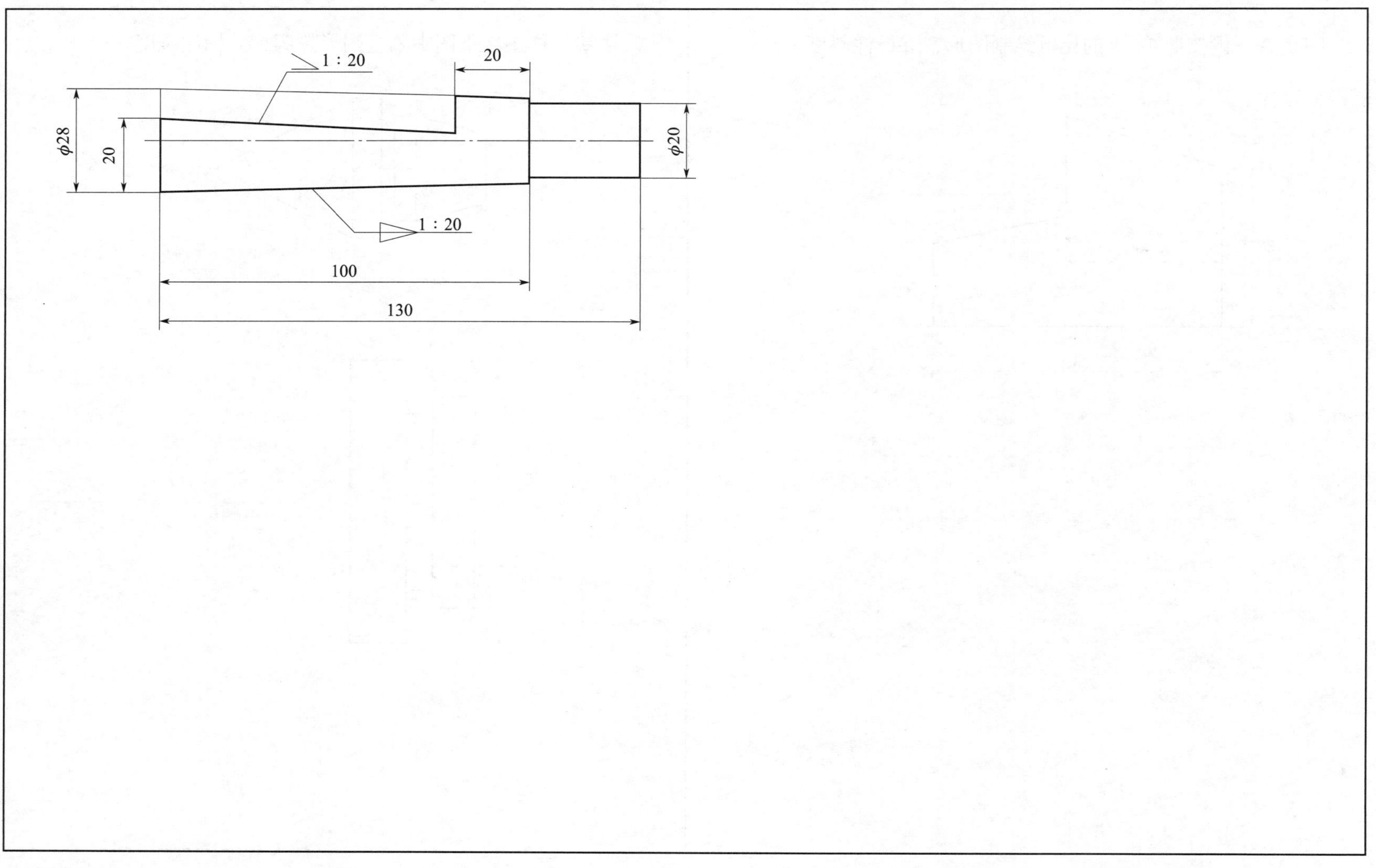

班级　　　　学号　　　　姓名

§1–5 圆弧连接

1. 圆弧连接（同步训练，保留作图线）

（1）用半径为 R 的圆弧连接两直线 R	（2）用半径为 R 的圆弧连接两直线 R
（3）用半径为 R 的圆弧连接两直角边 R	（4）用半径为 R 的圆弧与圆弧 O_1 外切，与直线 MN 相切 R_1 O_1 R M N

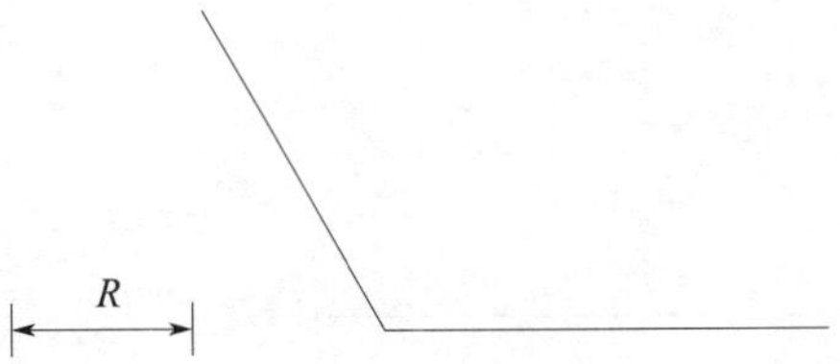

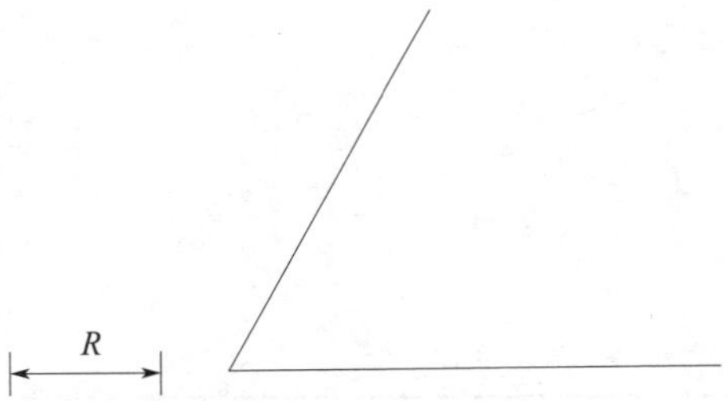

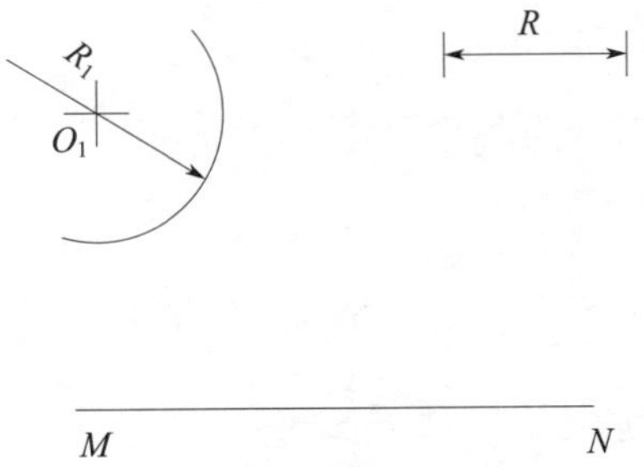

班级　　　　学号　　　　姓名

2. 圆弧连接（同步训练，保留作图线）

（1）以已知半径为 R 的连接弧画弧，与两已知圆弧外切

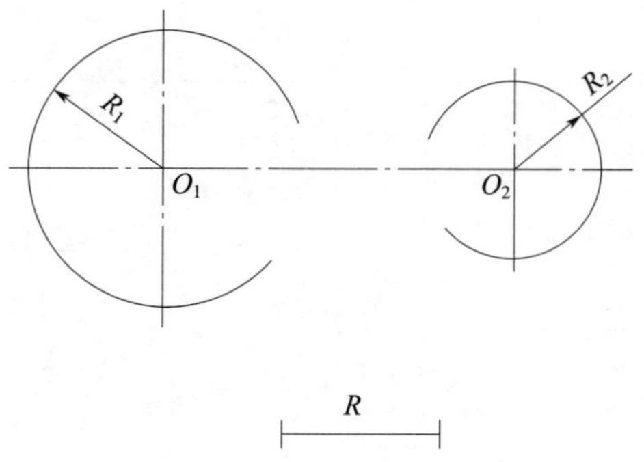

（2）以已知半径为 R 的连接弧画弧，与两已知圆弧内切

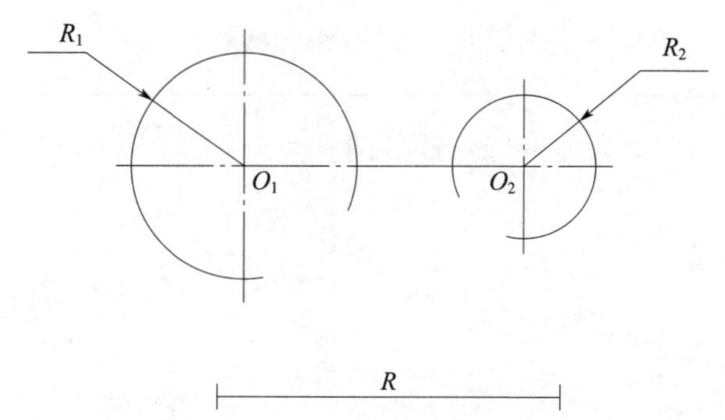

（3）以已知半径为 R 的连接弧画弧，与圆弧 O_1 外切，与圆弧 O_2 内切

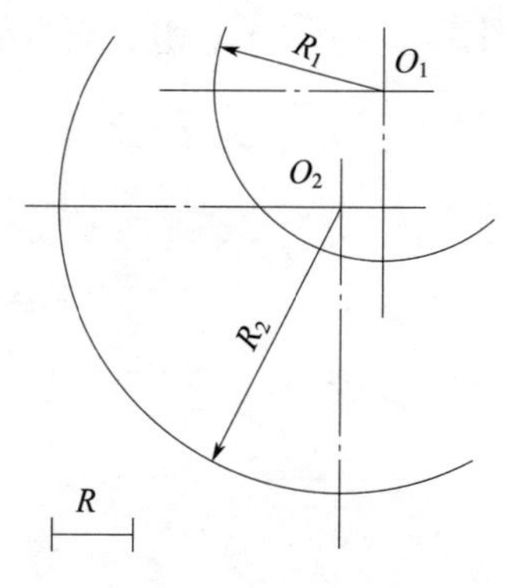

（4）绘制椭圆（水平轴长为 50 mm，竖直轴长为 32 mm）

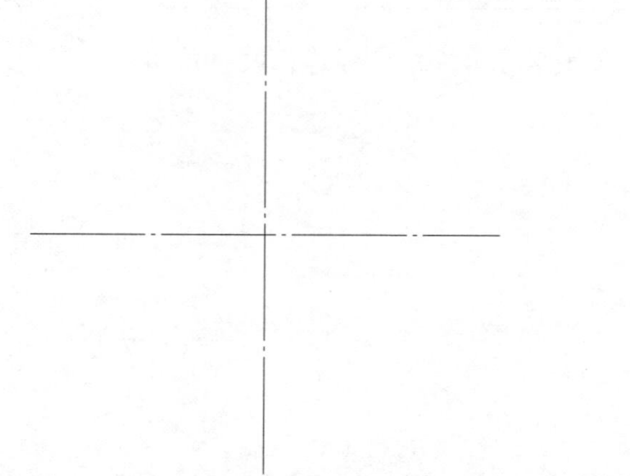

班级　　　　学号　　　　姓名

3. 按照样图上所注尺寸完成下面图形的线段连接（比例为 1∶1，保留作图线）

（1）

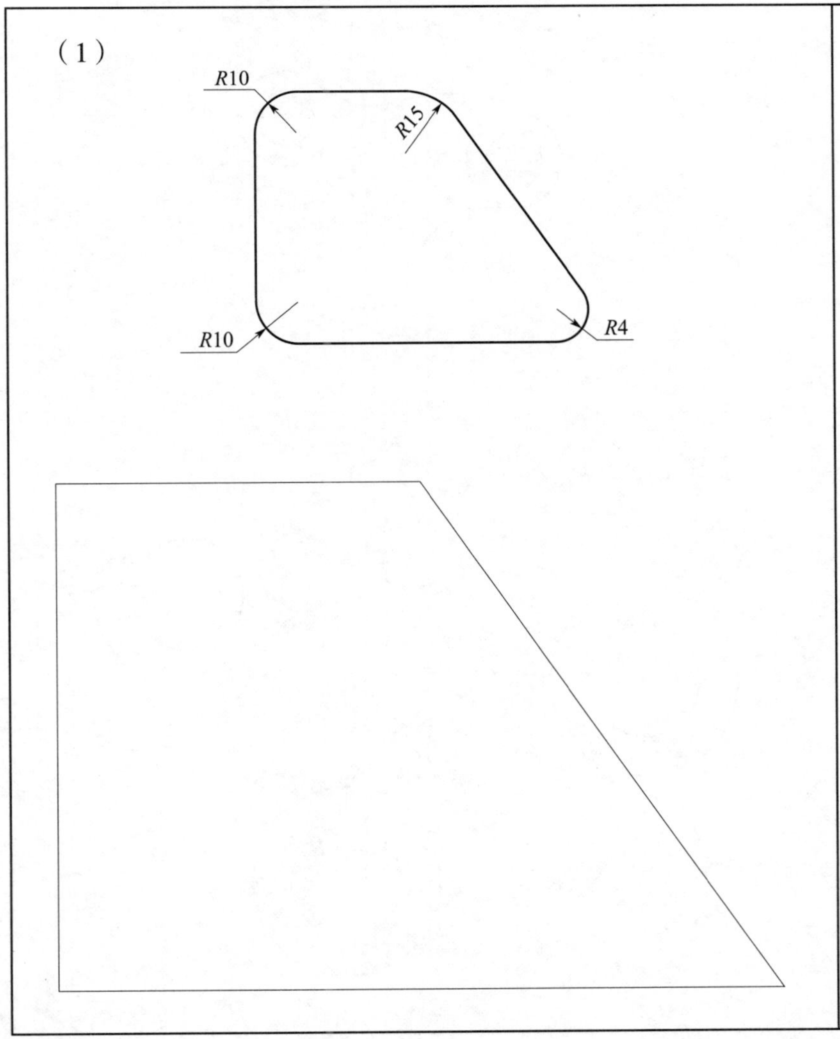

（2）

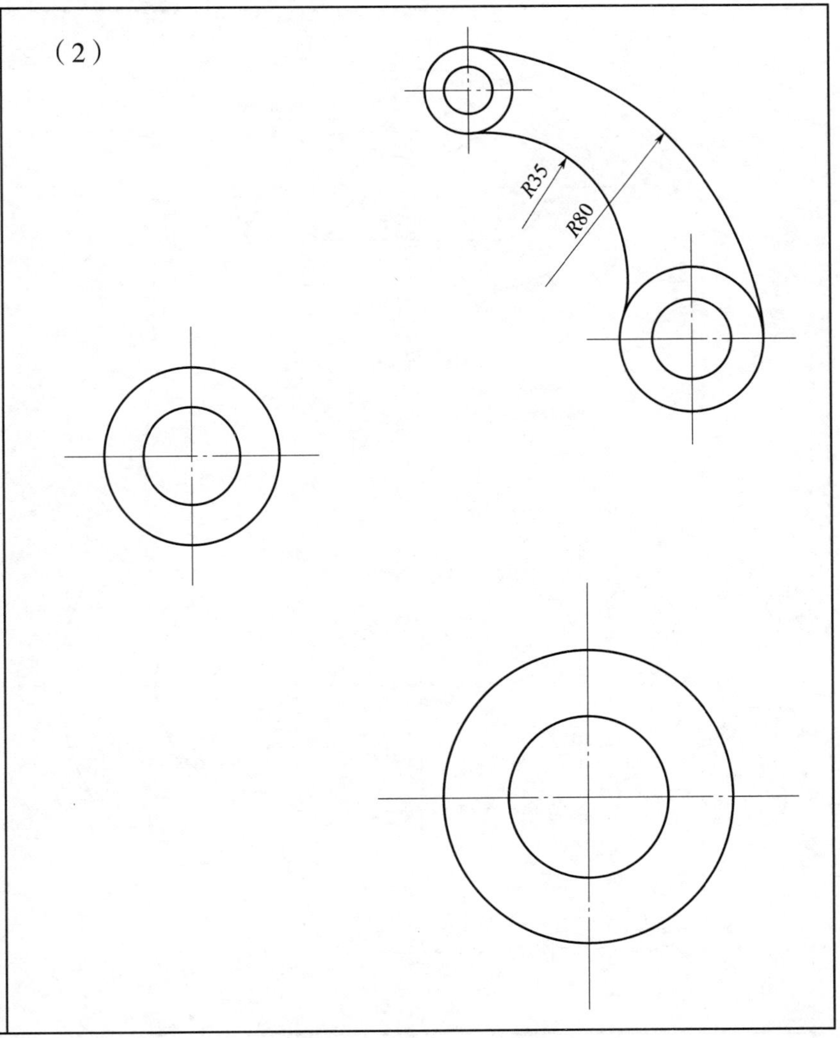

班级 学号 姓名

4. 按照样图上所注尺寸完成下面图形的线段连接（比例为 1 : 1，保留作图线）

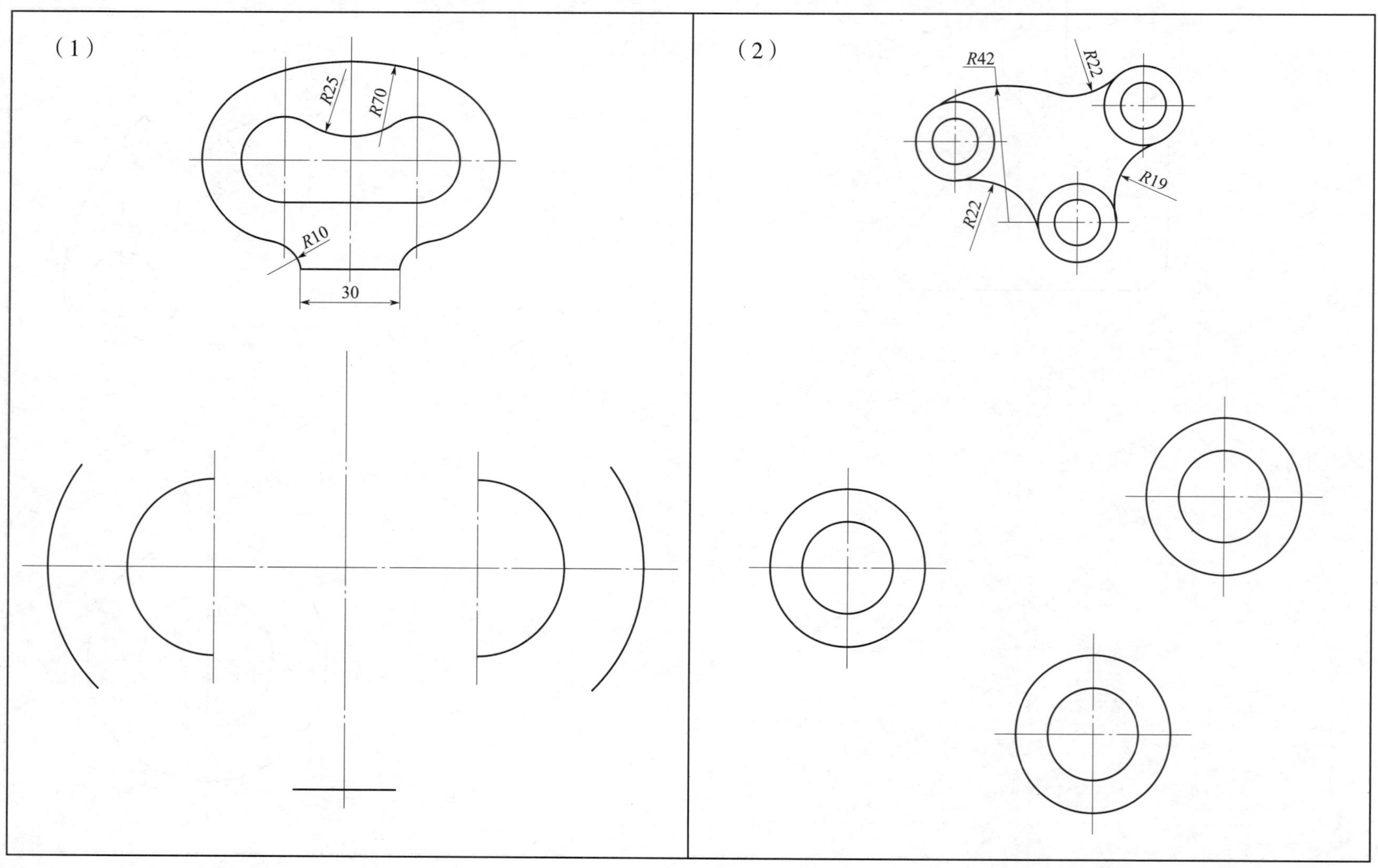

班级　　　　学号　　　　姓名

§1-6 平面图形的画法

1. 按照样图上所注尺寸，在下方绘制图形，并标注尺寸（同步训练，比例为 1 : 1，保留作图线）

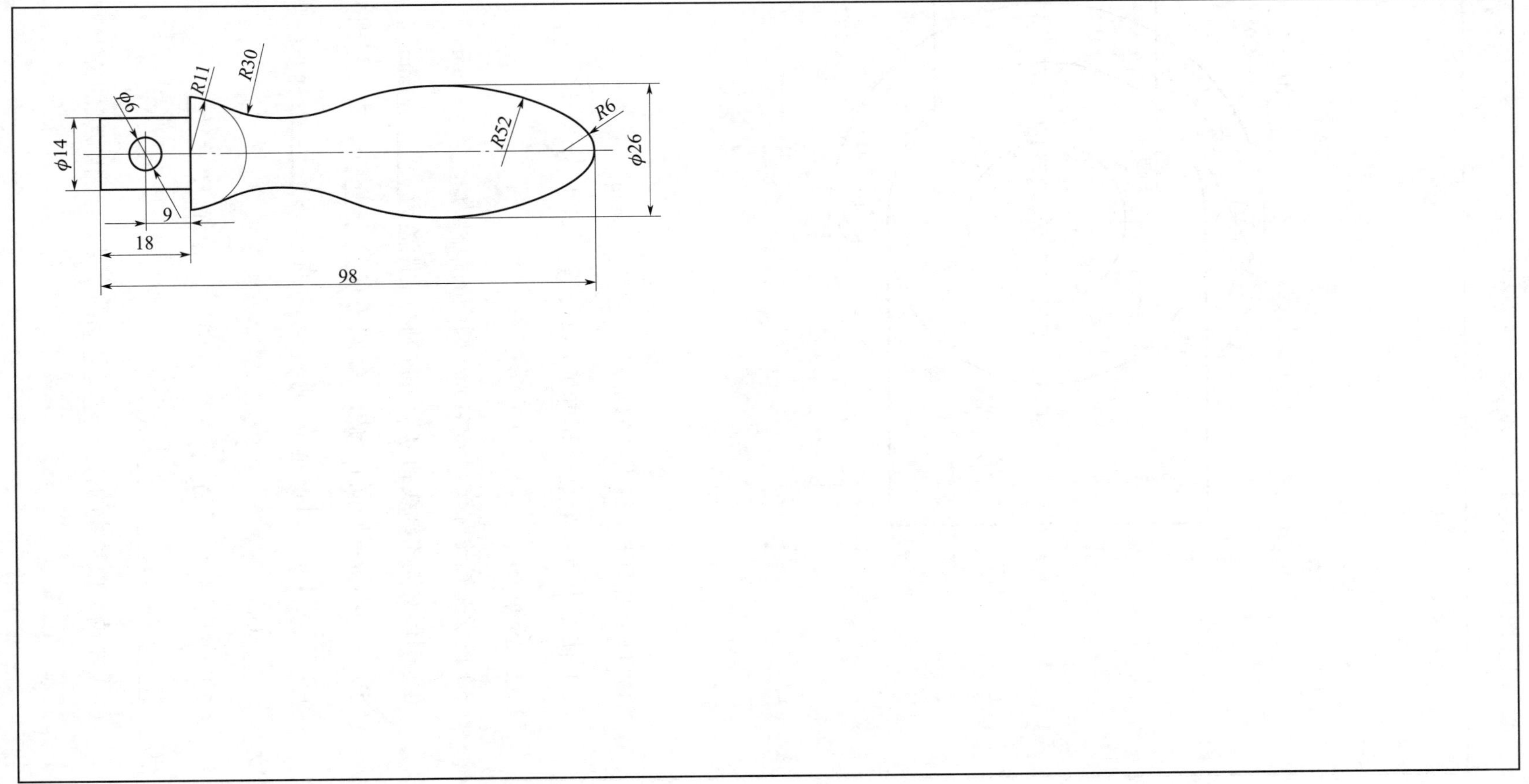

班级　　　　学号　　　　姓名

2. 识读图形中的尺寸，并填空

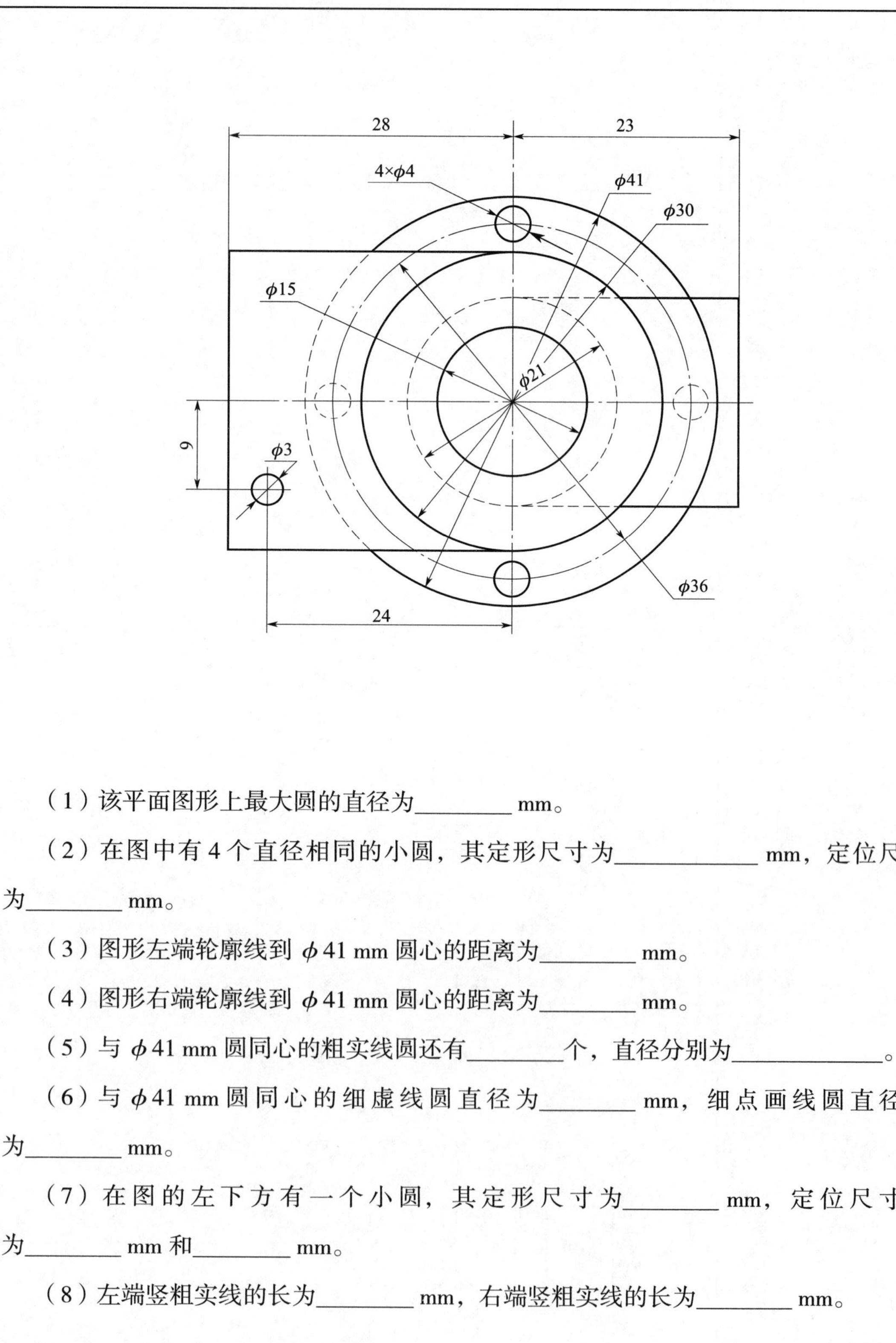

（1）该平面图形上最大圆的直径为________ mm。

（2）在图中有 4 个直径相同的小圆，其定形尺寸为__________ mm，定位尺为________ mm。

（3）图形左端轮廓线到 ϕ41 mm 圆心的距离为________ mm。

（4）图形右端轮廓线到 ϕ41 mm 圆心的距离为________ mm。

（5）与 ϕ41 mm 圆同心的粗实线圆还有________个，直径分别为__________。

（6）与 ϕ41 mm 圆同心的细虚线圆直径为________ mm，细点画线圆直径为________ mm。

（7）在图的左下方有一个小圆，其定形尺寸为________ mm，定位尺寸为________ mm 和________ mm。

（8）左端竖粗实线的长为________ mm，右端竖粗实线的长为________ mm。

班级　　学号　　姓名

3. 在平面图形上标注尺寸（尺寸可从图中量取，取整数）

（1）

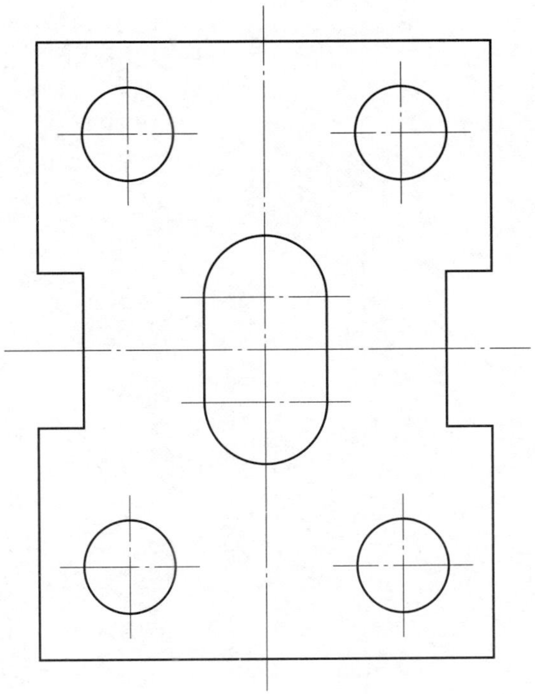

（2）

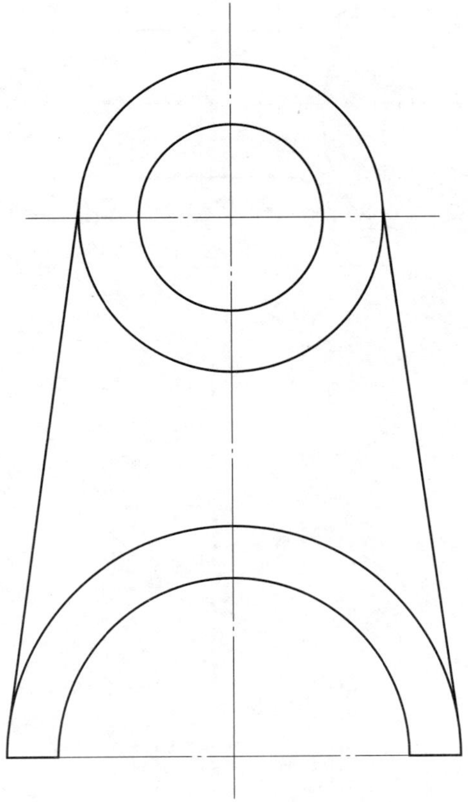

班级　　　　学号　　　　姓名

4. 按照样图上所注尺寸，在下方绘制图形（比例为 1∶1）

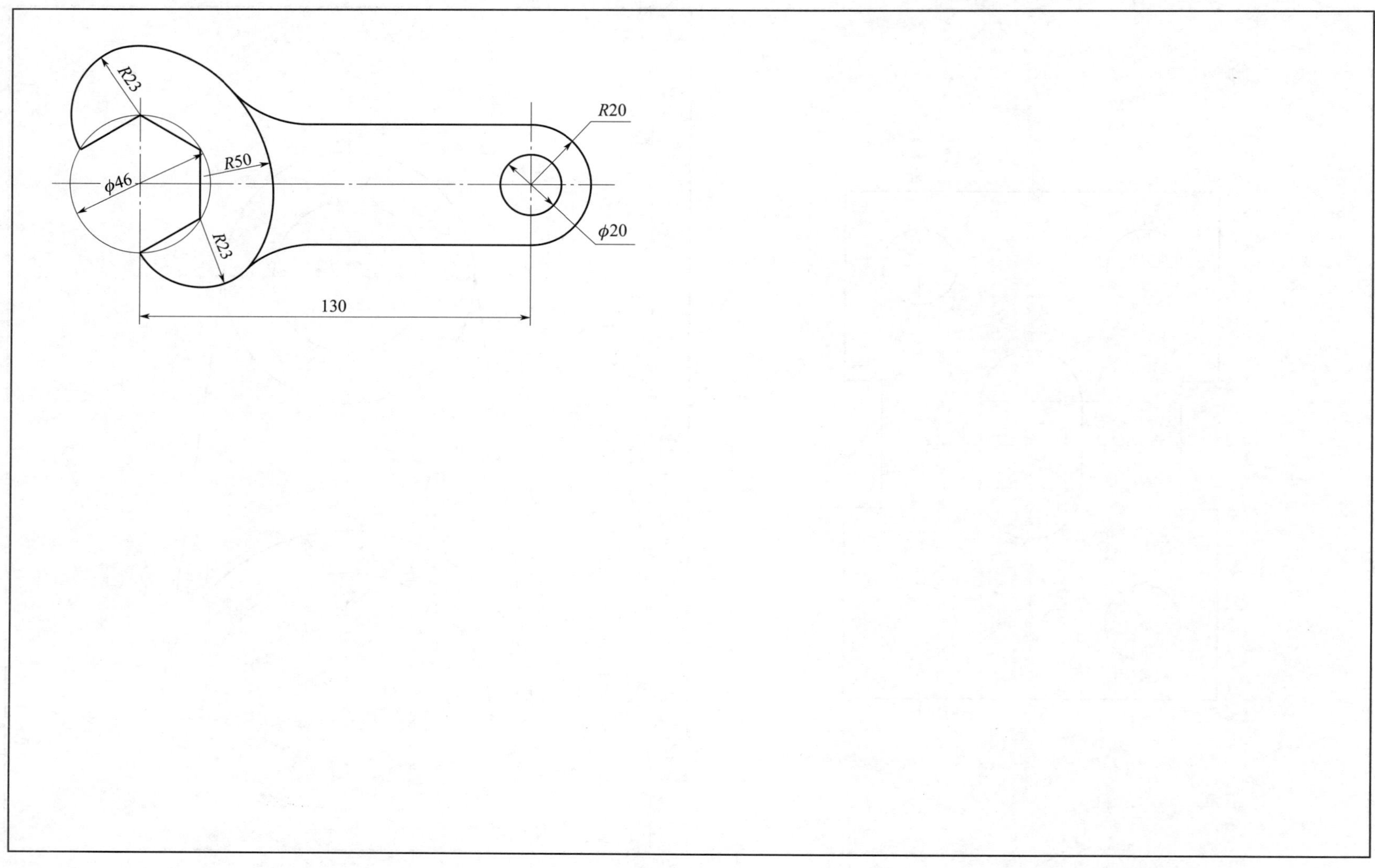

班级　　　　学号　　　　姓名

第二章　投影作图

§2-1　投影法与三视图

1. 绘制视图

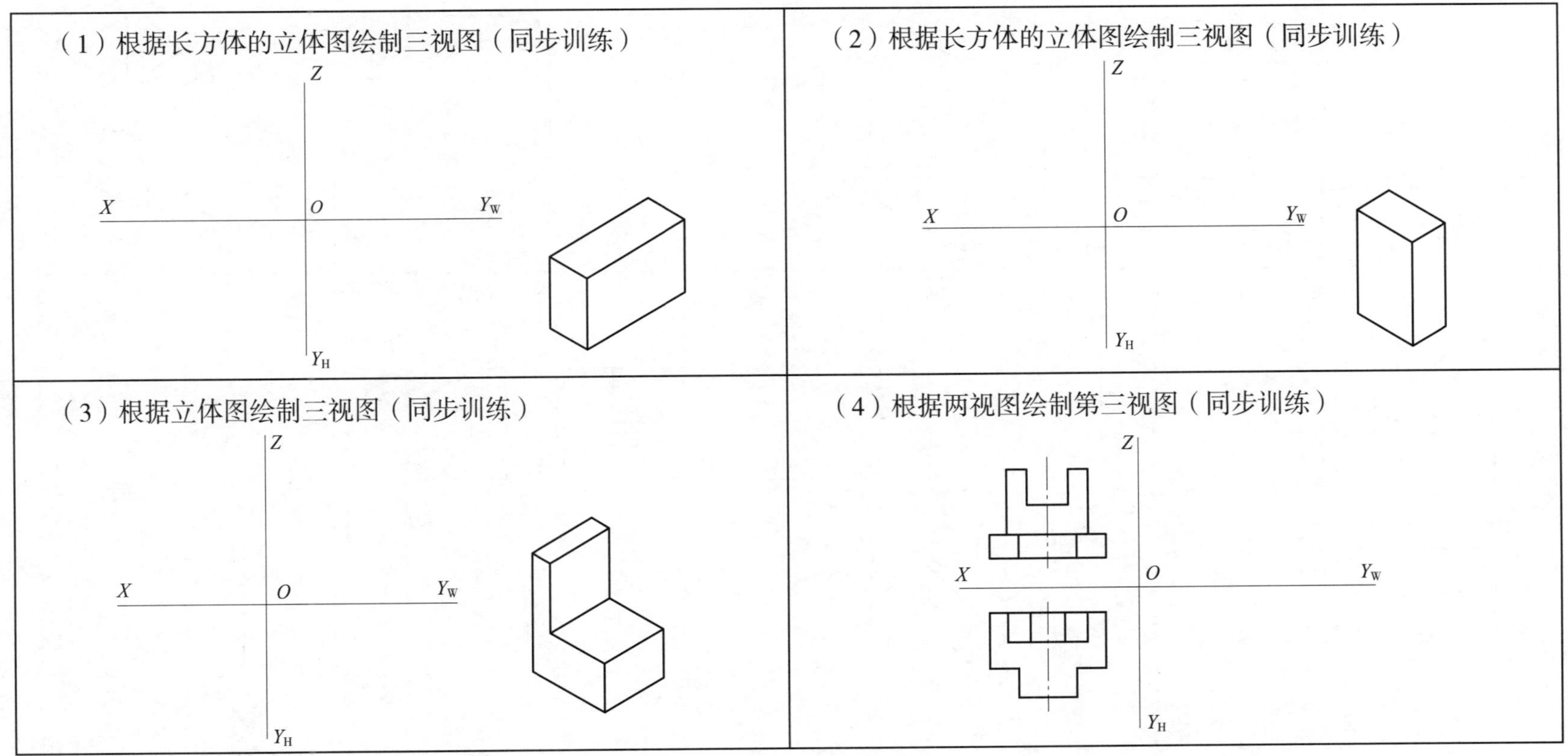

班级　　　　学号　　　　姓名

2. 参照立体图，根据两视图补画第三视图

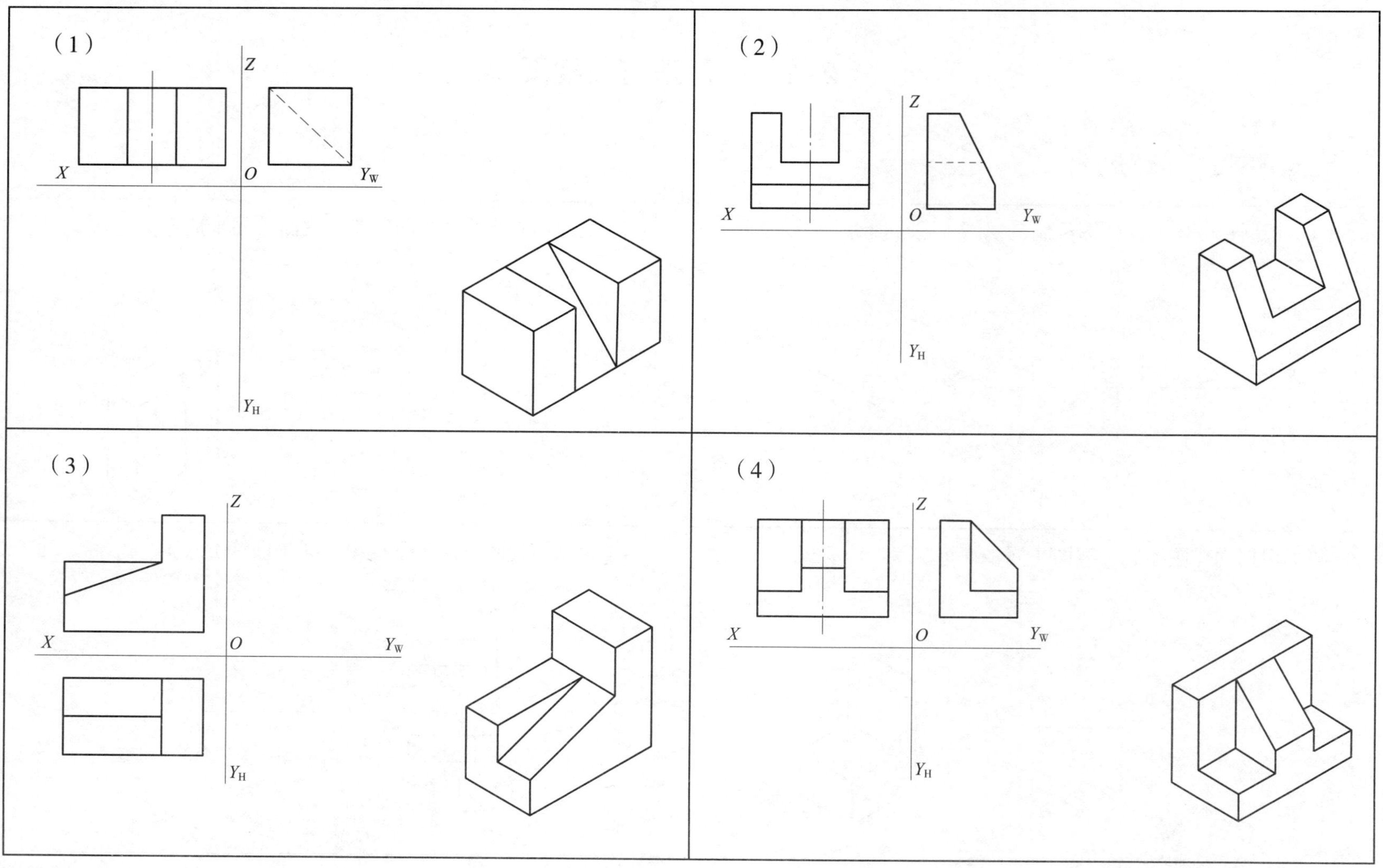

班级　　　学号　　　姓名

3. 参照立体图，根据两视图补画第三视图

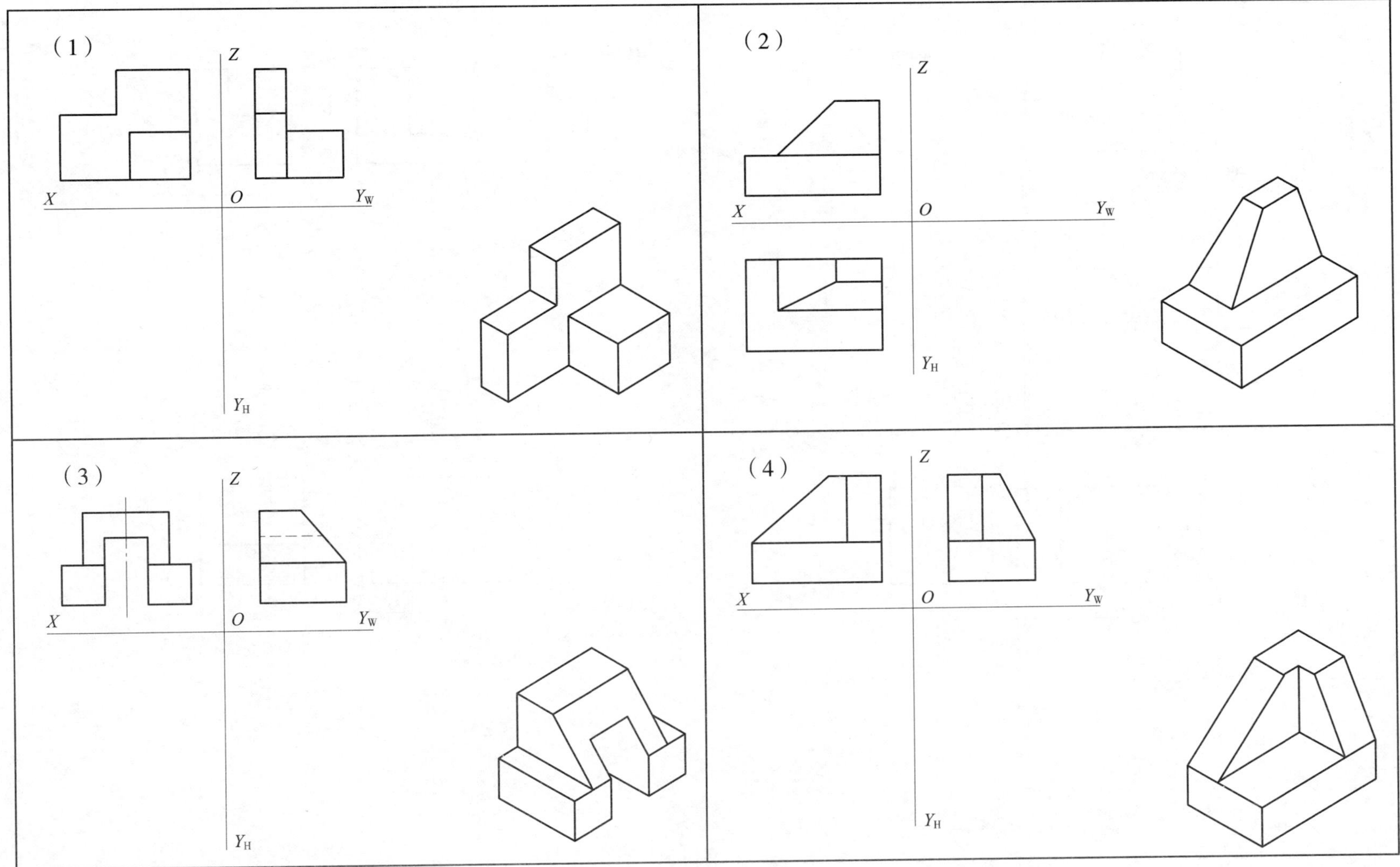

班级　　学号　　姓名

4. 根据两视图补画第三视图

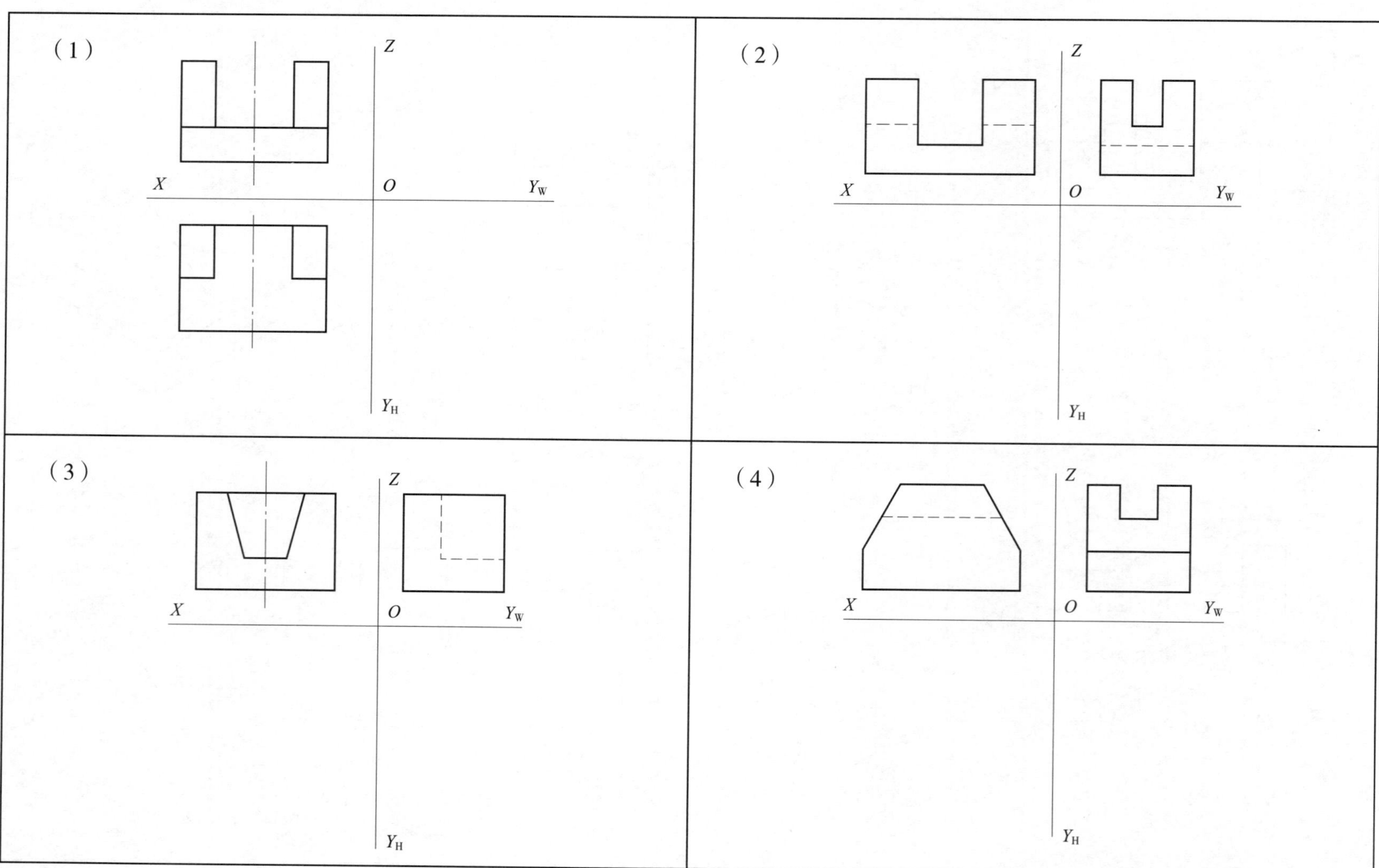

班级　　　　学号　　　　姓名

5. 根据两视图补画第三视图

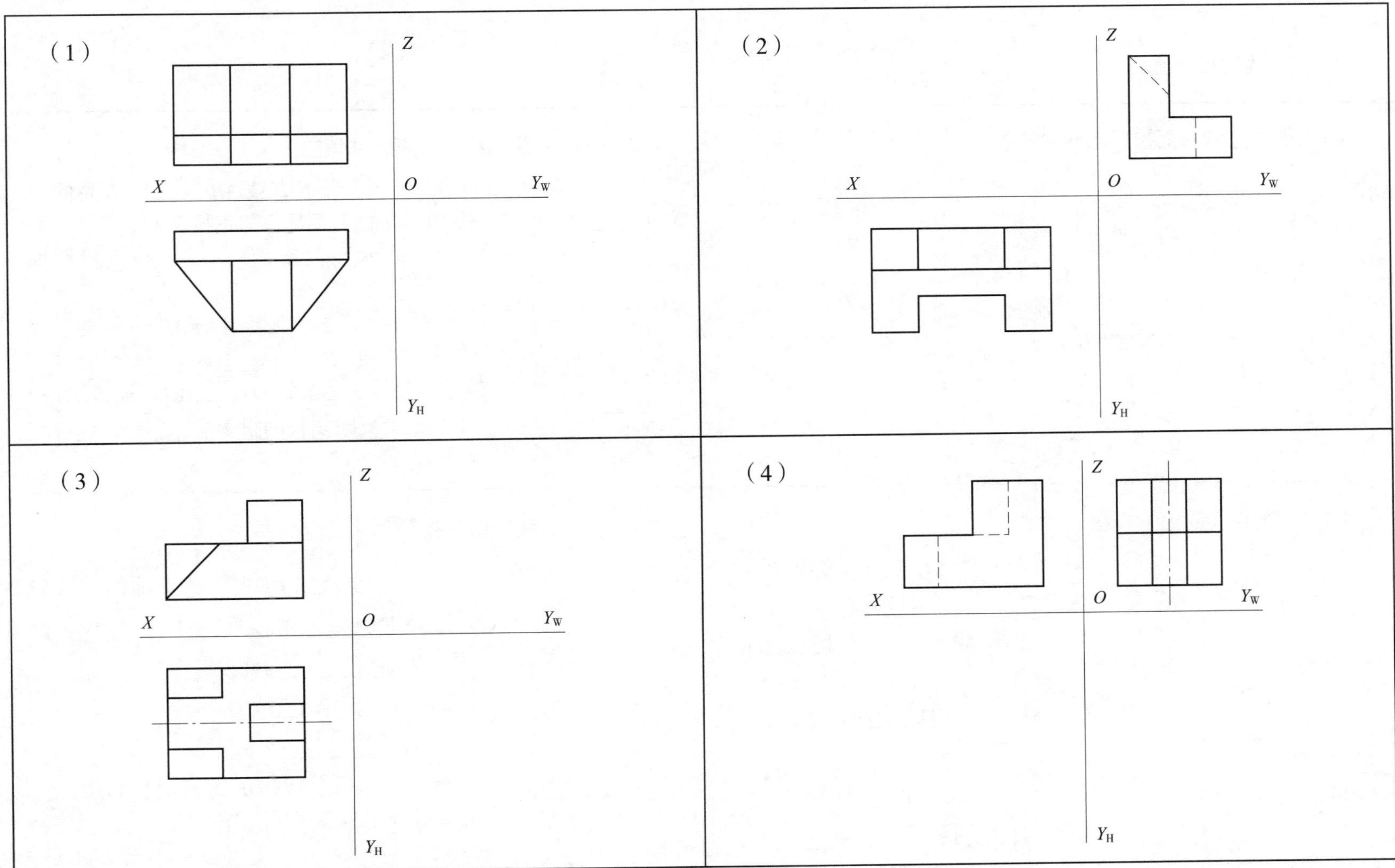

班级　　学号　　姓名

§2-2 点、直线和平面的投影

1. 点、线的投影练习

（1）根据点的两面投影求作第三投影

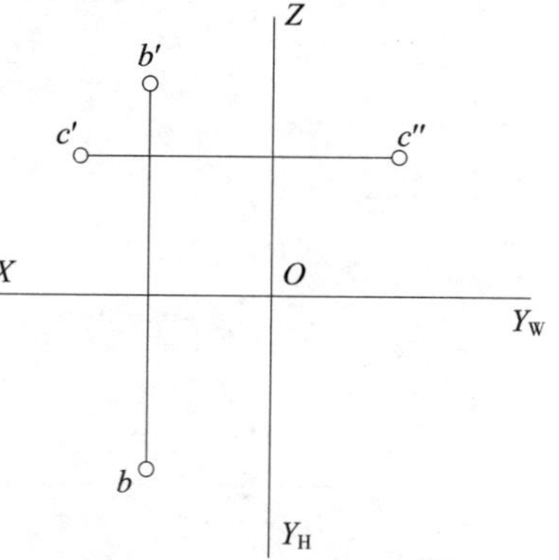

（2）补画直线的第三投影，并填空

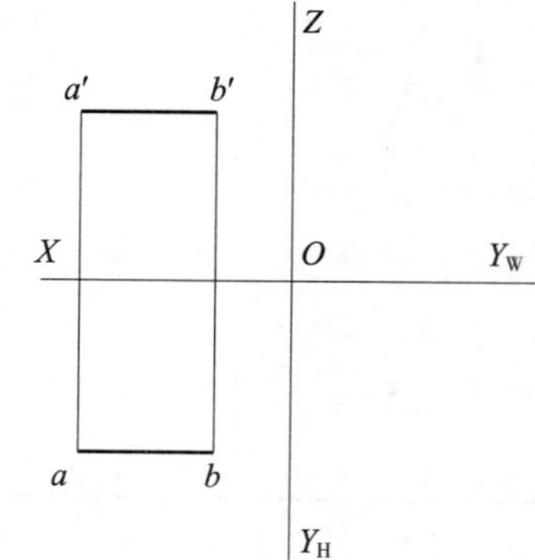

1）直线 *AB* 与三投影面的位置关系是：与正投影面______，与水平投影面______，与侧投影面______。

2）判断直线 *AB* 的种类：直线 *AB* 为______线。

3）在直线 *AB* 的三面投影中，反映实长的投影是________________________。

（3）补画直线的第三投影，并填空

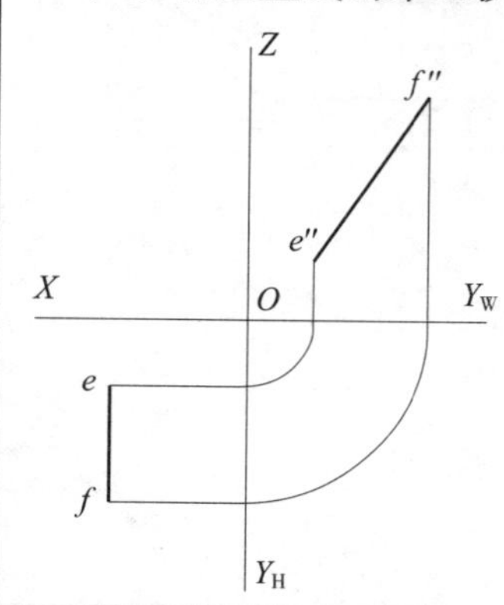

1）直线 *EF* 与三投影面的位置关系是：与正投影面______，与水平投影面______，与侧投影面______。

2）判断直线 *EF* 的种类：直线 *EF* 为______线。

3）在直线 *EF* 的三面投影中，反映实长的投影是____________。

（4）补画直线的第三投影，并填空

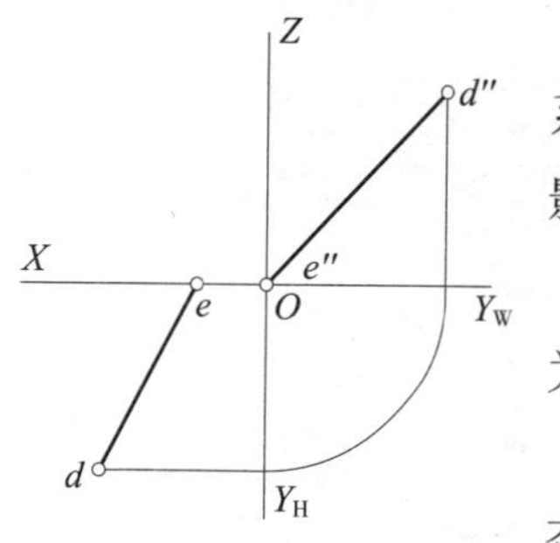

1）直线 *DE* 与三投影面的位置关系是：与正投影面______，与水平投影面______，与侧投影面______。

2）判断直线 *DE* 的种类：直线 *DE* 为________________线。

3）在直线 *DE* 的三面投影中，是否有反映实长的投影：________。

班级　　　　学号　　　　姓名

2. 在三视图上求出标注字母的棱线的未知投影并描粗，填空说明直线的种类

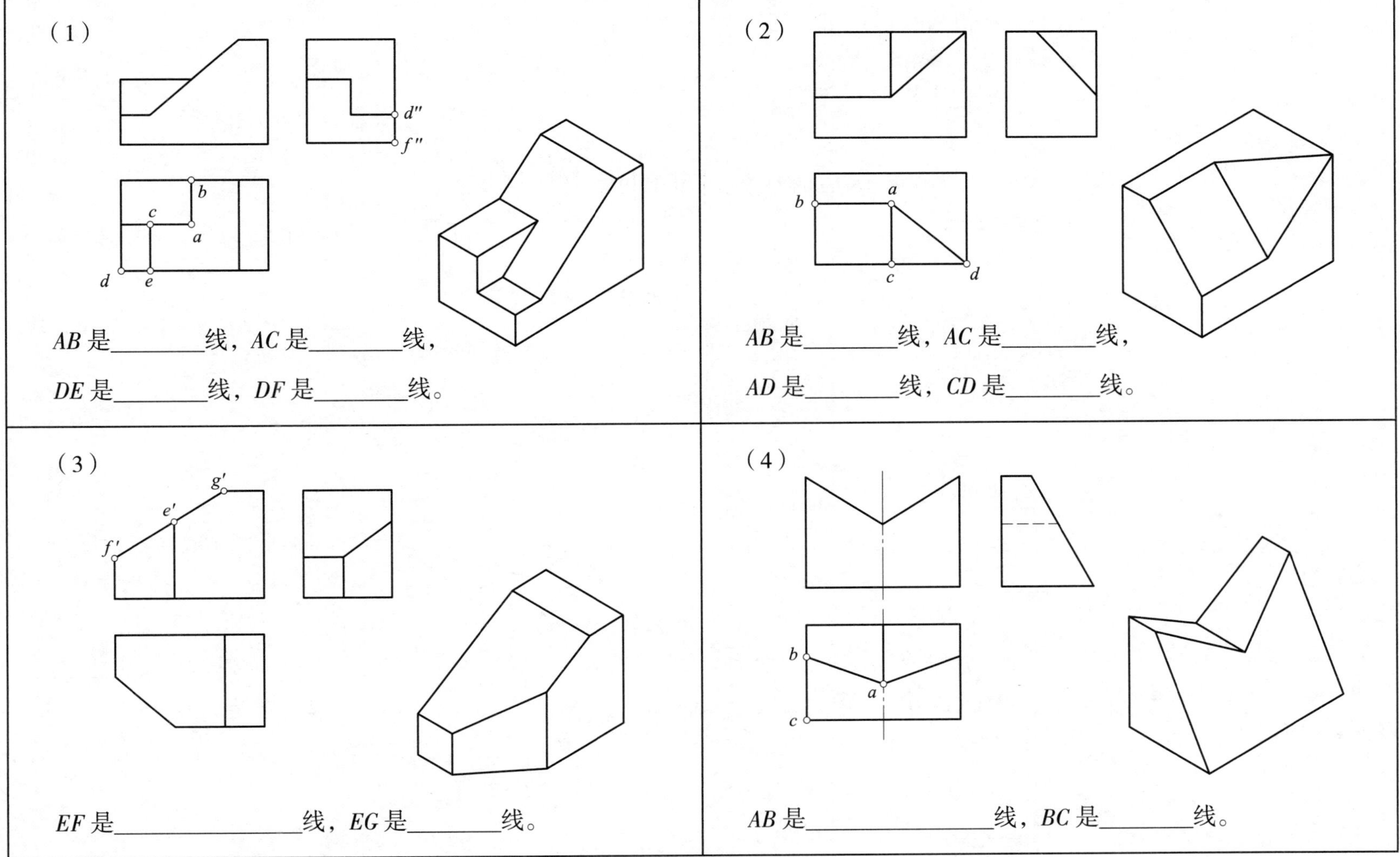

3. 补画平面的第三投影，并填空

（1）

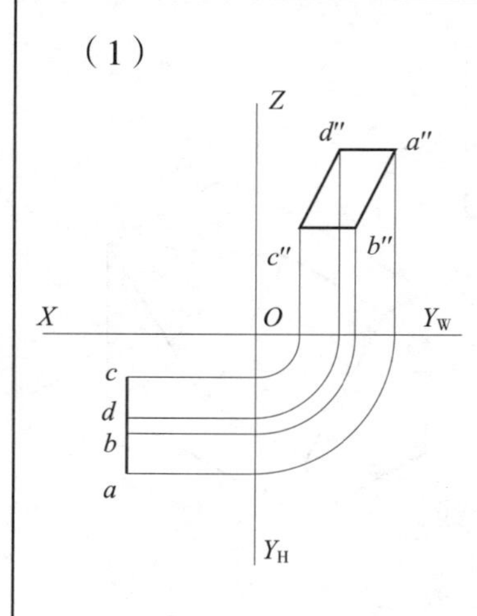

1）平面 *ABCD* 与三投影面的位置关系是：与正投影面________，与水平投影面________，与侧投影面________。

2）判断平面 *ABCD* 的种类：平面 *ABCD* 为________面。

3）在平面 *ABCD* 的三面投影中，反映实形的投影是__________，具有积聚性的投影是______________________________。

（2）

1）平面 *P* 与三投影面的位置关系是：与正投影面____________，与水平投影面____________，与侧投影面____________。

2）判断平面 *P* 的种类：平面 *P* 为____________面。

3）在平面 *P* 的三面投影中，具有积聚性的投影是____________。

（3）

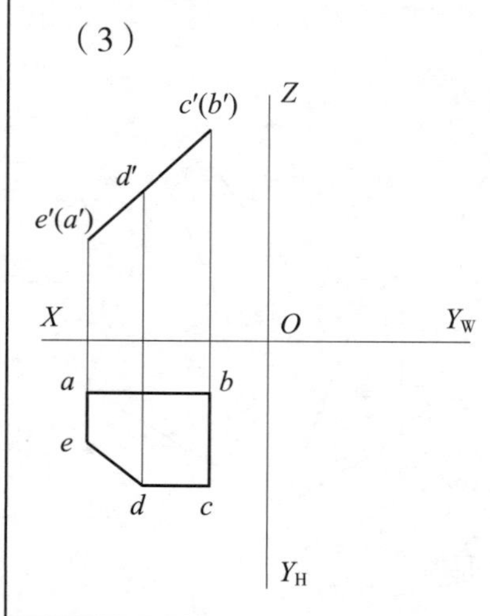

1）平面 *ABCDE* 与三投影面的位置关系是：与正投影面____________，与水平投影面____________，与侧投影面____________。

2）判断平面 *ABCDE* 的种类：平面 *ABCDE* 为________面。

3）在平面 *ABCDE* 的三面投影中，具有积聚性的投影是______________________________。

（4）

1）平面 *ABC* 与三投影面的位置关系是：与正投影面____________，与水平投影面____________，与侧投影面____________。

2）判断平面 *ABC* 的种类：平面 *ABC* 为____________面。

班级　　　学号　　　姓名

4. 补画第三视图，求出标注字母的平面的未知投影，并填空

(1)

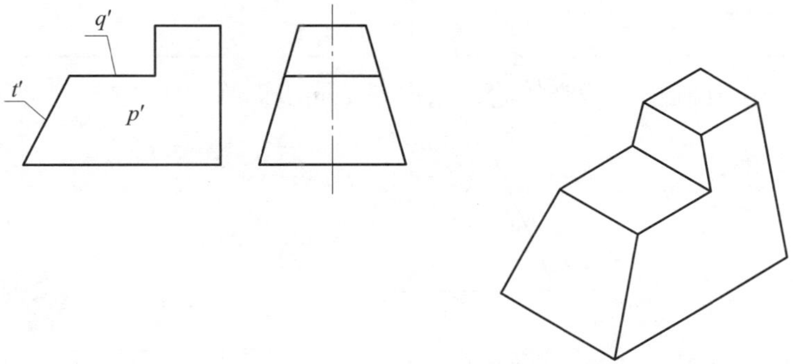

P 平面是______面，*Q* 平面是______面，*T* 平面是______面。

(2)

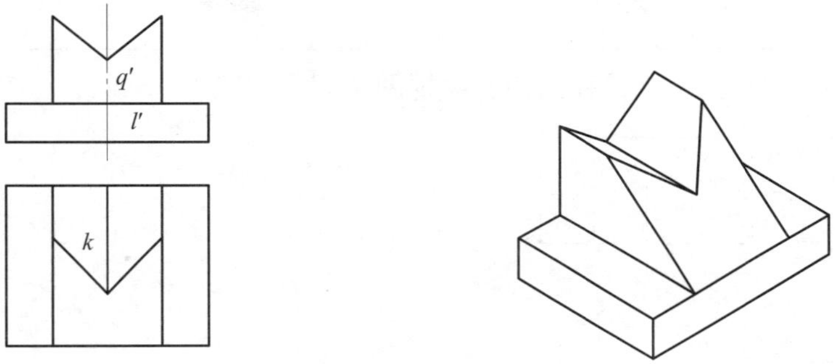

Q 平面是______面，*L* 平面是______面，*K* 平面是______面。

(3)

P 平面是______面，*L* 平面是______面。

(4)

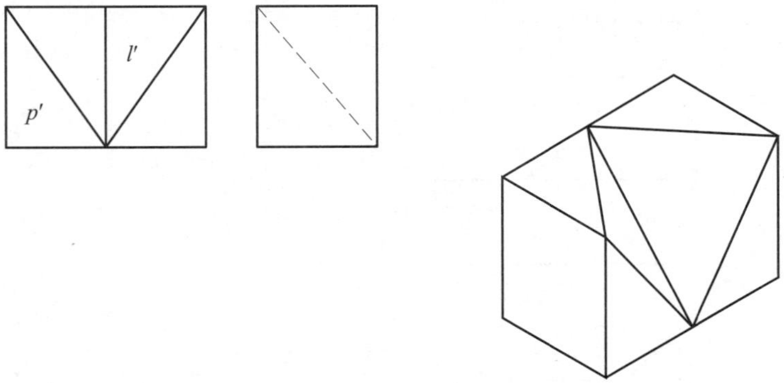

P 平面是______面，*L* 平面是______________面。

班级　　　　学号　　　　姓名

§2-3 基本几何体的三视图

1. 补画第三视图

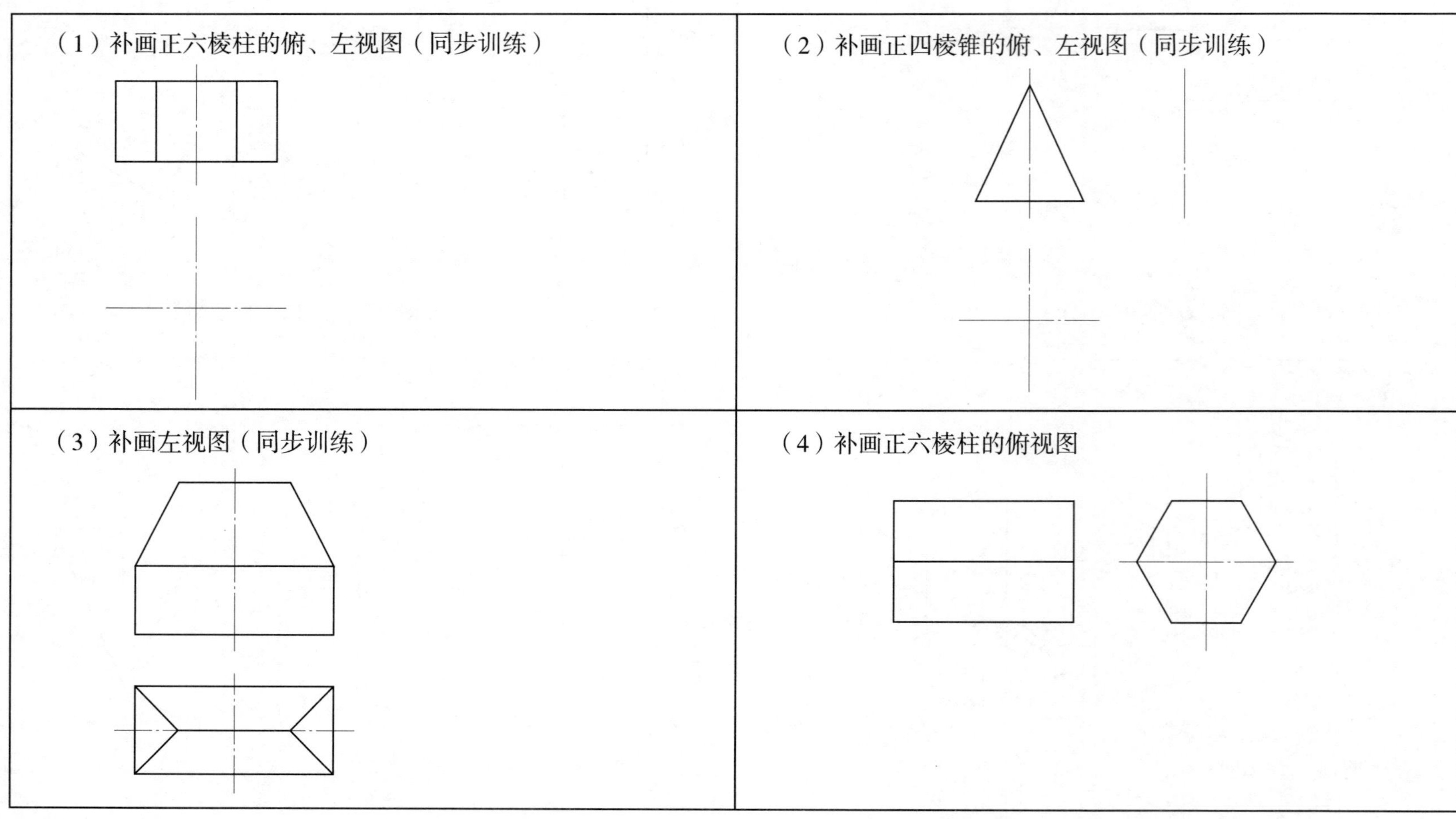

班级　　　　学号　　　　姓名

2. 根据两视图补画第三视图

（1）补画 1/4 四棱锥的俯视图

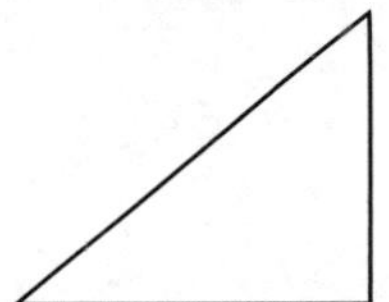

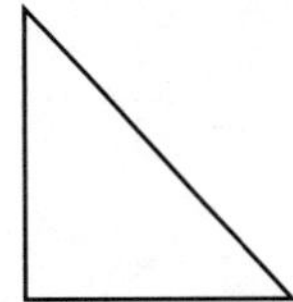

（2）补画正五棱柱的俯视图

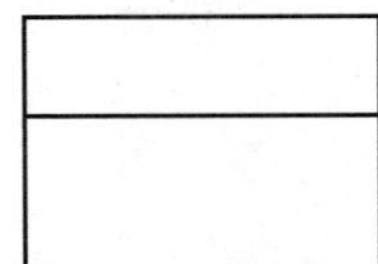

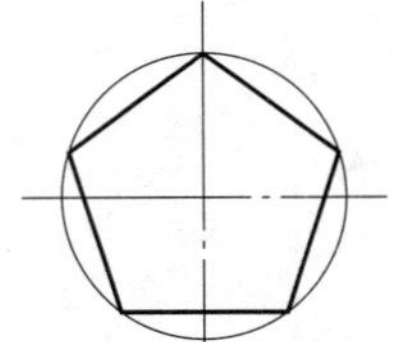

（3）补画正六棱锥的左视图

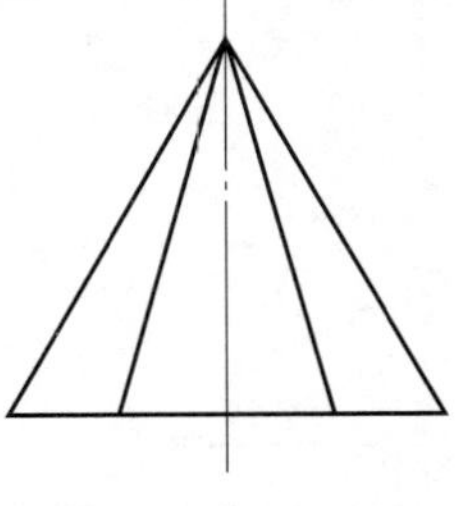

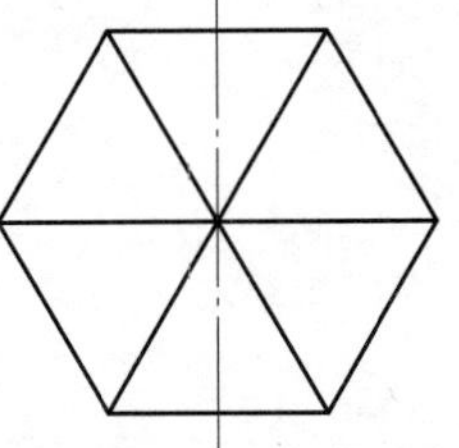

（4）补画正四棱锥的俯视图

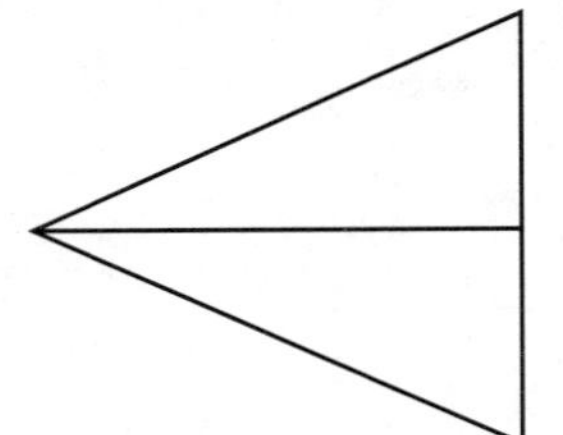

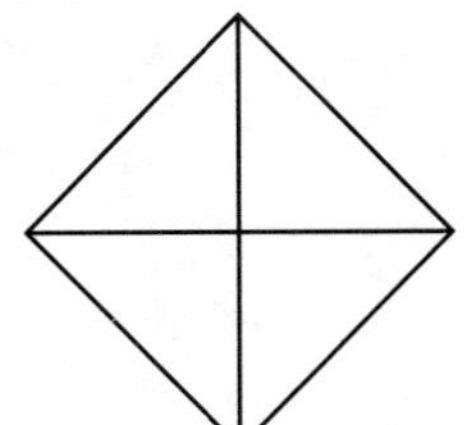

班级 学号 姓名

3. 根据两视图补画第三视图

（1）补画正五棱锥的左视图

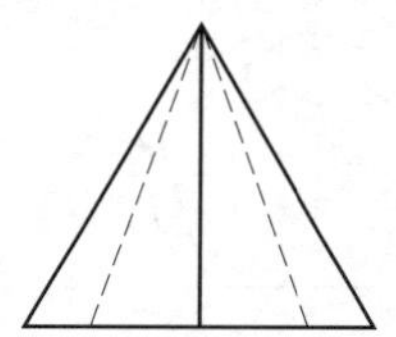

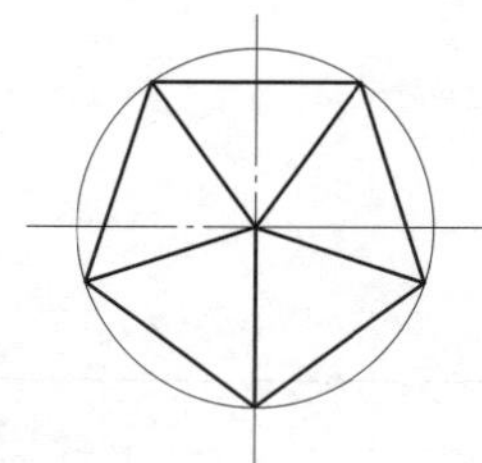

（2）补画四棱台的俯视图

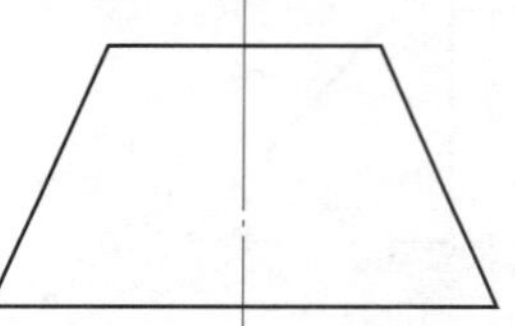

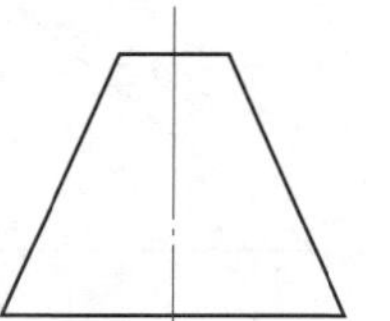

（3）补画正三棱锥的左视图

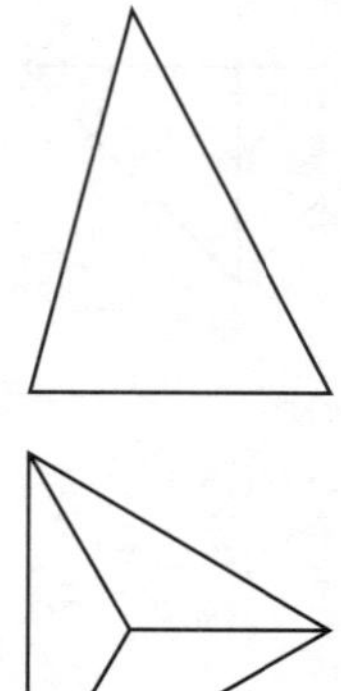

（4）补画俯视图

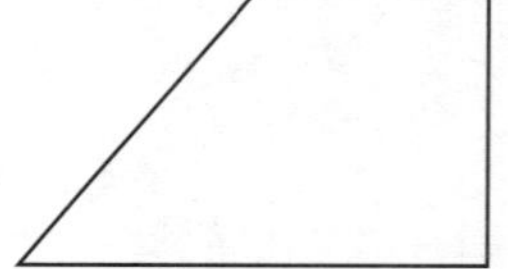

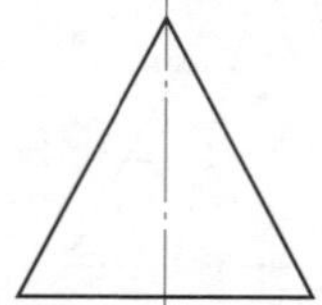

班级　　　　学号　　　　姓名

4. 根据两视图补画第三视图

（1）补画俯视图

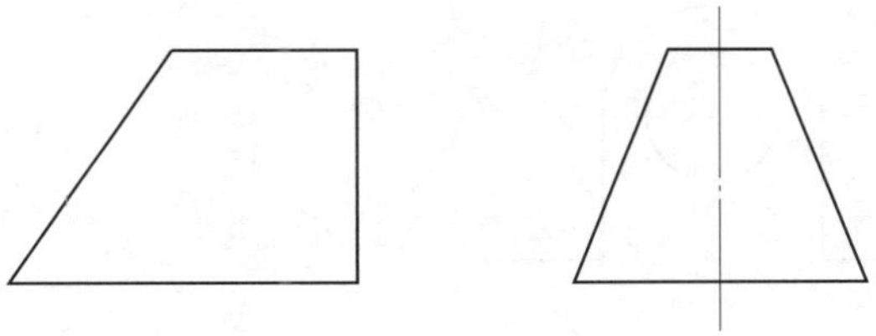

（2）补画正六棱台的左视图

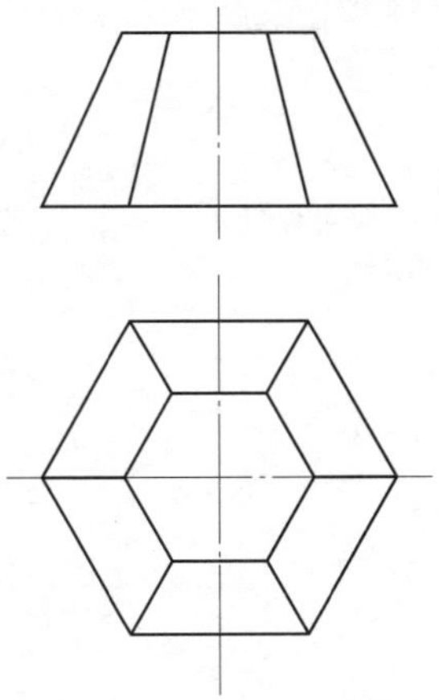

（3）补画左视图

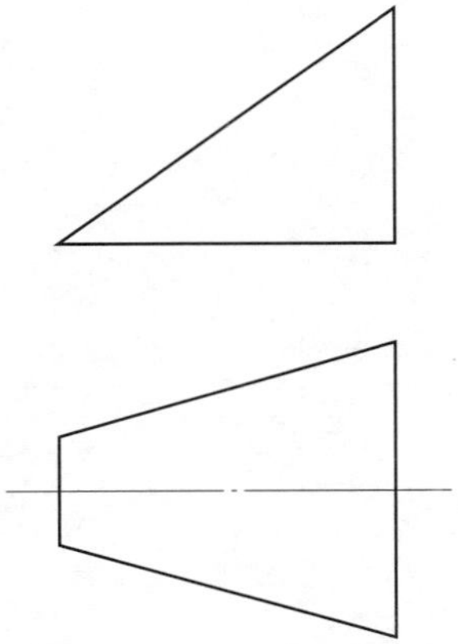

（4）补画左视图

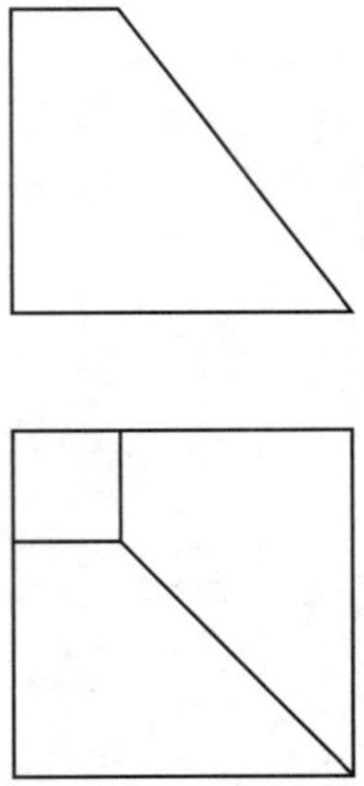

班级 学号 姓名

5. 补画视图（同步训练）

（1）根据圆柱的主视图补画俯、左视图

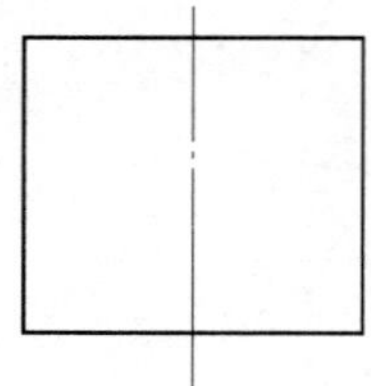

（2）补画左视图

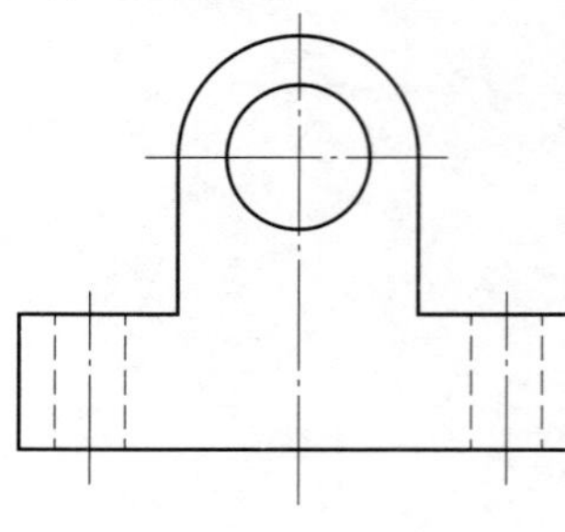

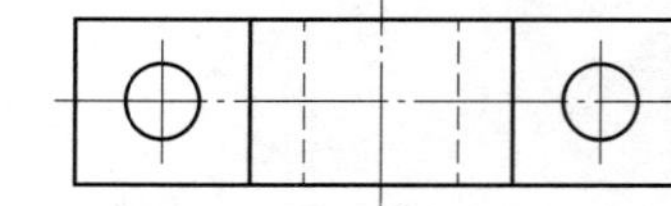

（3）根据圆锥的主视图补画俯、左视图

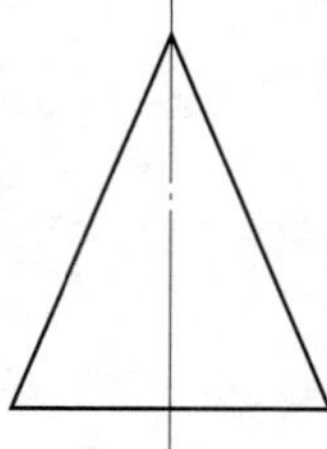

（4）根据球的主视图补画俯、左视图

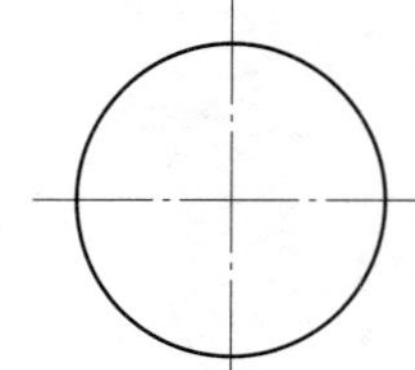

班级　　　　学号　　　　姓名

6. 根据两视图补画第三视图

（1）补画 1/4 圆柱的主视图	（2）补画半圆锥台的左视图
（3）补画 1/4 圆锥的主视图	（4）补画 1/4 球的左视图

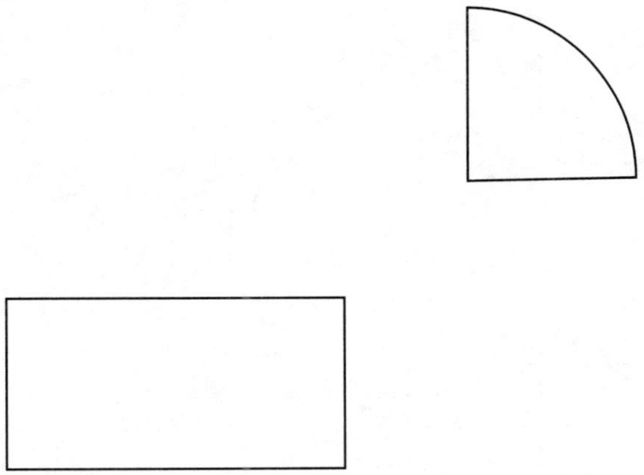

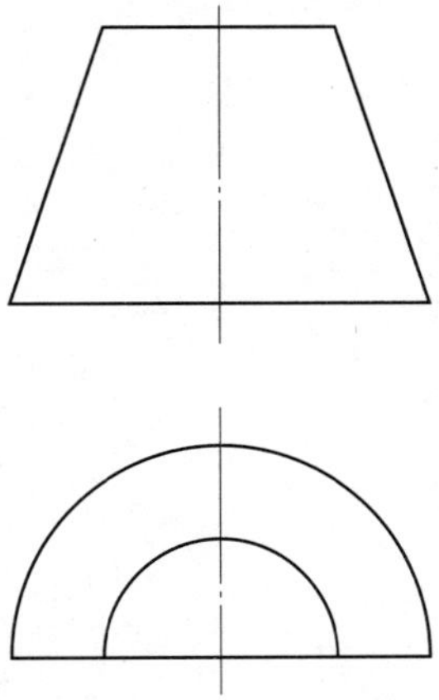

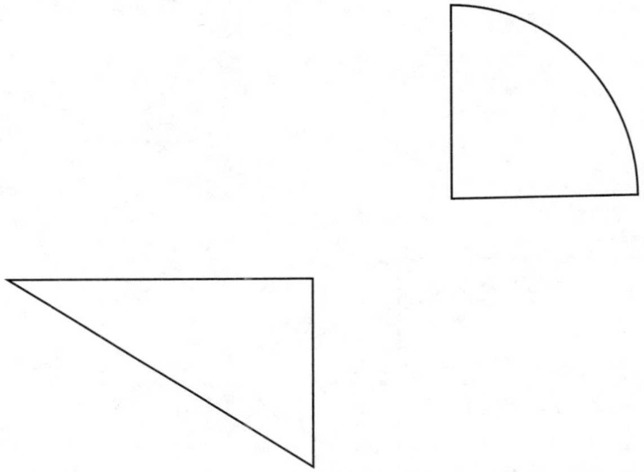

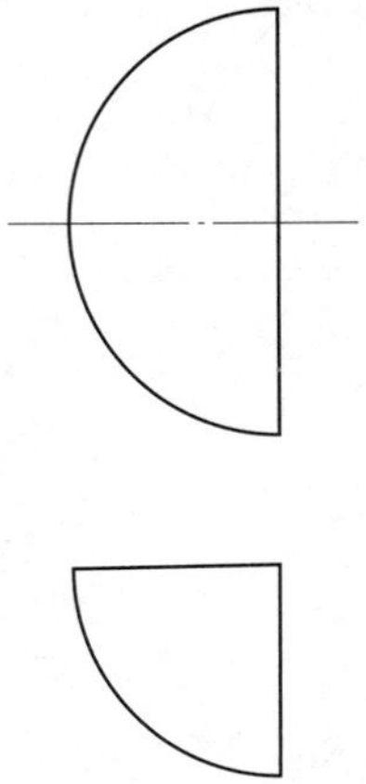

班级　　　　学号　　　　姓名

7. 根据两视图补画第三视图

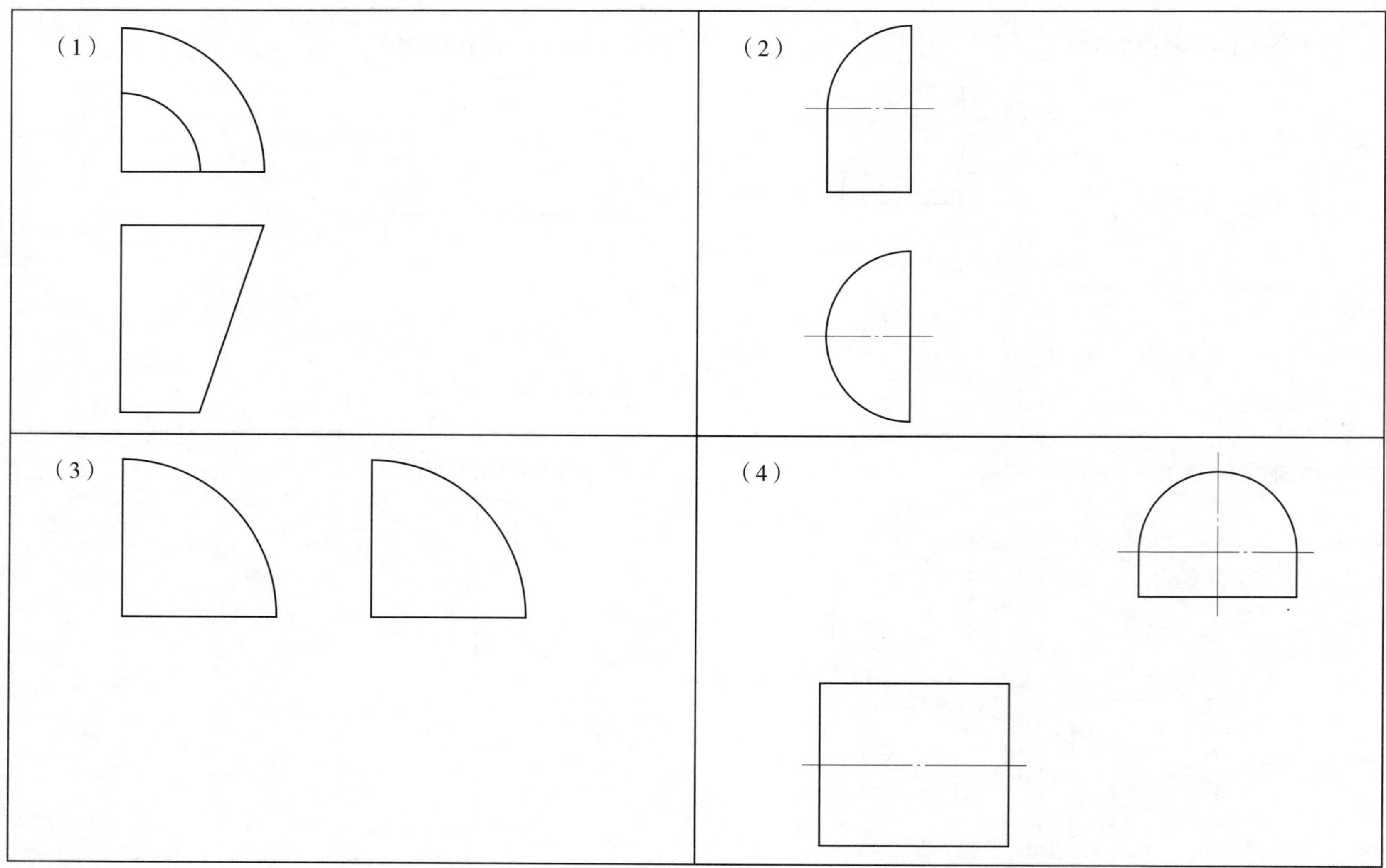

班级　　　　学号　　　　姓名

8. 根据主、俯视图补画左视图（最少设计两个答案）

（1）补画左视图（同步训练）

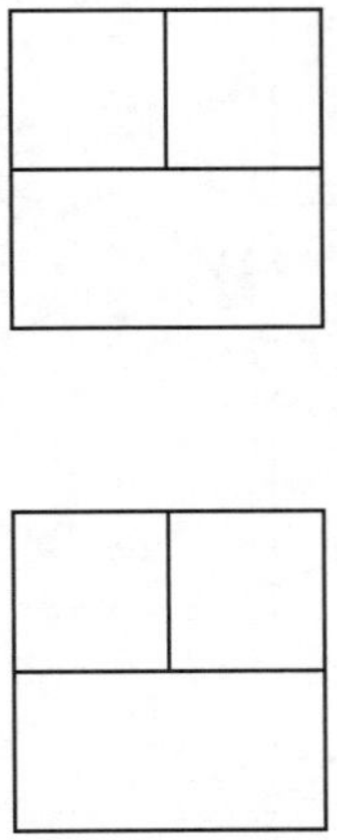

（2）补画左视图

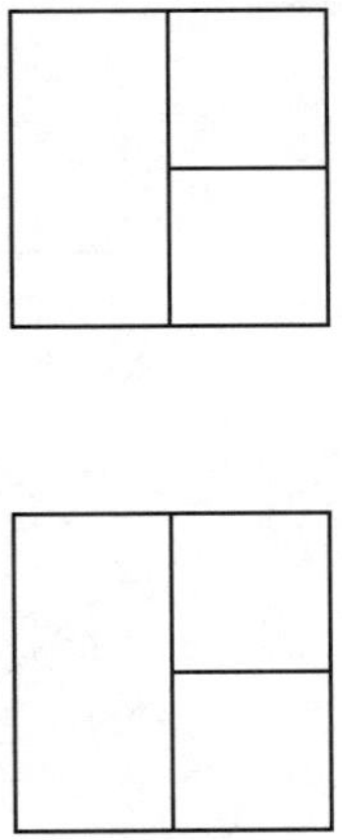

（3）补画左视图

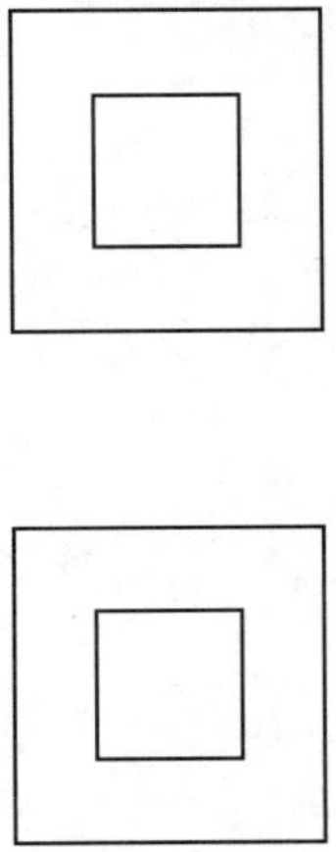

（4）补画左视图

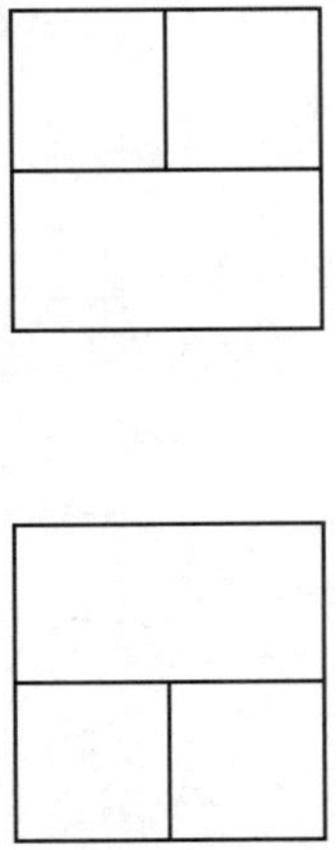

班级　　　　学号　　　　姓名

9. 根据主、俯视图补画左视图，并标注尺寸（尺寸可从图中量取，取整数）

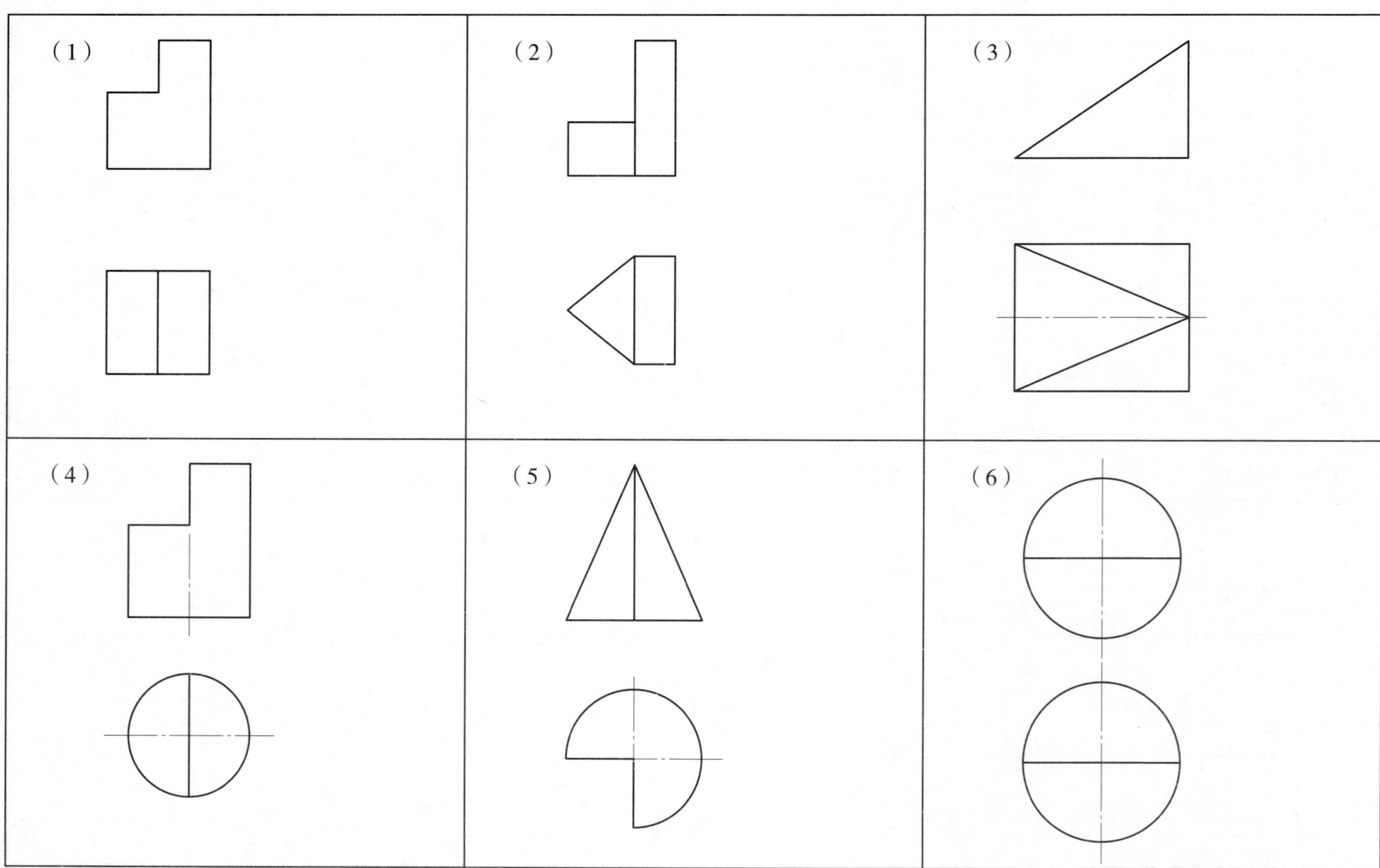

班级　　　　学号　　　　姓名

§2-4 轴测图

1. 看懂两视图，绘制正等轴测图（尺寸可从图中量取，取整数）

（1）绘制长方体的正等轴测图（同步训练）

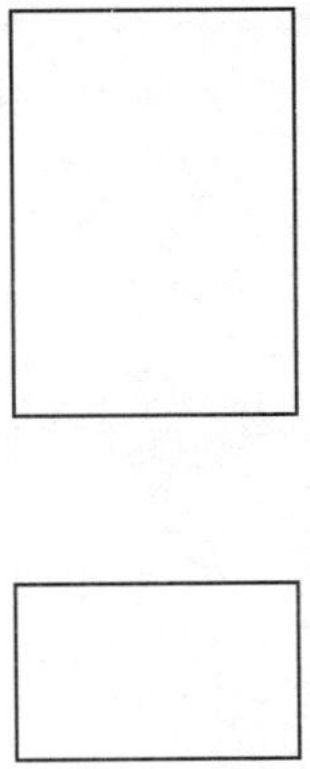

（2）绘制正六棱柱的正等轴测图（同步训练）

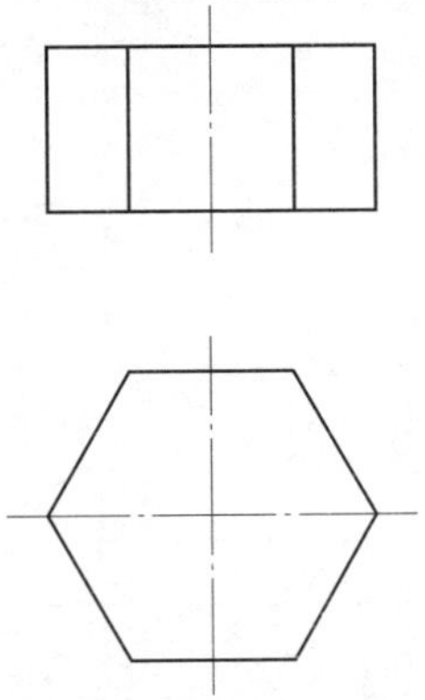

（3）绘制棱台座的正等轴测图（同步训练）

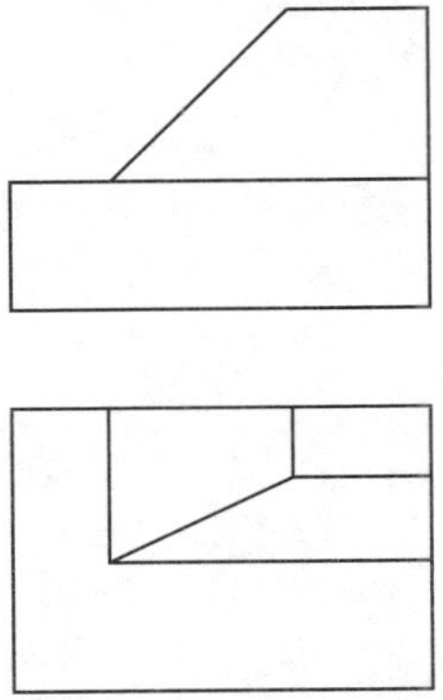

（4）绘制圆柱的正等轴测图（同步训练）

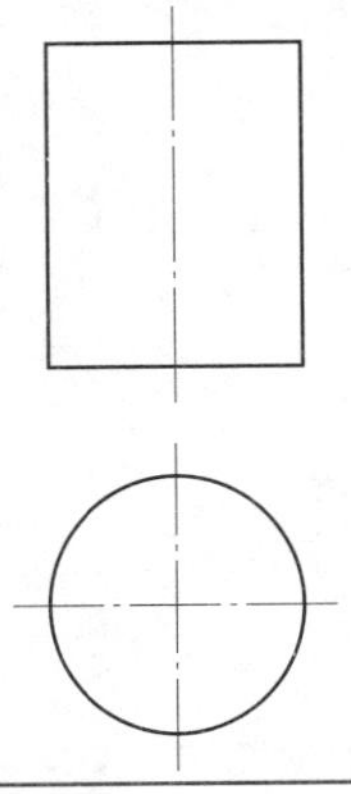

班级　　学号　　姓名

2. 看懂两视图，绘制正等轴测图（尺寸可从图中量取，取整数）

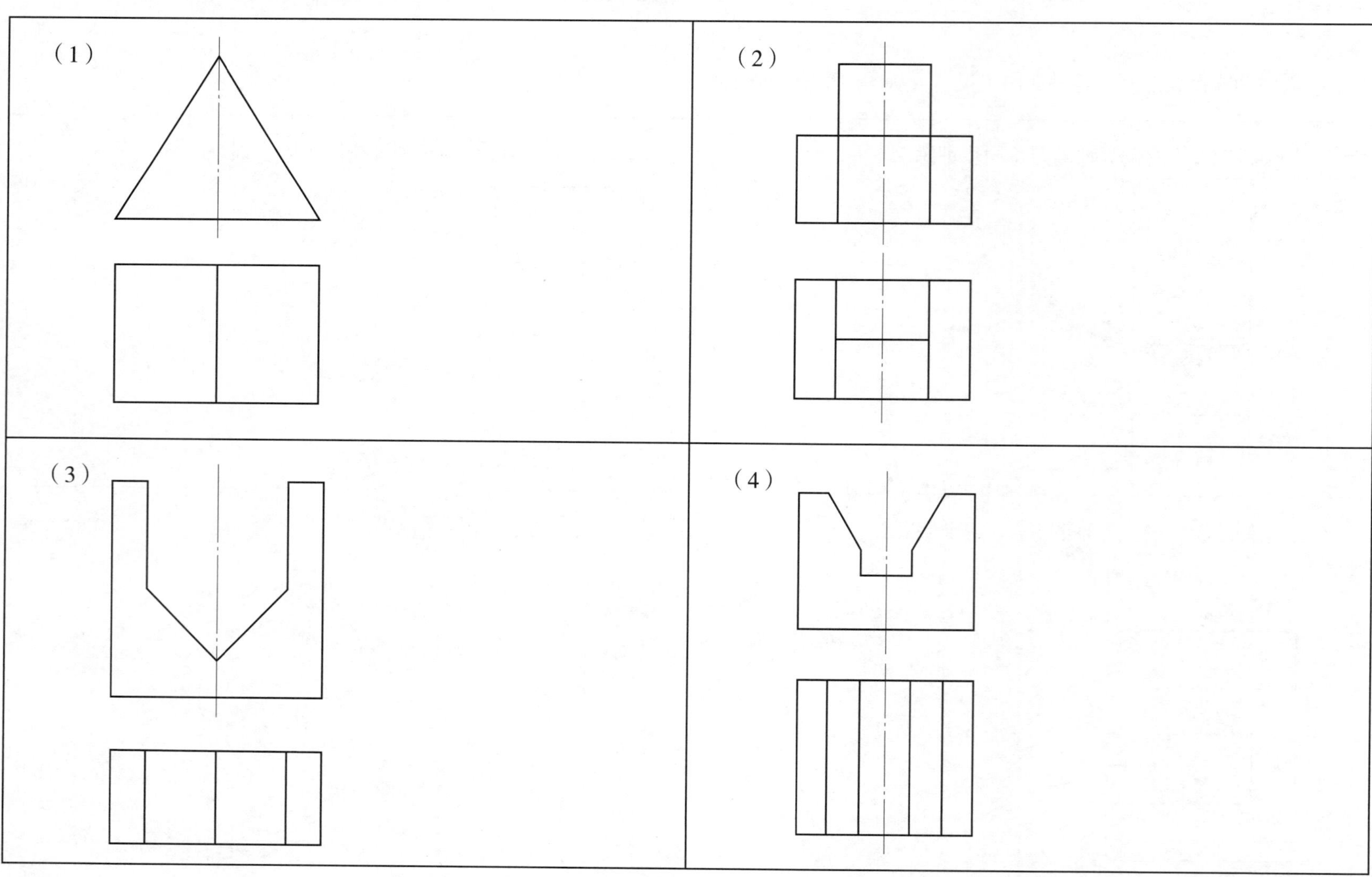

班级　　　　学号　　　　姓名

3. 看懂两视图，绘制正等轴测图（尺寸可从图中量取，取整数）

（1）绘制圆柱的正等轴测图

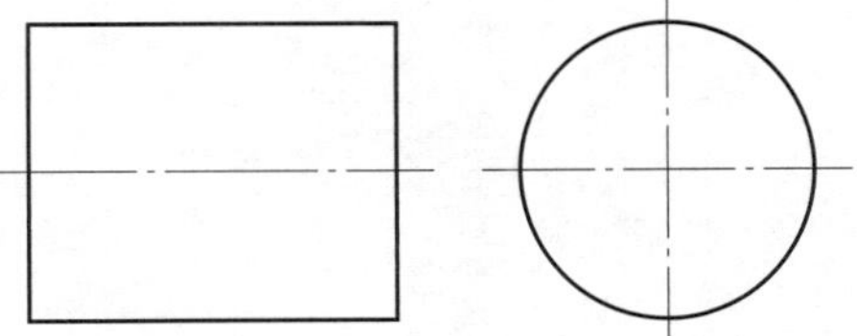

（2）绘制圆柱的正等轴测图

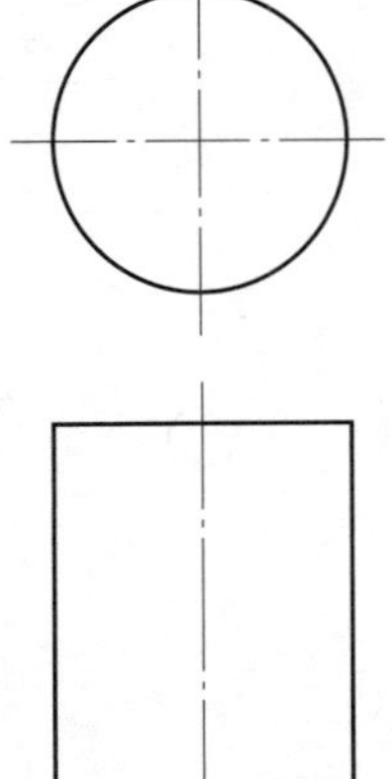

（3）绘制支承座的正等轴测图（同步训练）

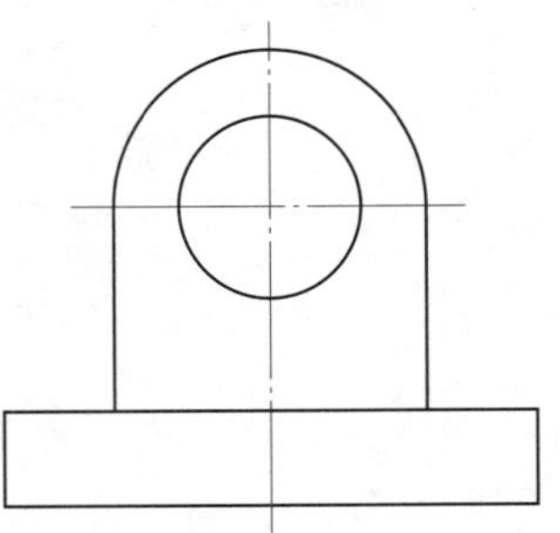

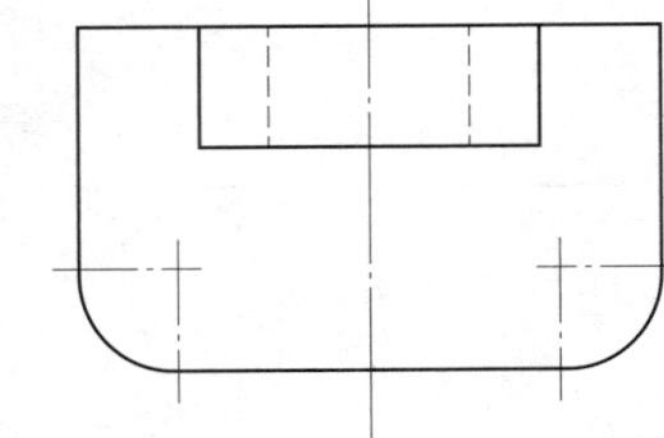

班级　　　　学号　　　　姓名

4. 看懂两视图，绘制左视图及正等轴测图（尺寸可从图中量取，取整数）

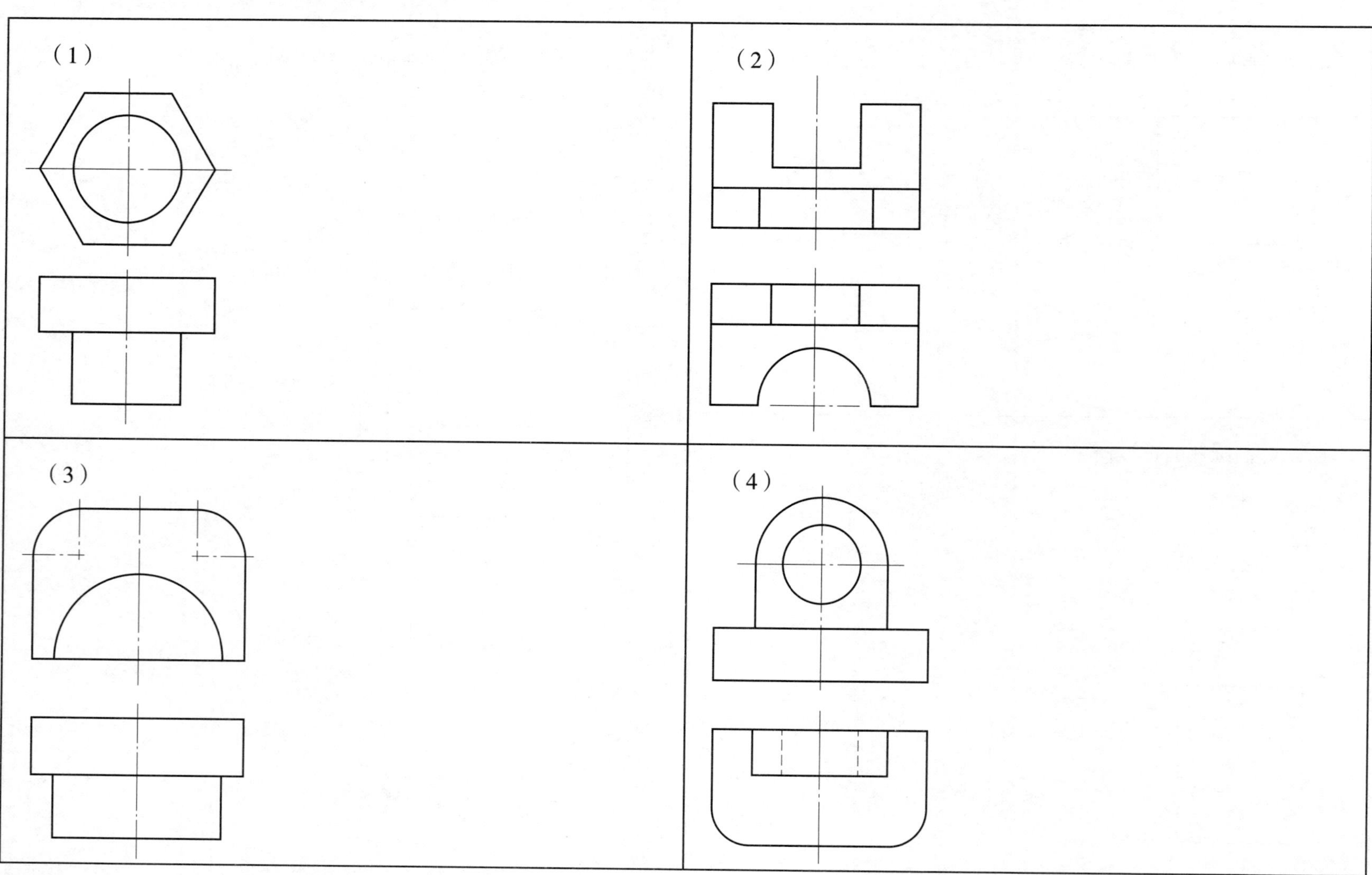

班级　　　　学号　　　　姓名

5. 看懂两视图，绘制斜二等轴测图（尺寸可从图中量取，取整数）

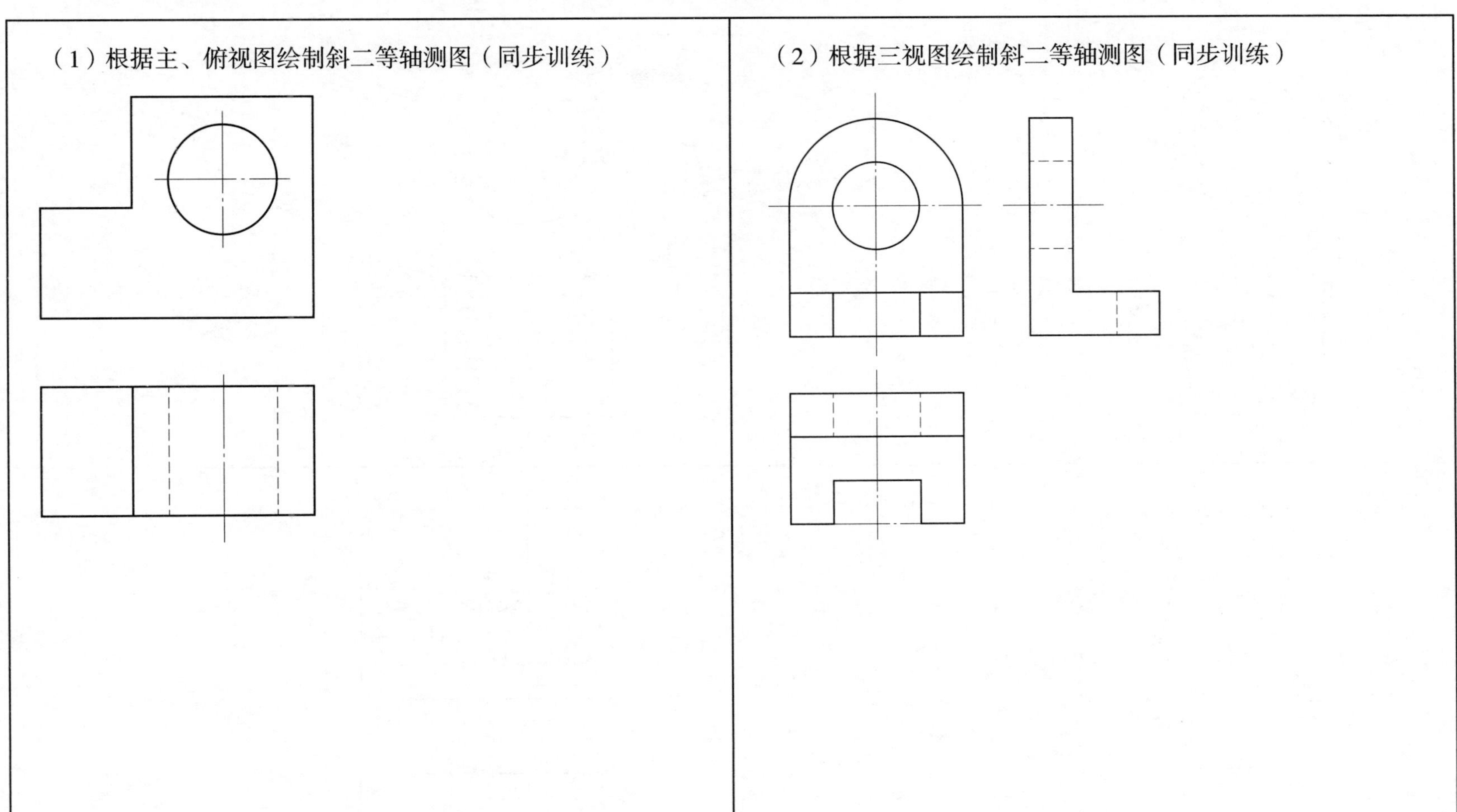

（1）根据主、俯视图绘制斜二等轴测图（同步训练）

（2）根据三视图绘制斜二等轴测图（同步训练）

班级　　　学号　　　姓名

6. 看懂两视图，绘制斜二等轴测图（尺寸可从图中量取，取整数）

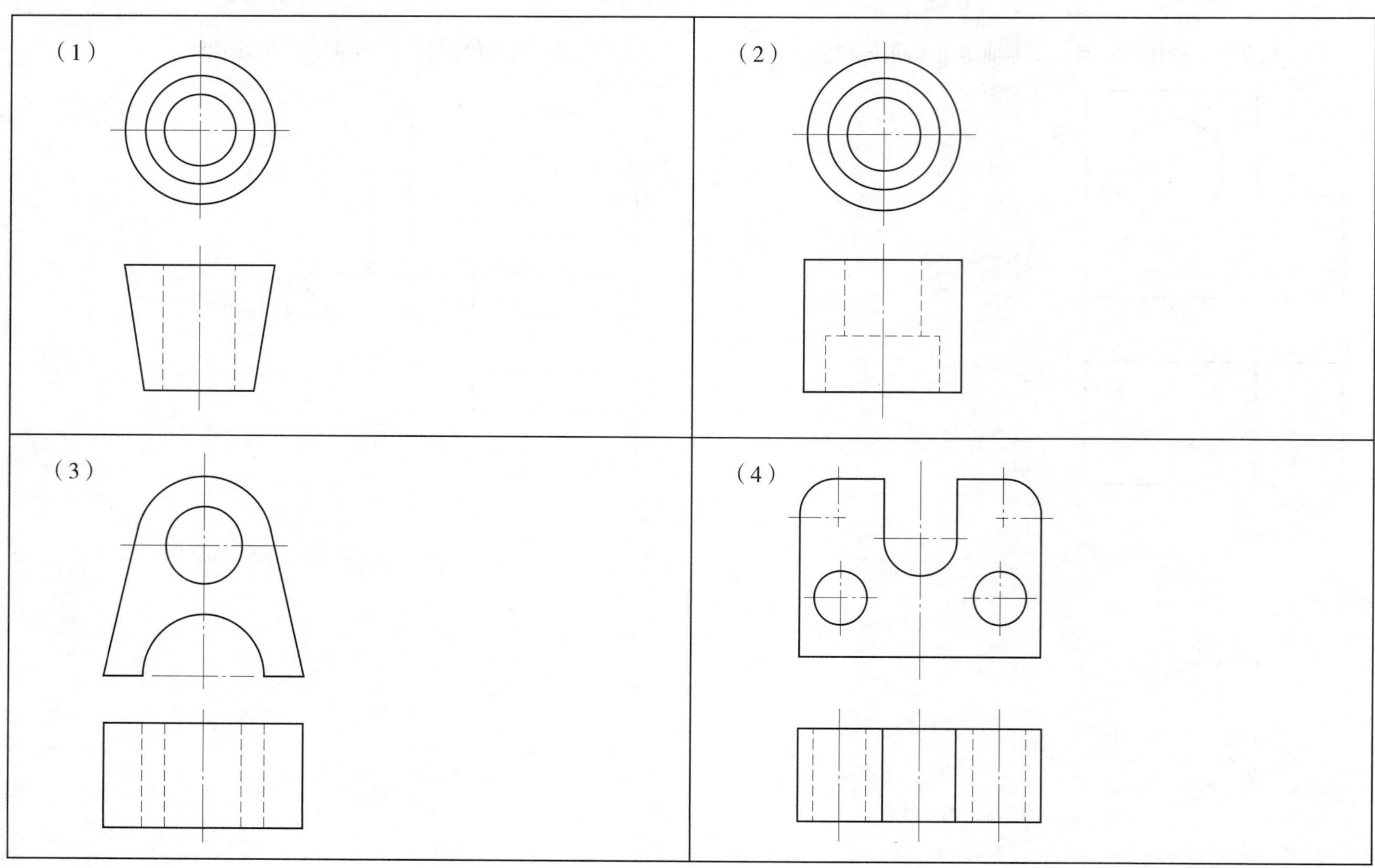

班级　　　　学号　　　　姓名

第三章　截交线与相贯线

§3-1　立体表面上点的投影

1. 求立体表面上点的投影（同步训练）

（1）求正六棱柱表面上点的投影

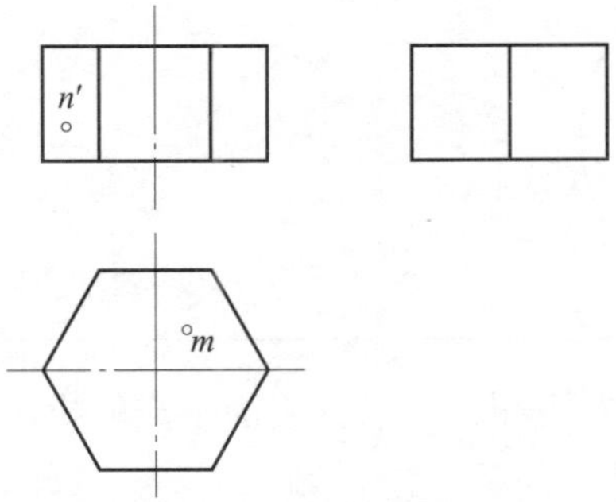

n'

m

（2）求正三棱锥表面上点的投影

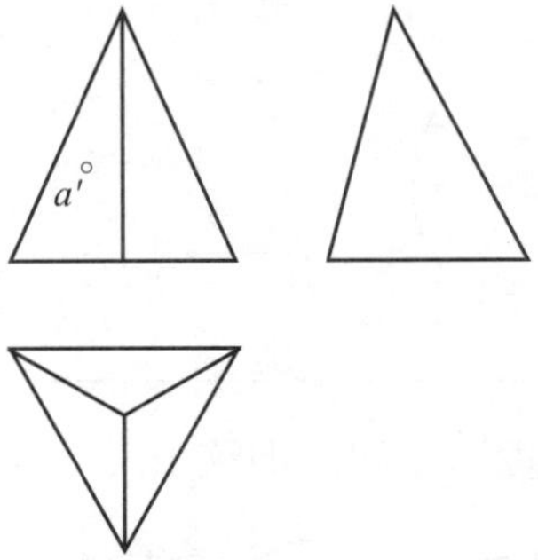

a'

（3）求圆柱表面上点的投影

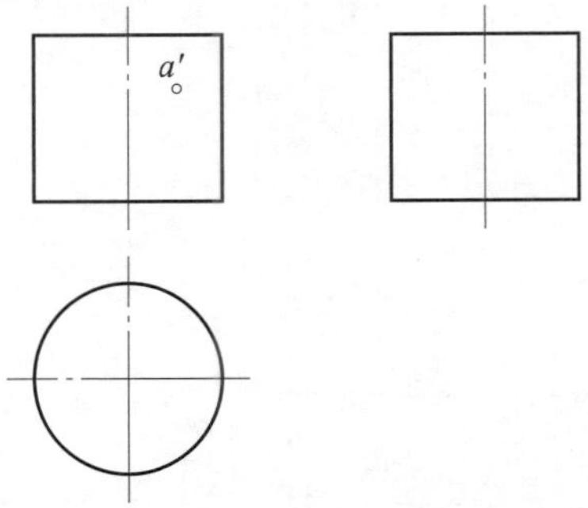

a'

（4）用辅助素线法求圆锥表面上点的投影

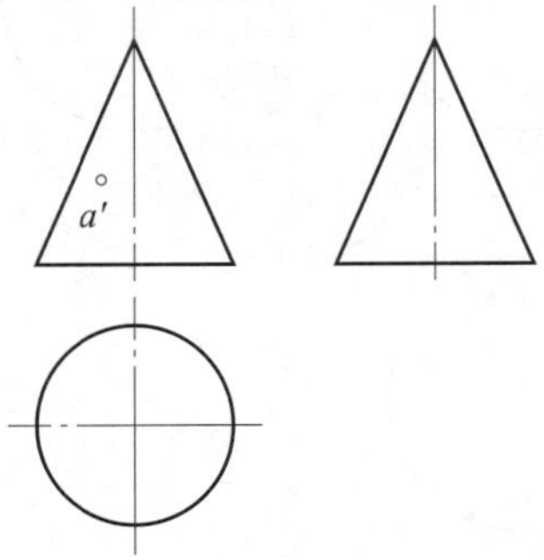

a'

班级　　　　学号　　　　姓名

2. 求立体表面上点的投影

（1）用辅助平面法求圆锥表面上点的投影（同步训练）

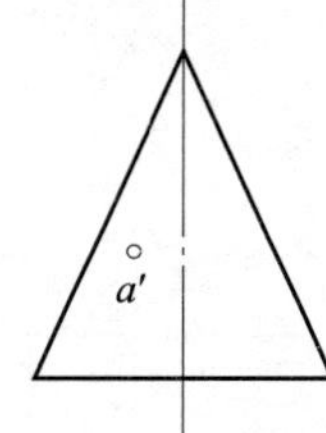

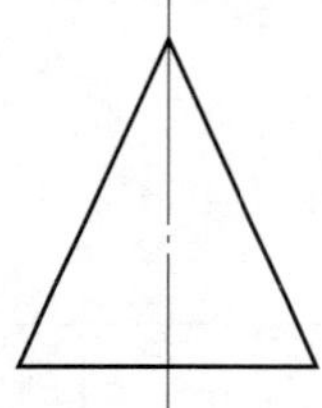

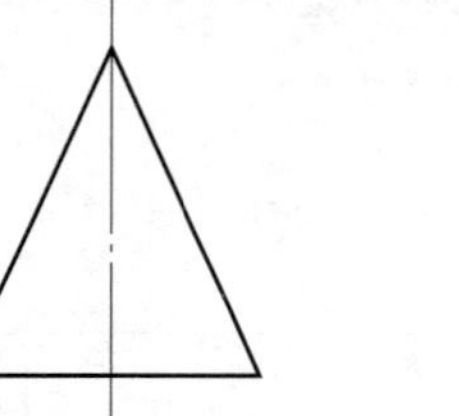

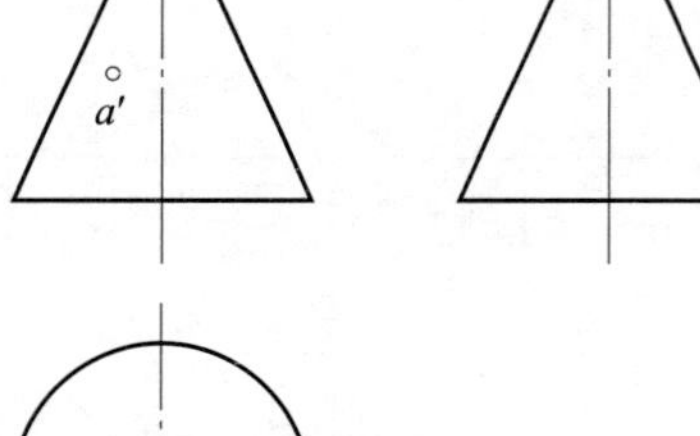

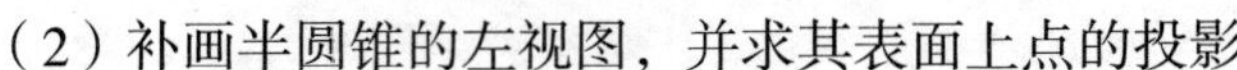

（2）补画半圆锥的左视图，并求其表面上点的投影

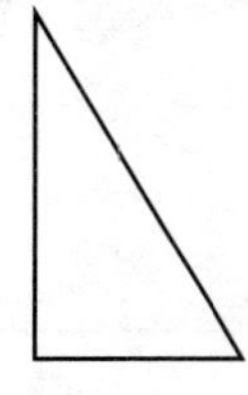

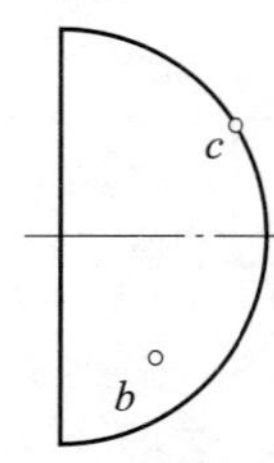

（3）求球面上点的投影（同步训练）

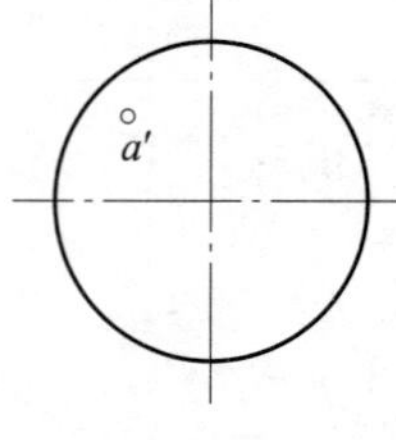

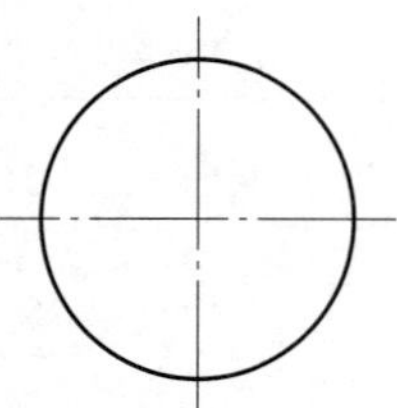

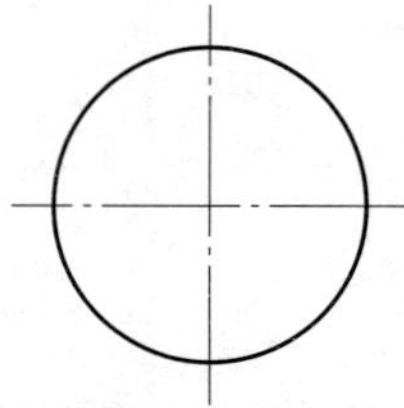

（4）补画半球的左视图，并求其表面上点的投影

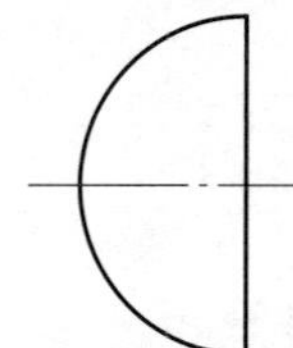

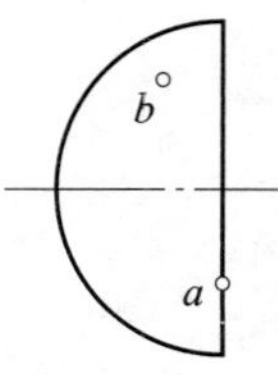

班级　　　　学号　　　　姓名

§3-2 截交线

1. 求平面立体上的截交线

（1）补画俯视图上的截交线，并绘制左视图（同步训练）	（2）根据主、俯视图绘制左视图（同步训练）
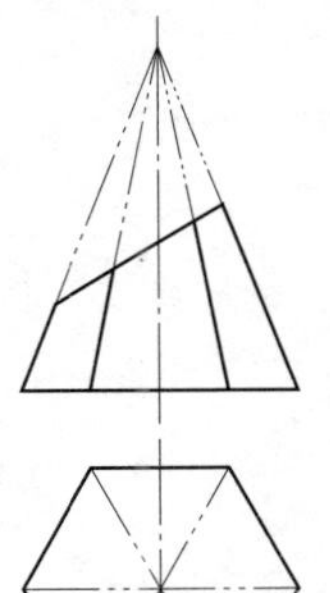	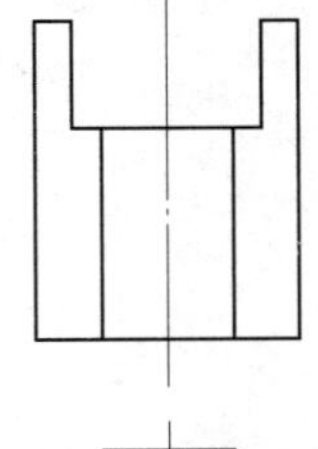 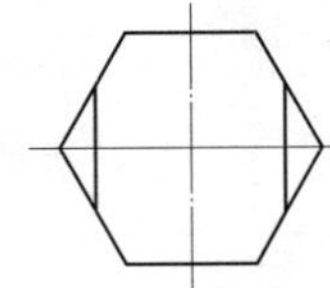
（3）补画左视图上的截交线，并绘制俯视图	（4）根据主、左视图绘制俯视图
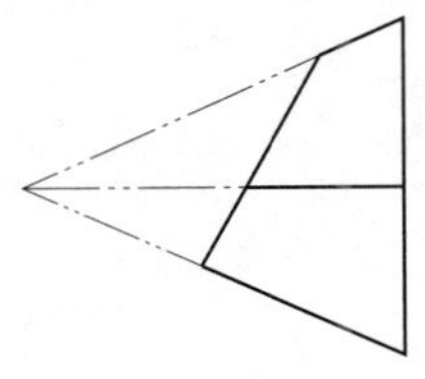 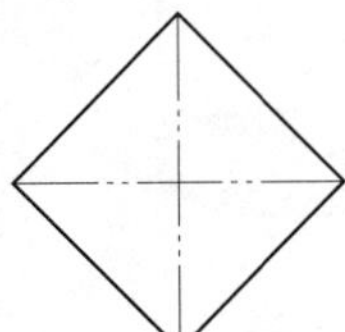	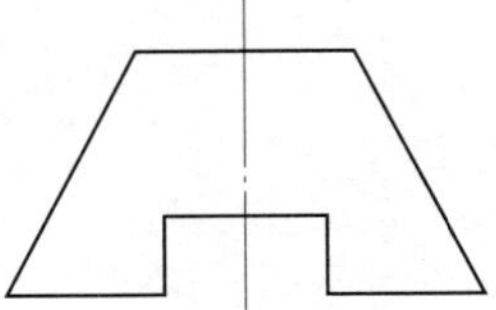 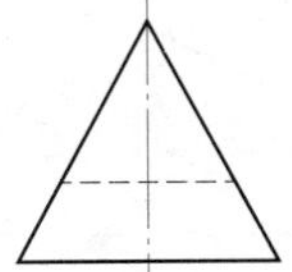

班级　　　学号　　　姓名

2. 求平面立体上的截交线

(1) 根据主、俯视图绘制左视图	(2) 根据俯、左视图绘制主视图
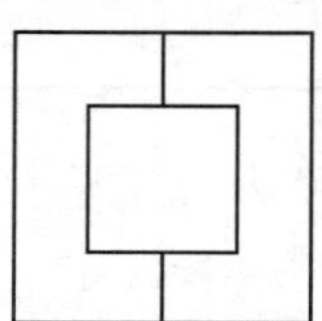 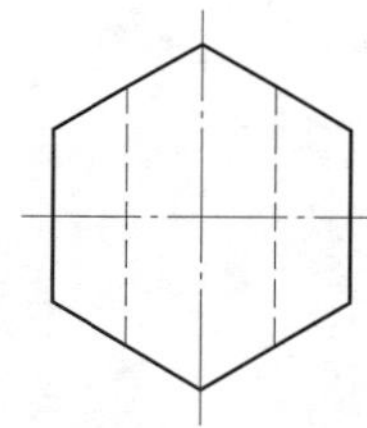	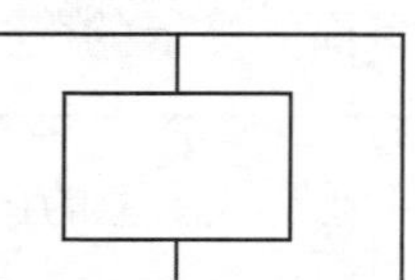 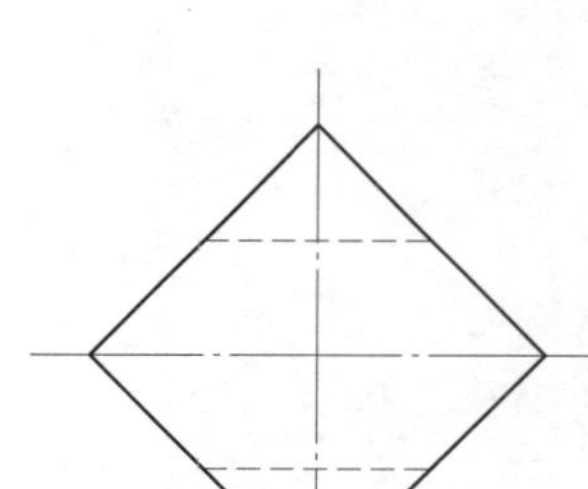
(3) 补画俯视图上的截交线，并绘制左视图	(4) 补画俯视图上的截交线，并绘制左视图
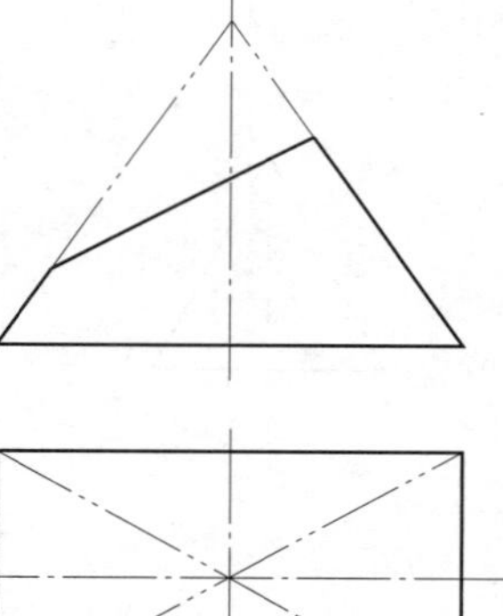	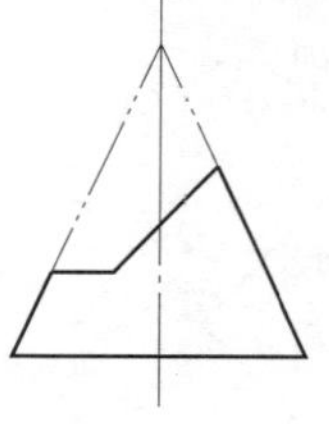 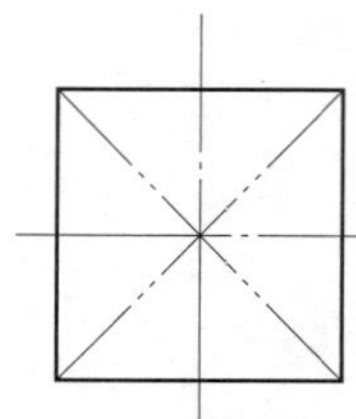

班级　　　　学号　　　　姓名

3. 求曲面立体上的截交线（同步训练）

（1）补画斜割圆柱体的左视图

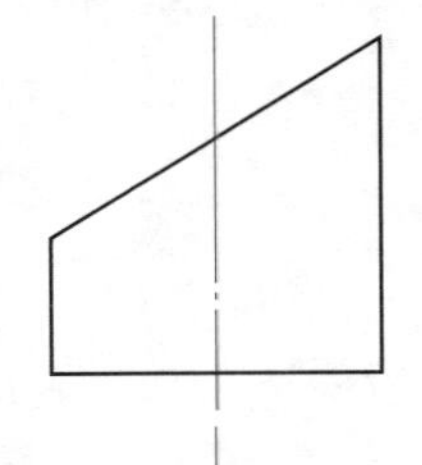

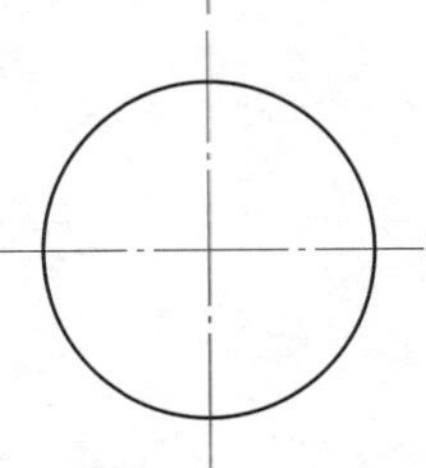

（2）补画接头的主视图

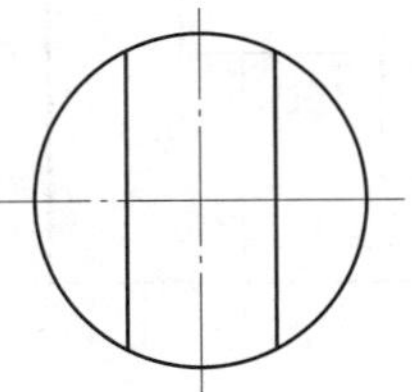

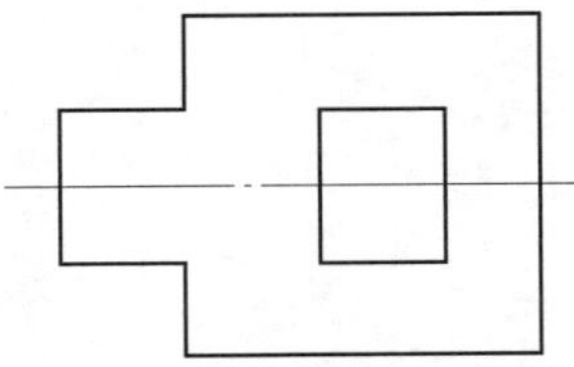

（3）补画斜割圆锥体俯视图上的截交线，并绘制左视图

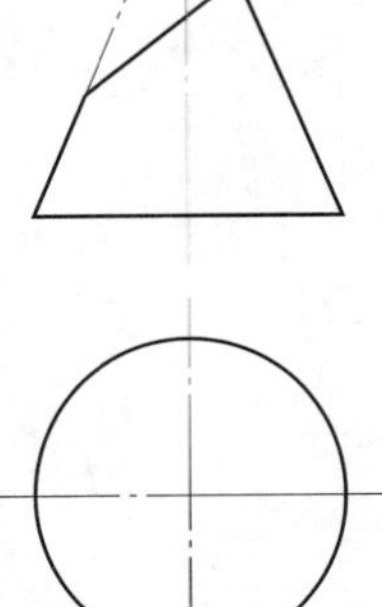

（4）根据主、俯视图绘制左视图

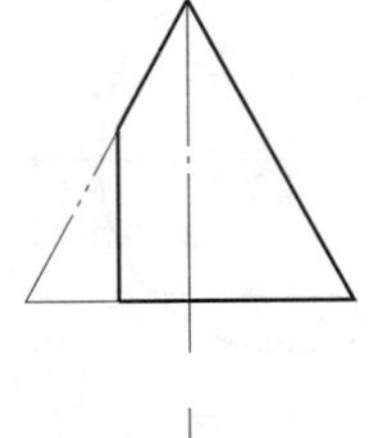

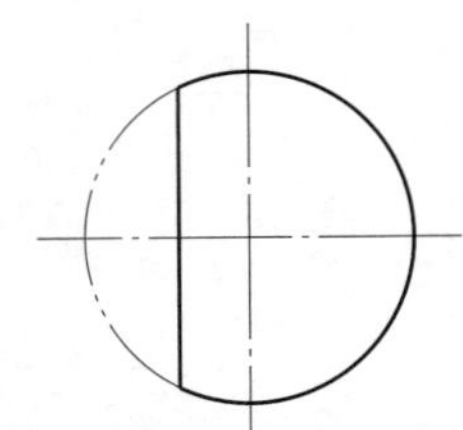

班级　　　　学号　　　　姓名

4. 根据两视图绘制第三视图

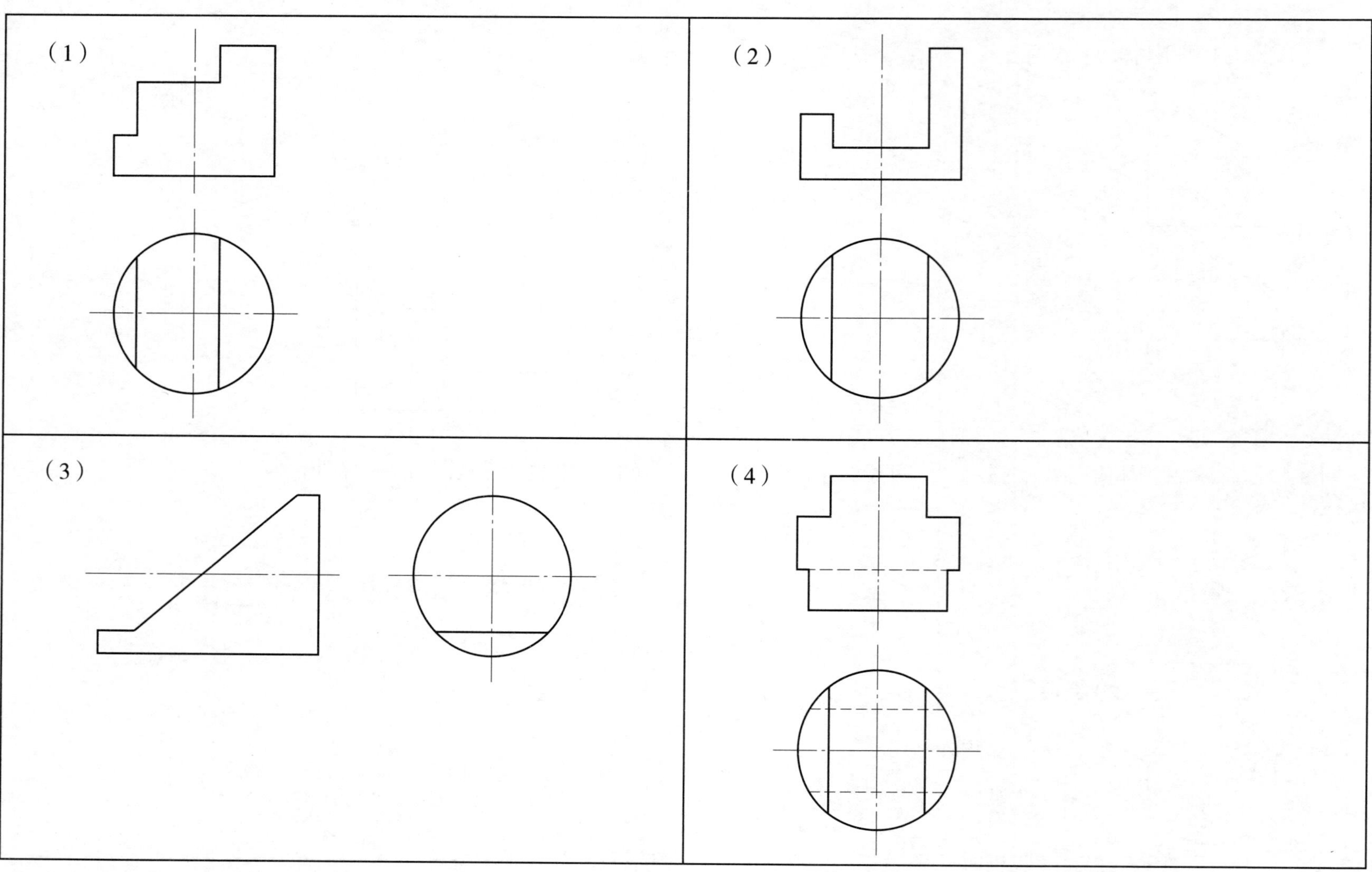

班级　　　　学号　　　　姓名

5. 根据两视图绘制第三视图

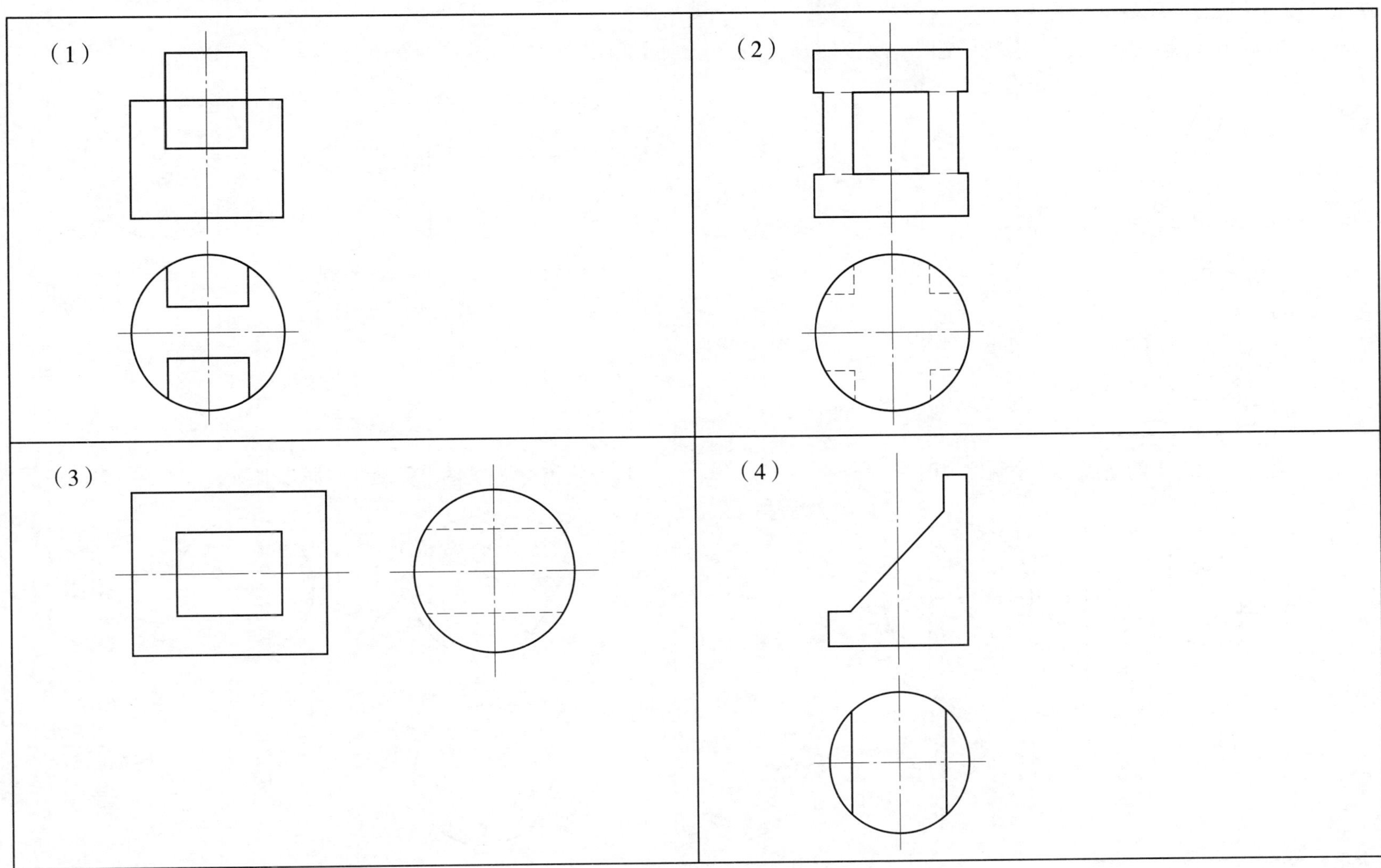

班级　　学号　　姓名

6. 求曲面立体上的截交线

（1）补画俯视图上的缺线，并绘制左视图

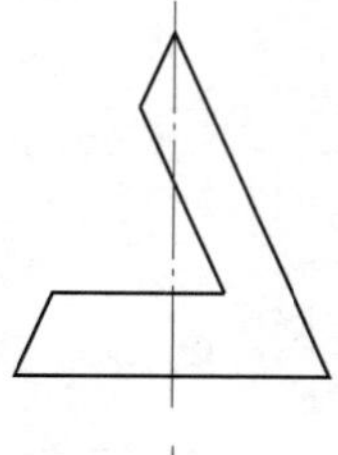

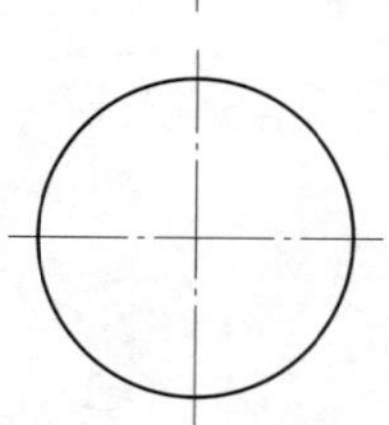

（2）根据主、左视图绘制俯视图

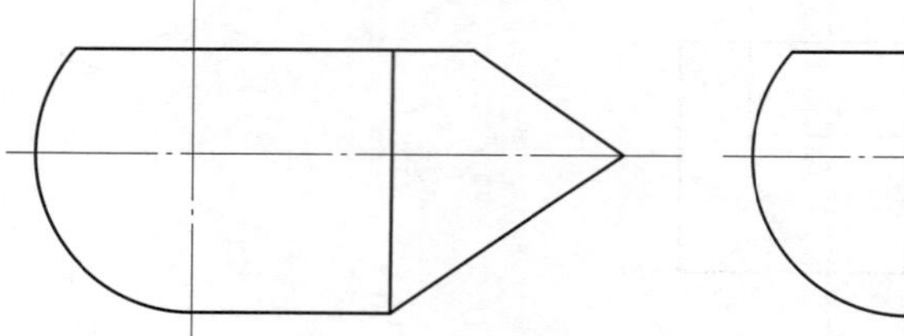

（3）补画左视图上的缺线，并绘制俯视图

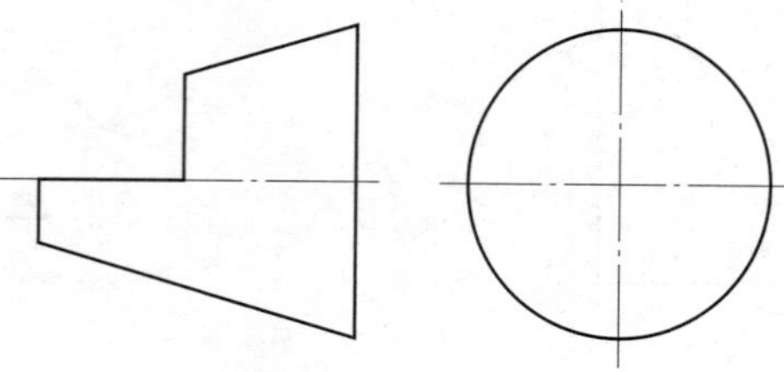

（4）补画俯、左视图上的缺线（同步训练）

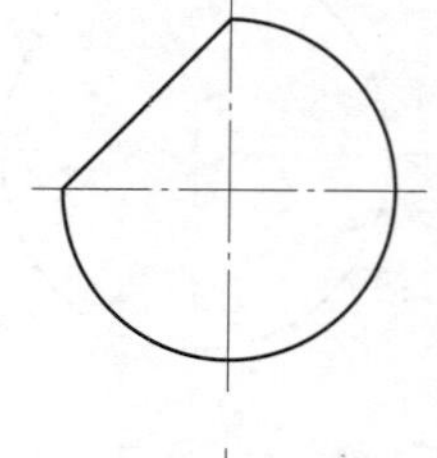

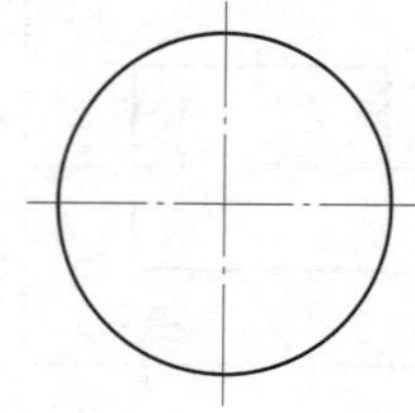

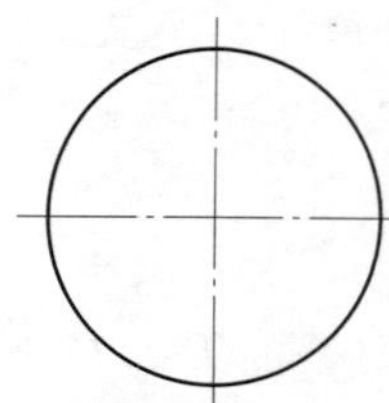

班级　　　学号　　　姓名

7. 求曲面立体上的截交线

（1）补画俯、左视图上的缺线（同步训练）	（2）根据主、俯视图绘制左视图
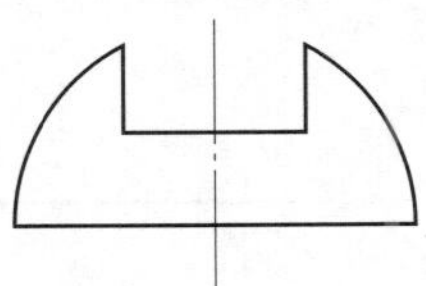 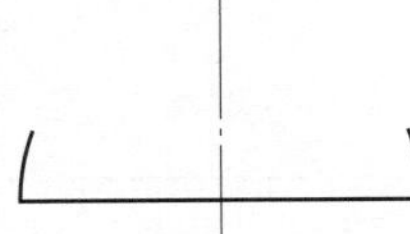 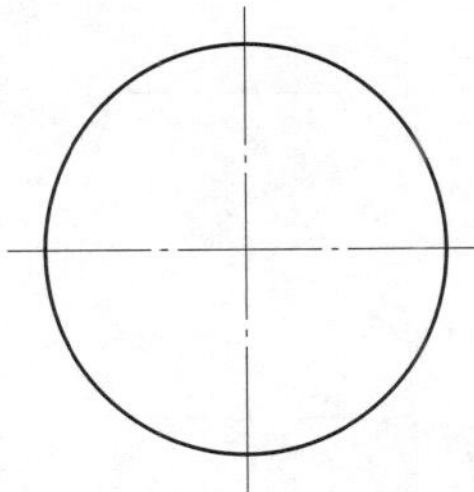	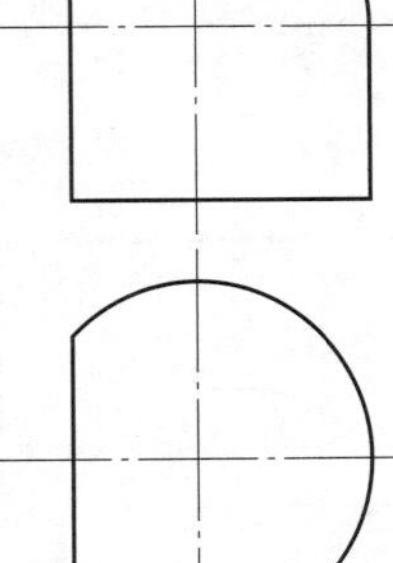
（3）根据主、俯视图绘制左视图	（4）根据主、俯视图绘制左视图
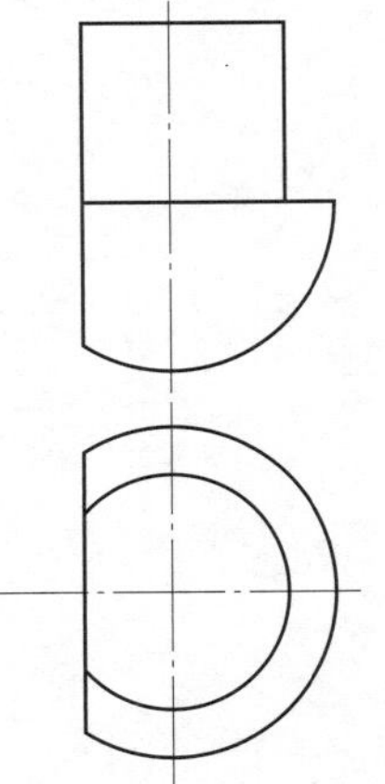	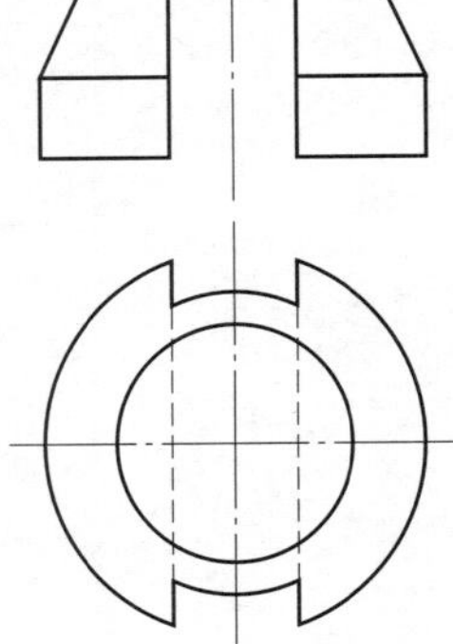

班级　　　　学号　　　　姓名

§3-3　相贯线

1. 绘制相贯线（同步训练）

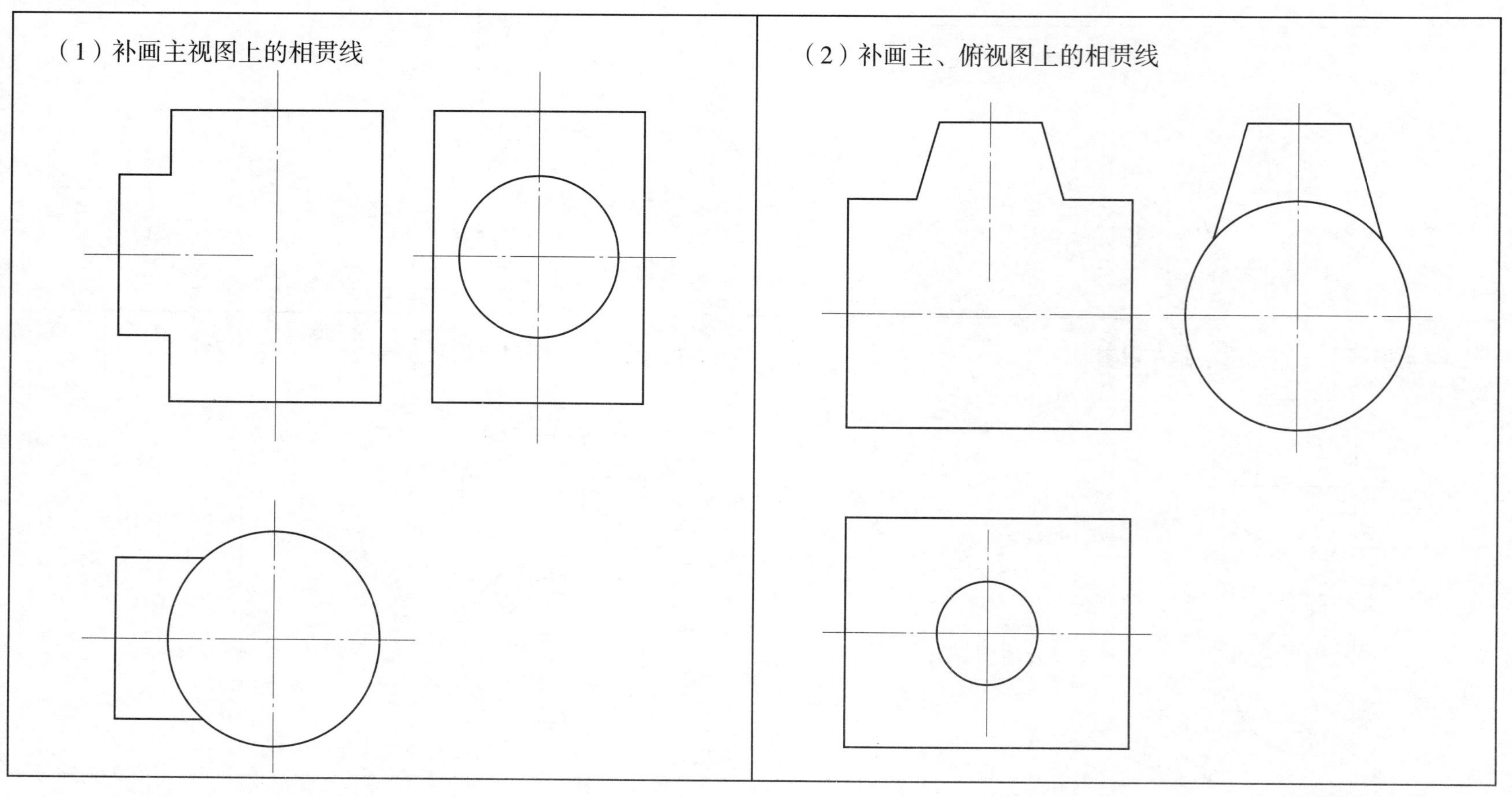

班级　　　　学号　　　　姓名

2. 根据俯、左视图绘制主视图

（1）

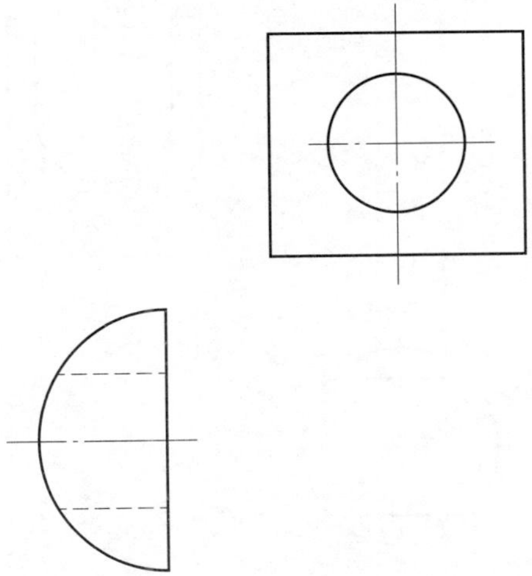

（2）

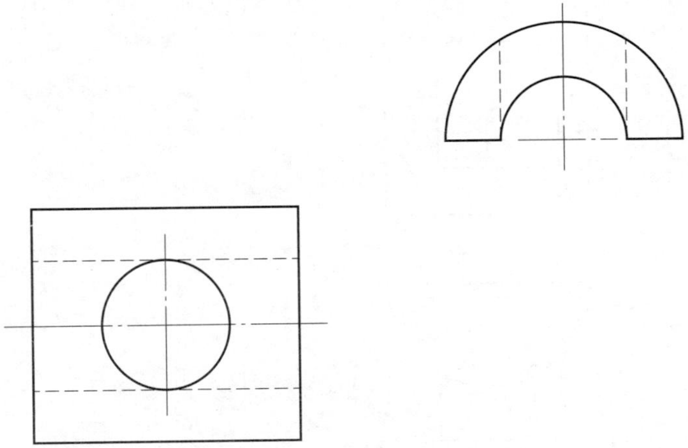

（3）

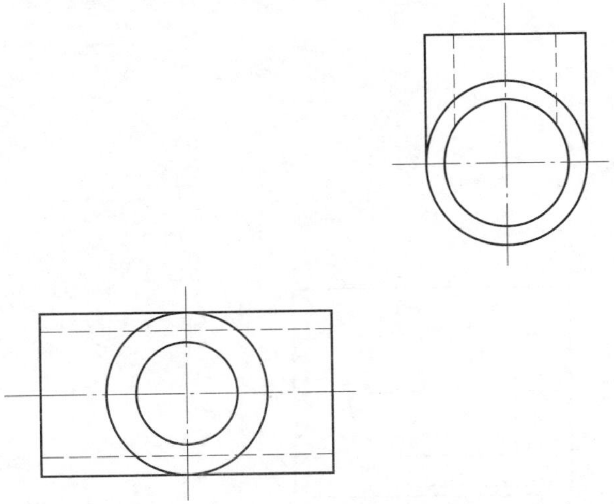

（4）

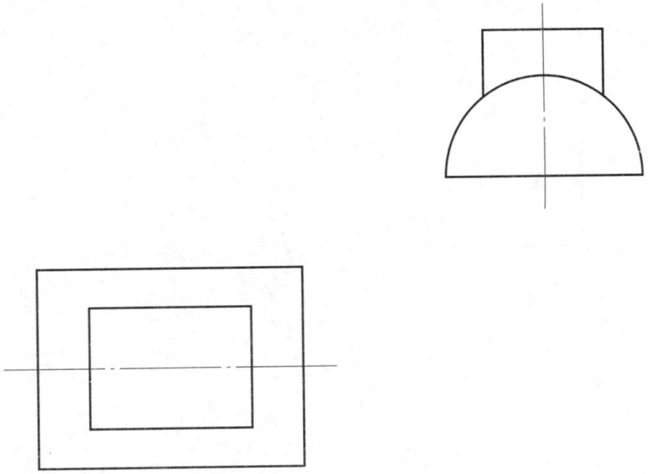

班级　　学号　　姓名

3. 根据两视图绘制第三视图

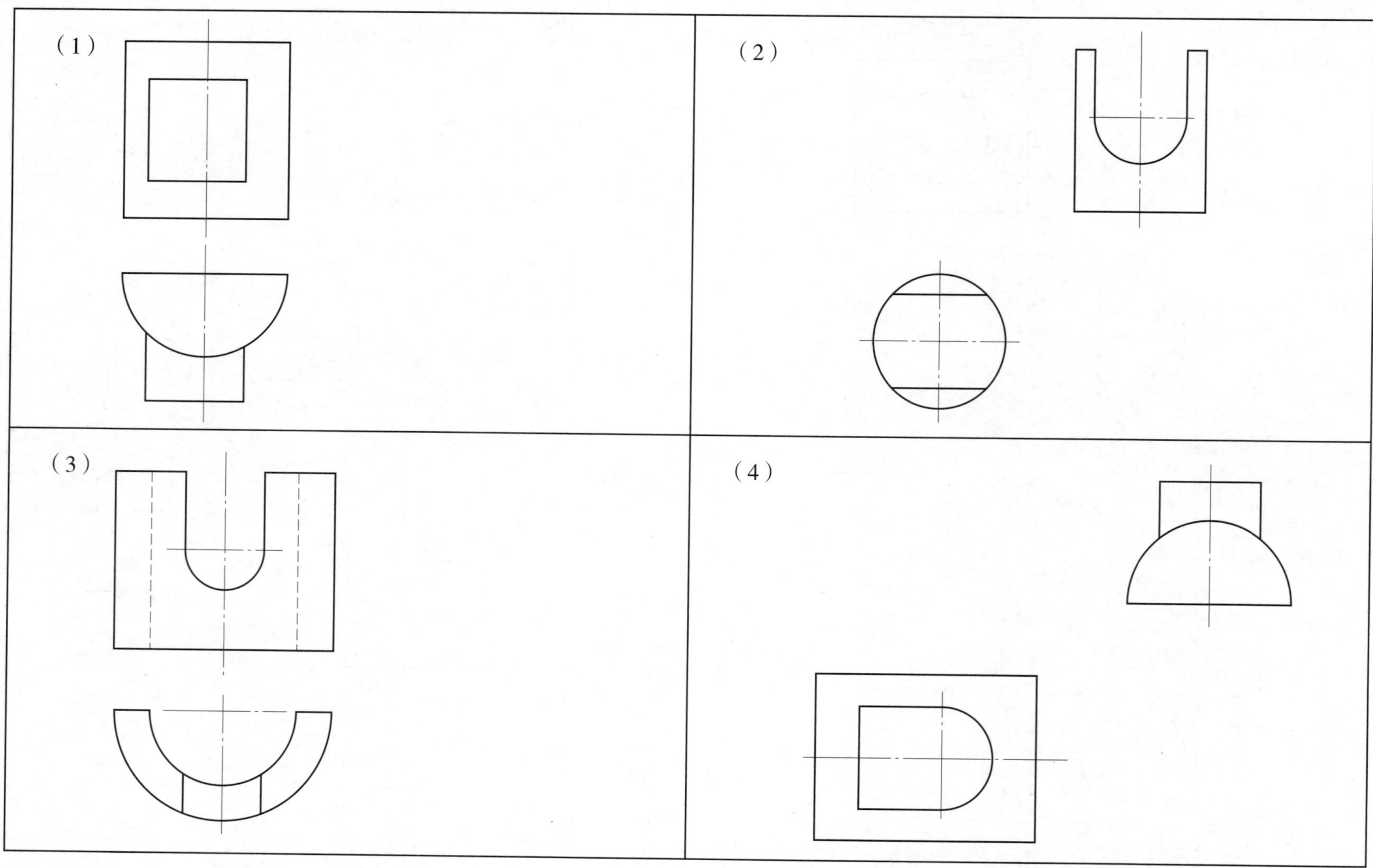

班级　　学号　　姓名

第四章　组合体

§4-1　组合体的类型及表面连接关系

1. 补画主视图上的缺线，并绘制左视图

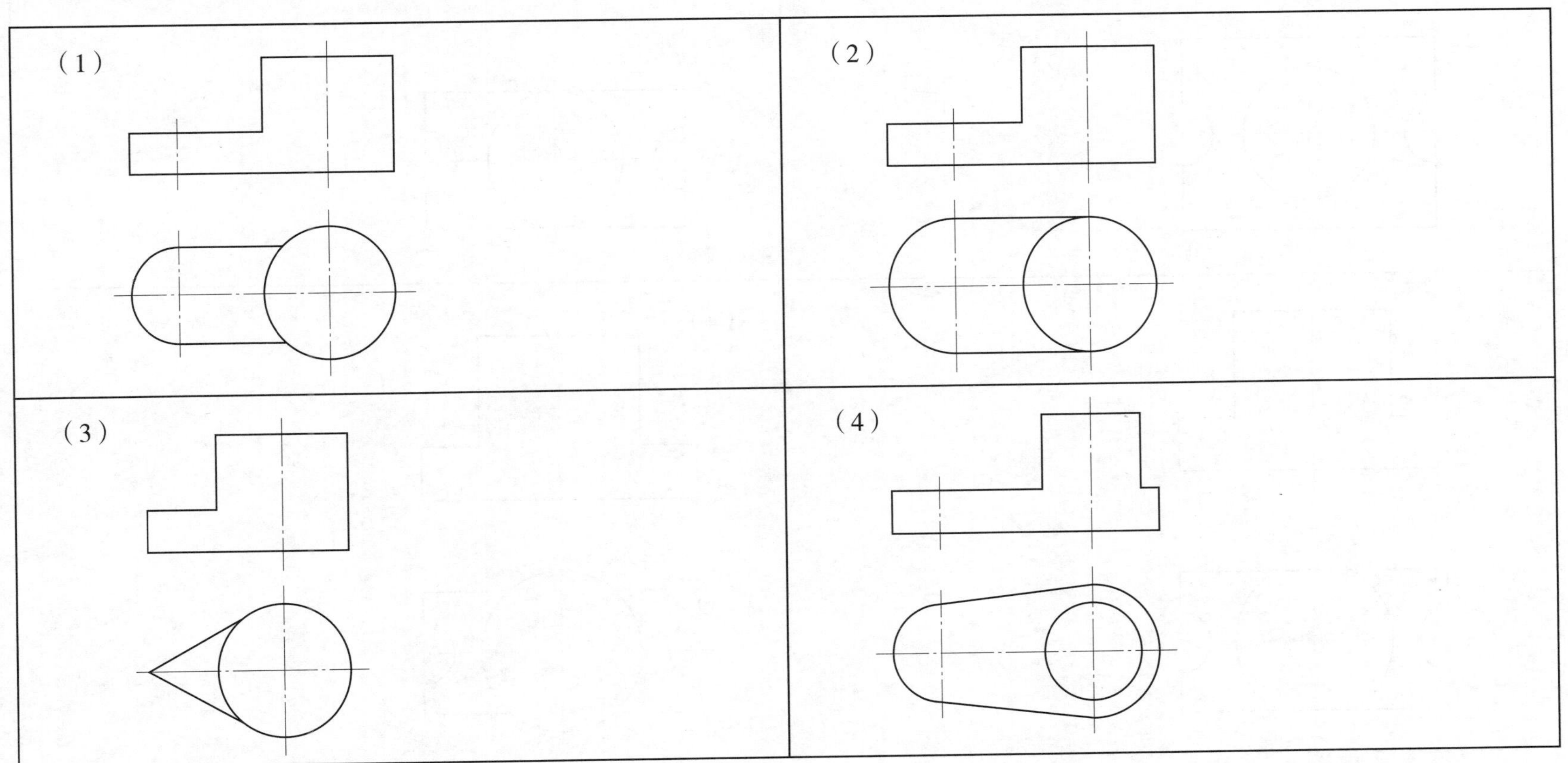

班级　　　　学号　　　　姓名

2. 补画主视图上的缺线，并绘制左视图

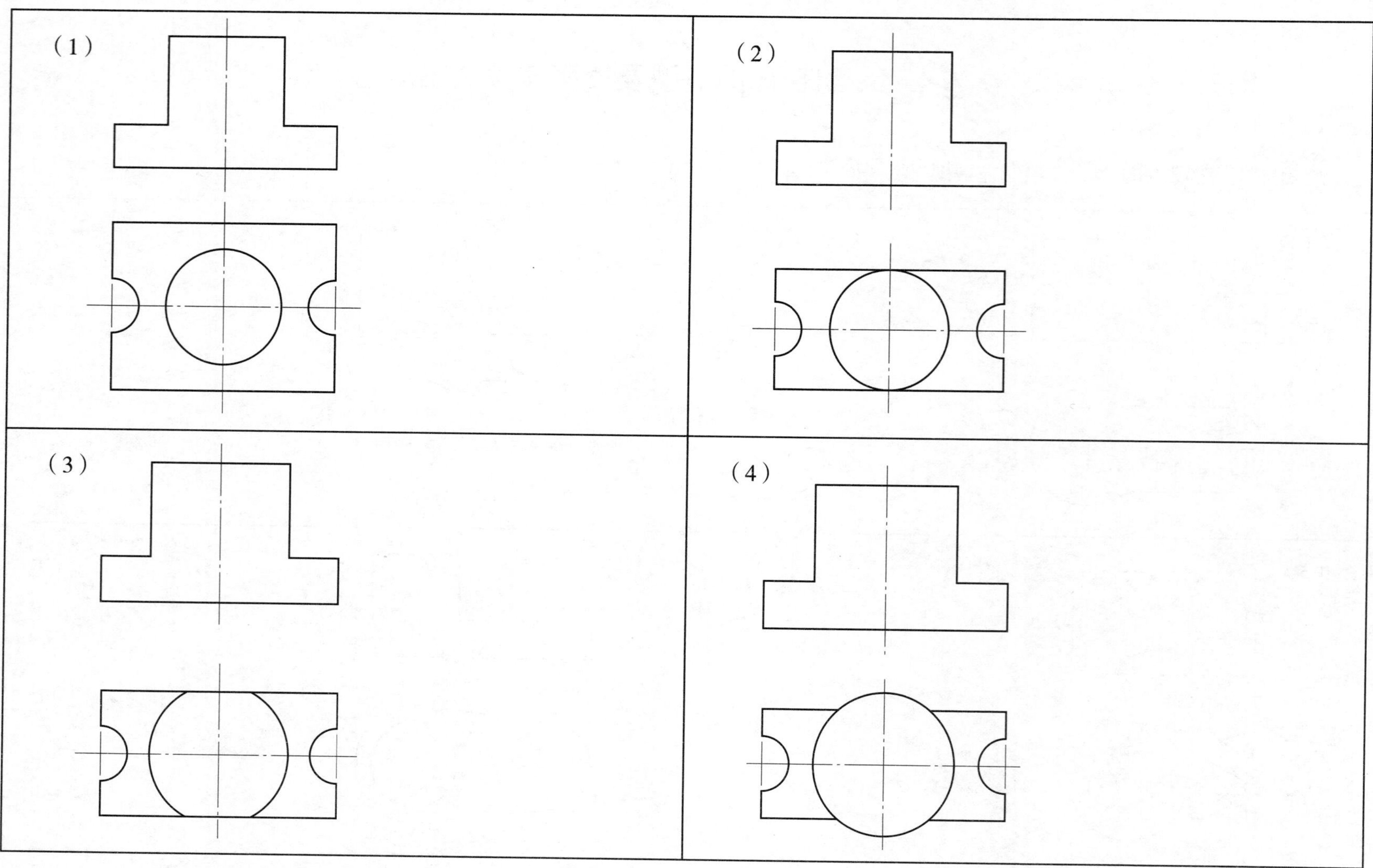

班级　　　　学号　　　　姓名

§4-2 绘制组合体的三视图

1. 根据组合体的正等轴测图绘制三视图（尺寸从图中量取；同步训练）

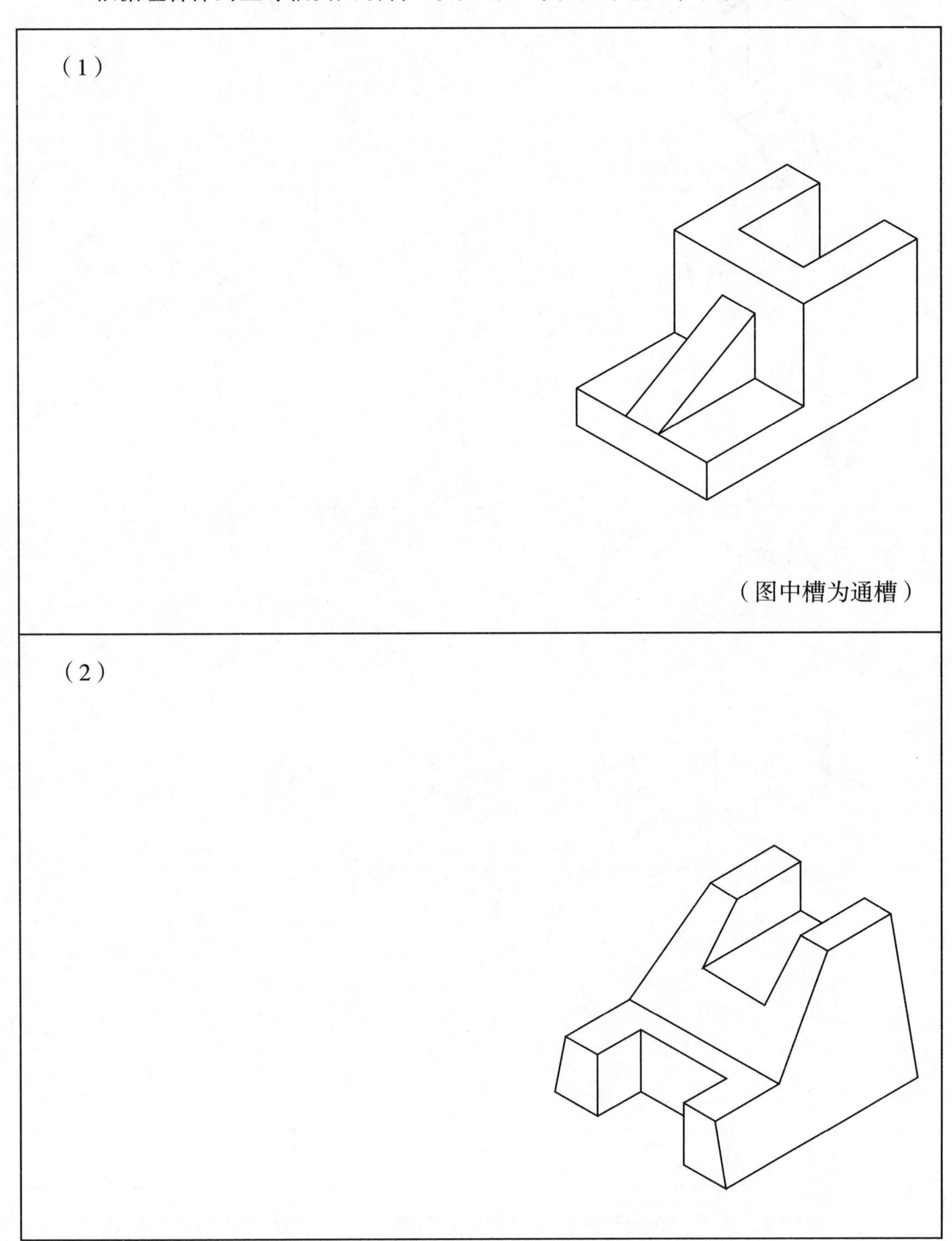

班级　　学号　　姓名

2. 根据组合体的正等轴测图绘制三视图（尺寸从图中量取）

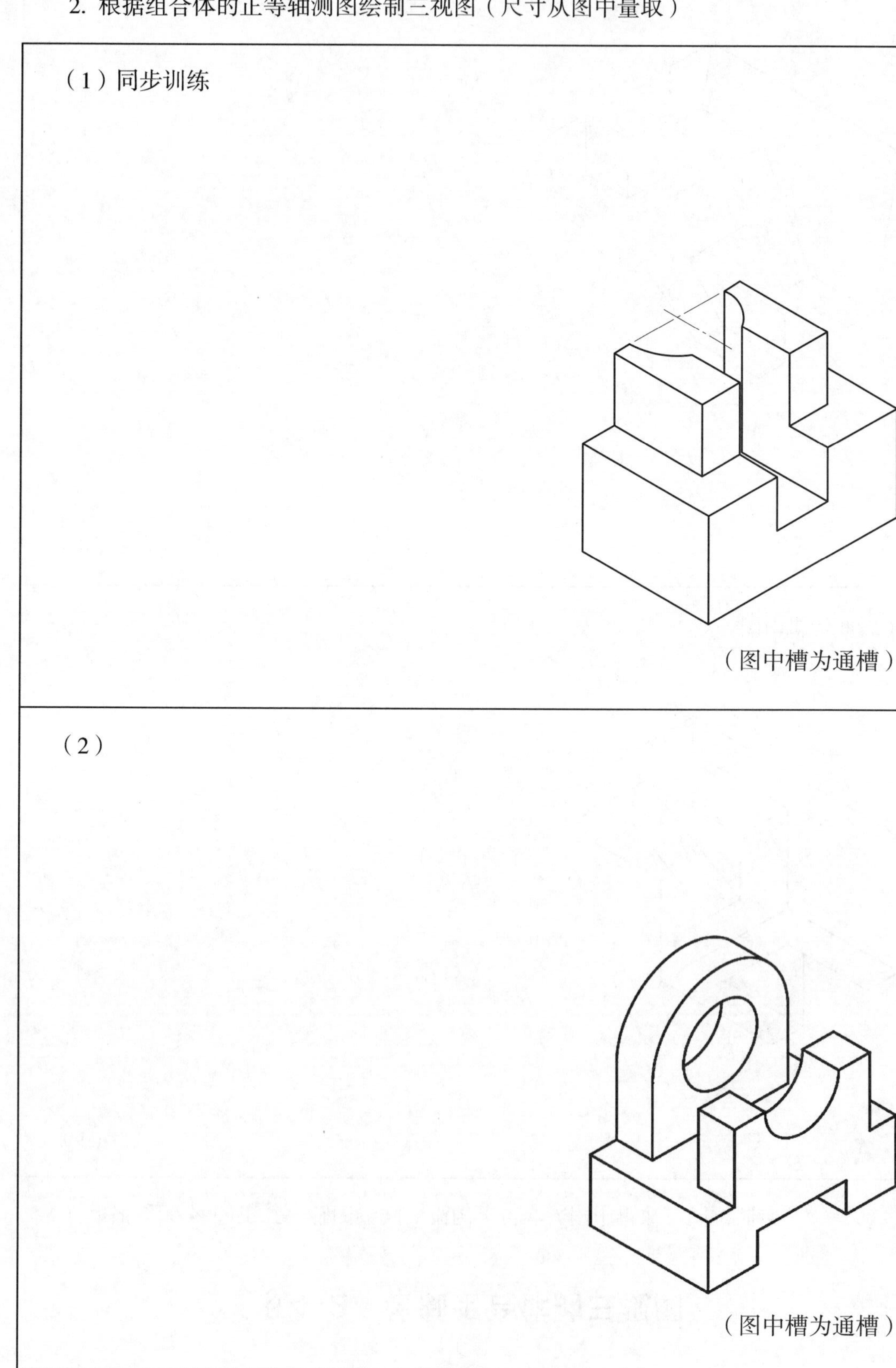

班级　　　学号　　　姓名

3. 根据组合体的正等轴测图绘制三视图（尺寸从图中量取）

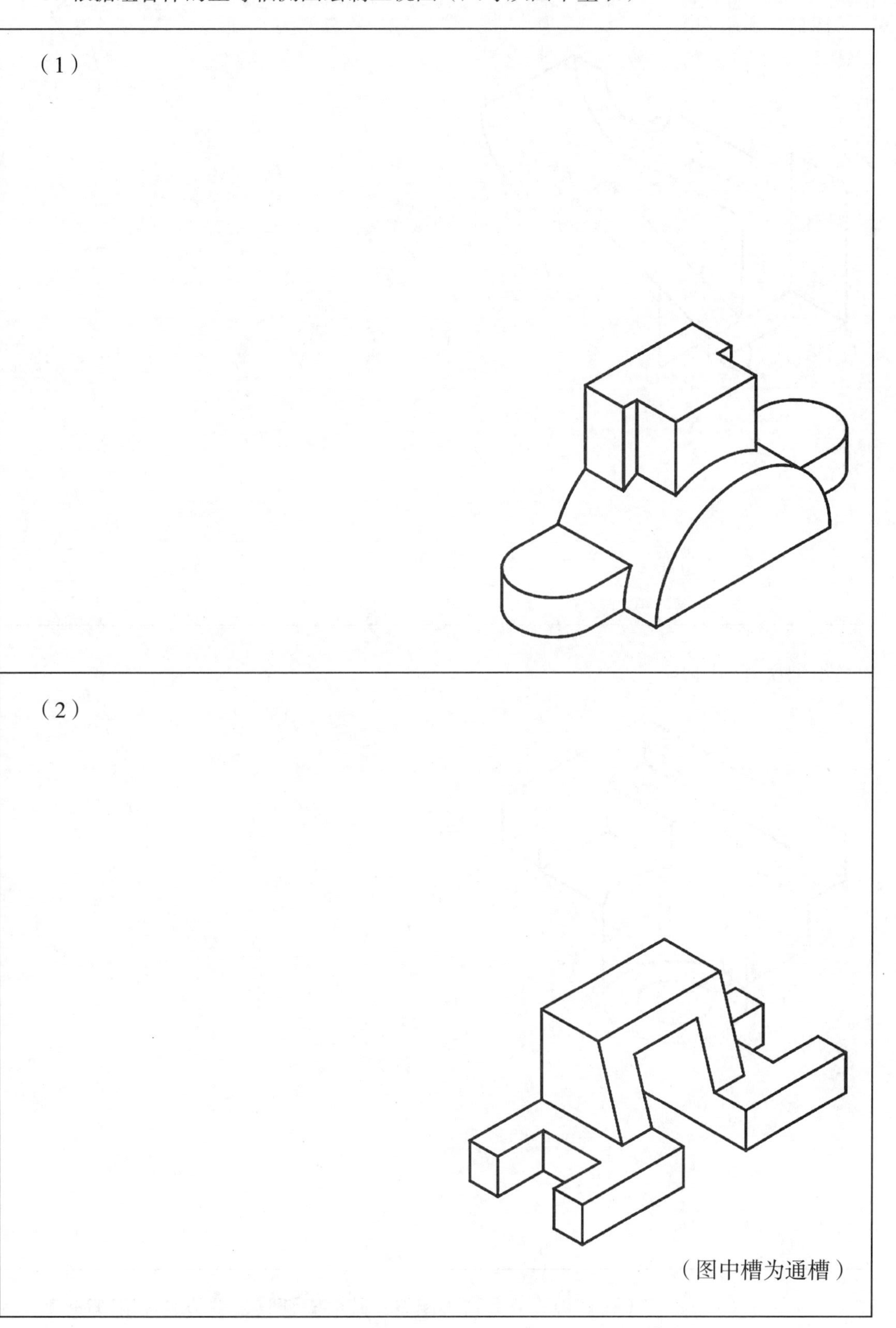

班级　　学号　　姓名

4. 根据组合体的正等轴测图绘制三视图（尺寸从图中量取）

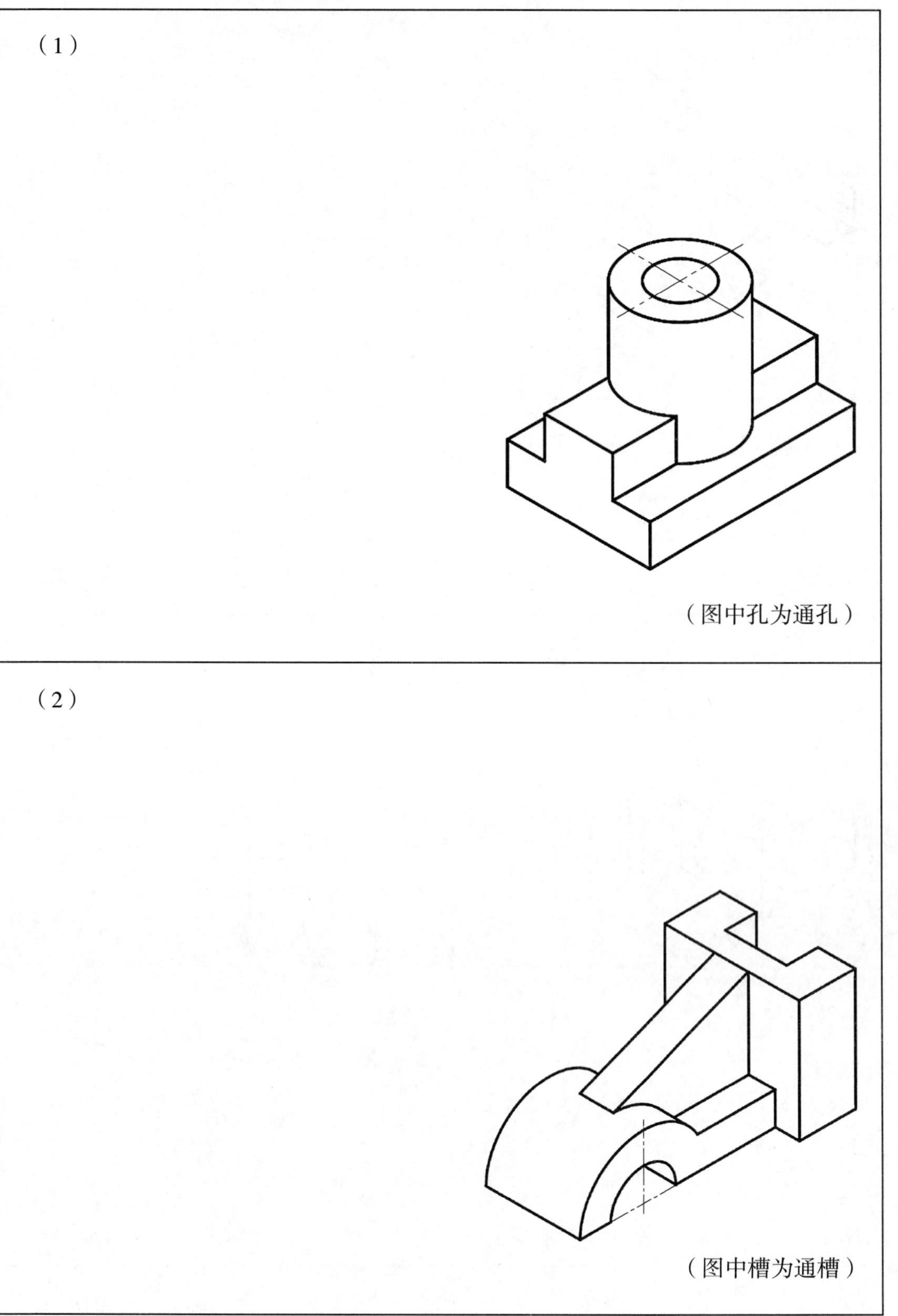

（1）

（图中孔为通孔）

（2）

（图中槽为通槽）

班级　　　　学号　　　　姓名

5. 根据组合体的正等轴测图绘制三视图（尺寸从图中量取）

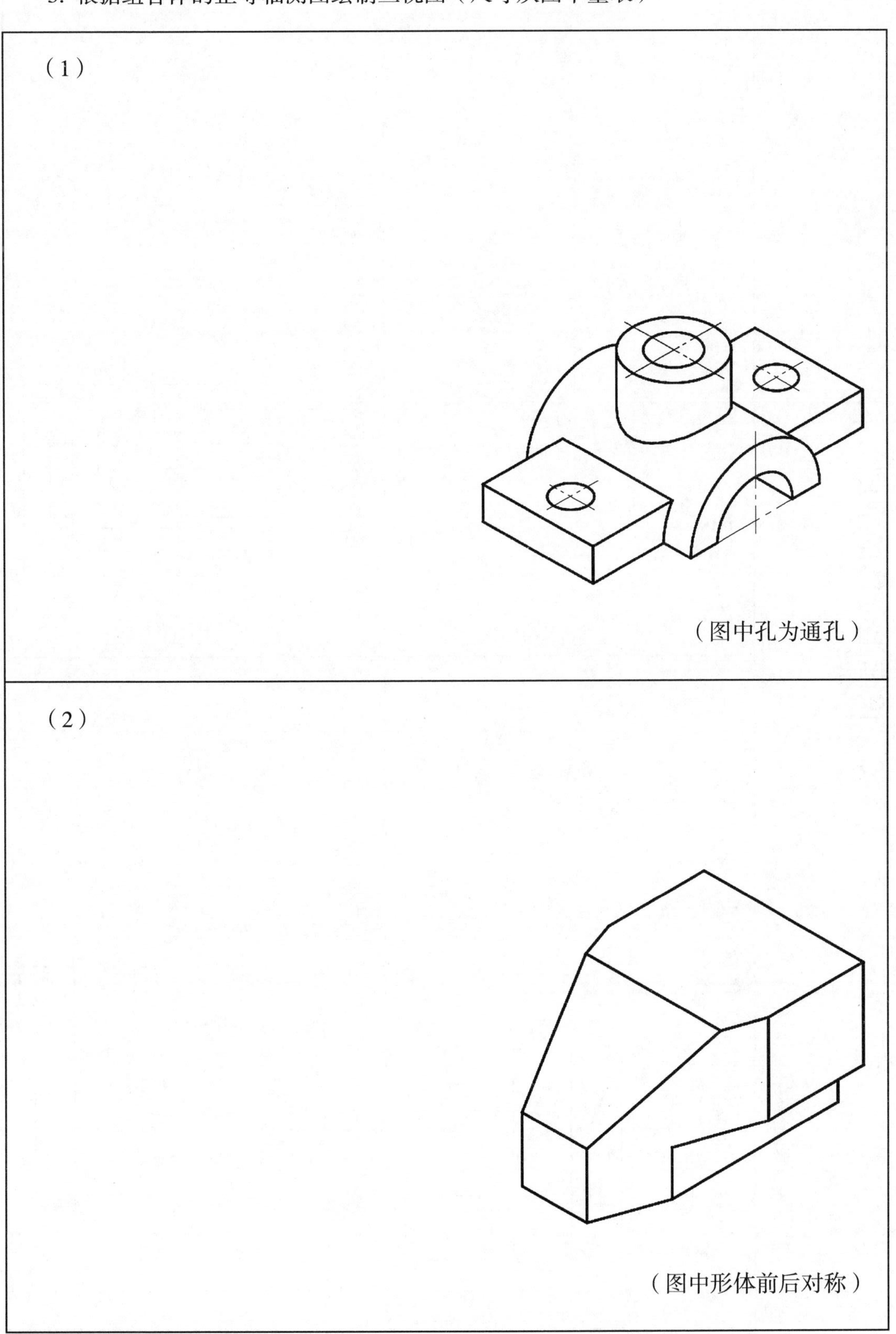

班级　　　　学号　　　　姓名

§4-3 识读组合体的视图

1. 根据两视图绘制第三视图

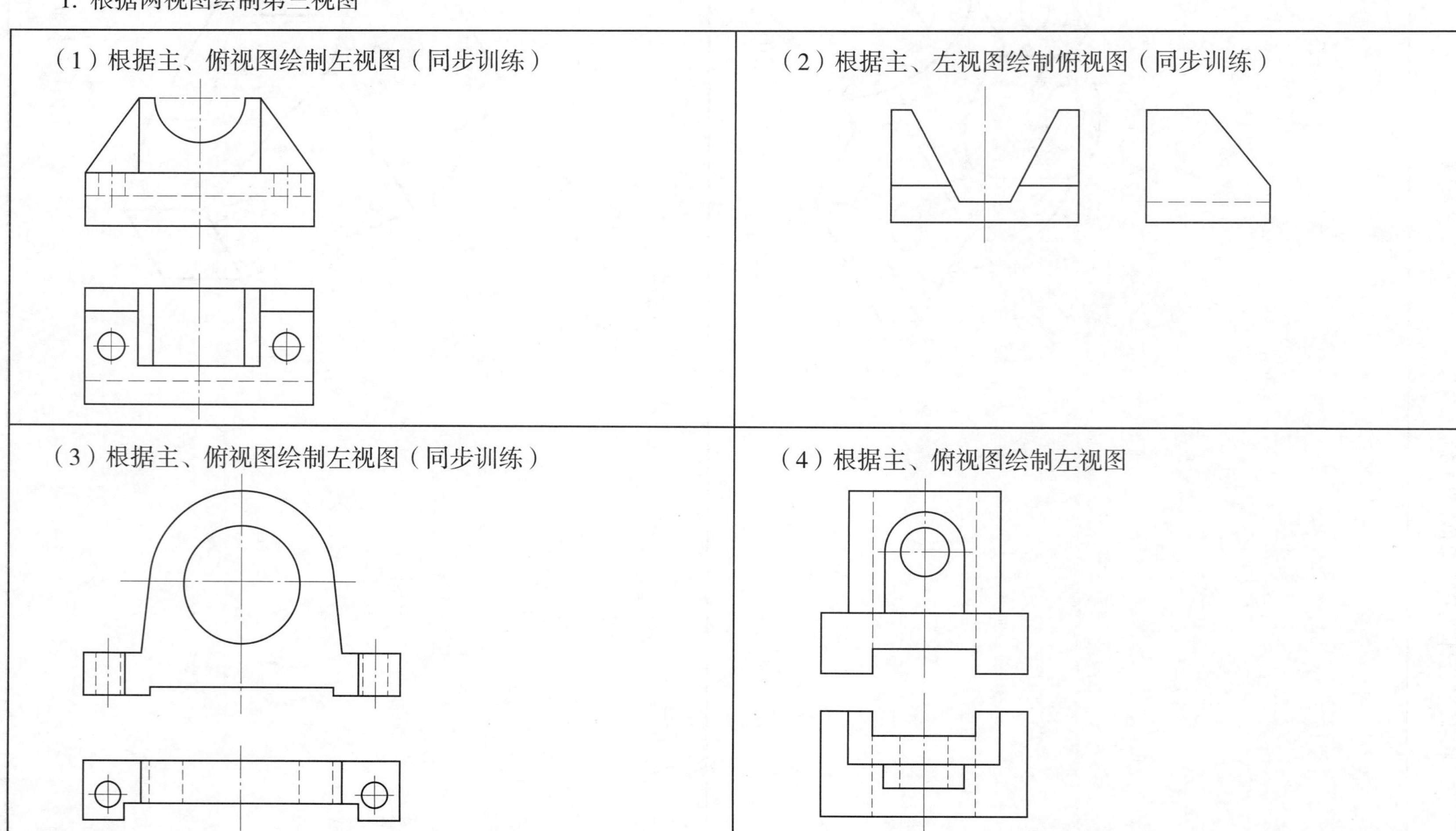

班级　　　　学号　　　　姓名

2. 根据两视图绘制第三视图

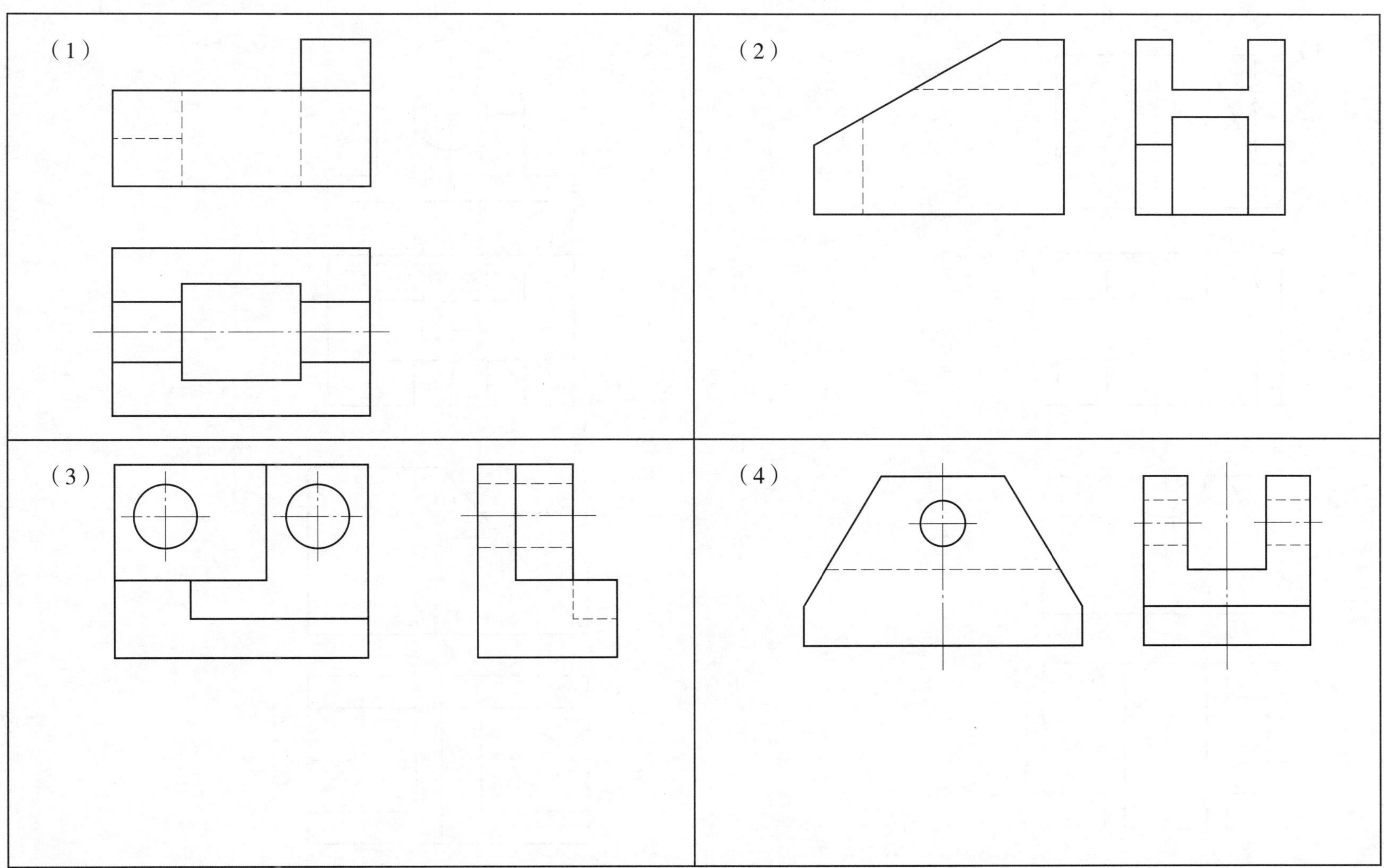

班级　　　　学号　　　　姓名

3. 根据两视图绘制第三视图

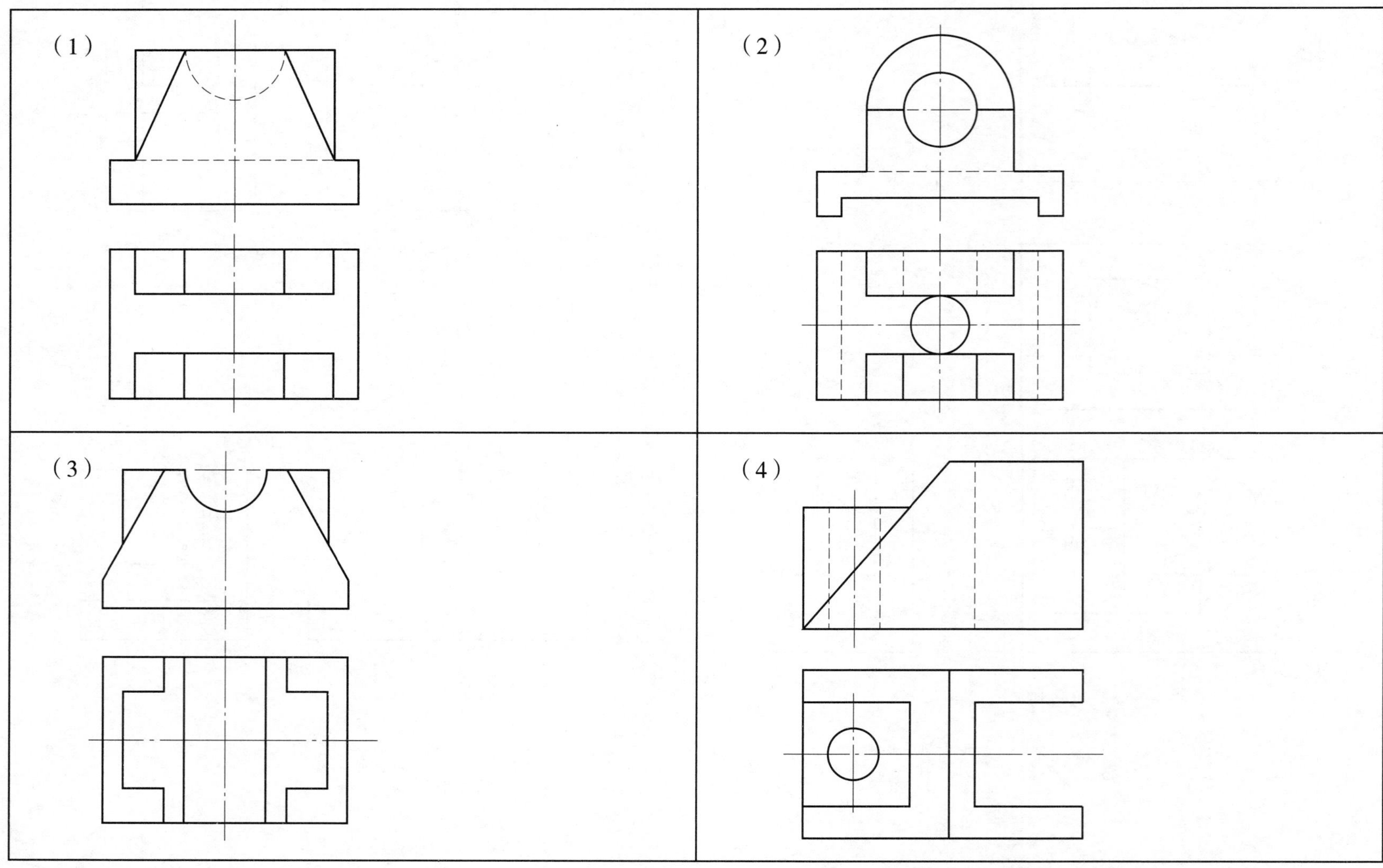

班级　　　　学号　　　　姓名

4. 补画三视图上的缺线

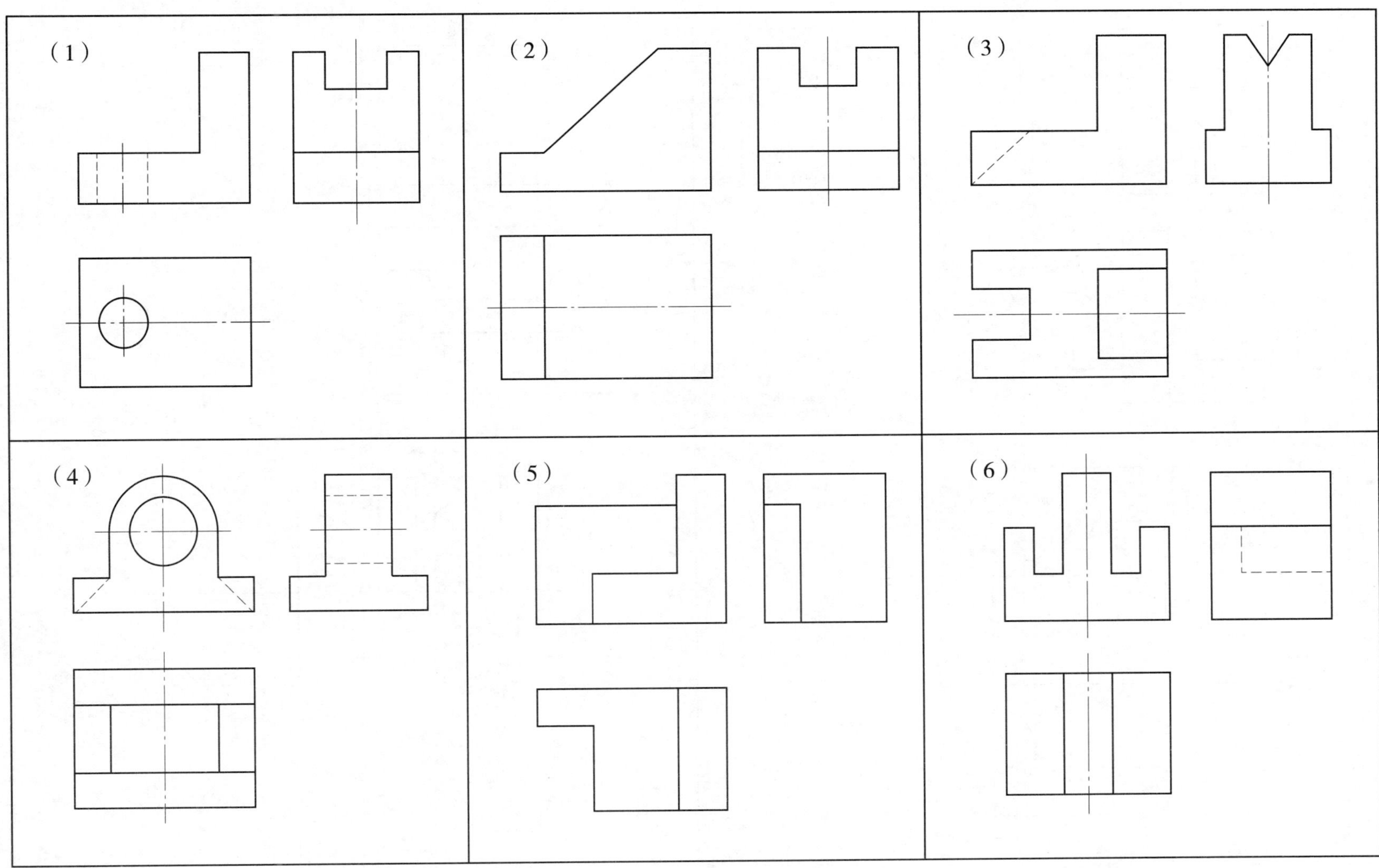

班级　　　学号　　　姓名

5. 根据两视图绘制第三视图

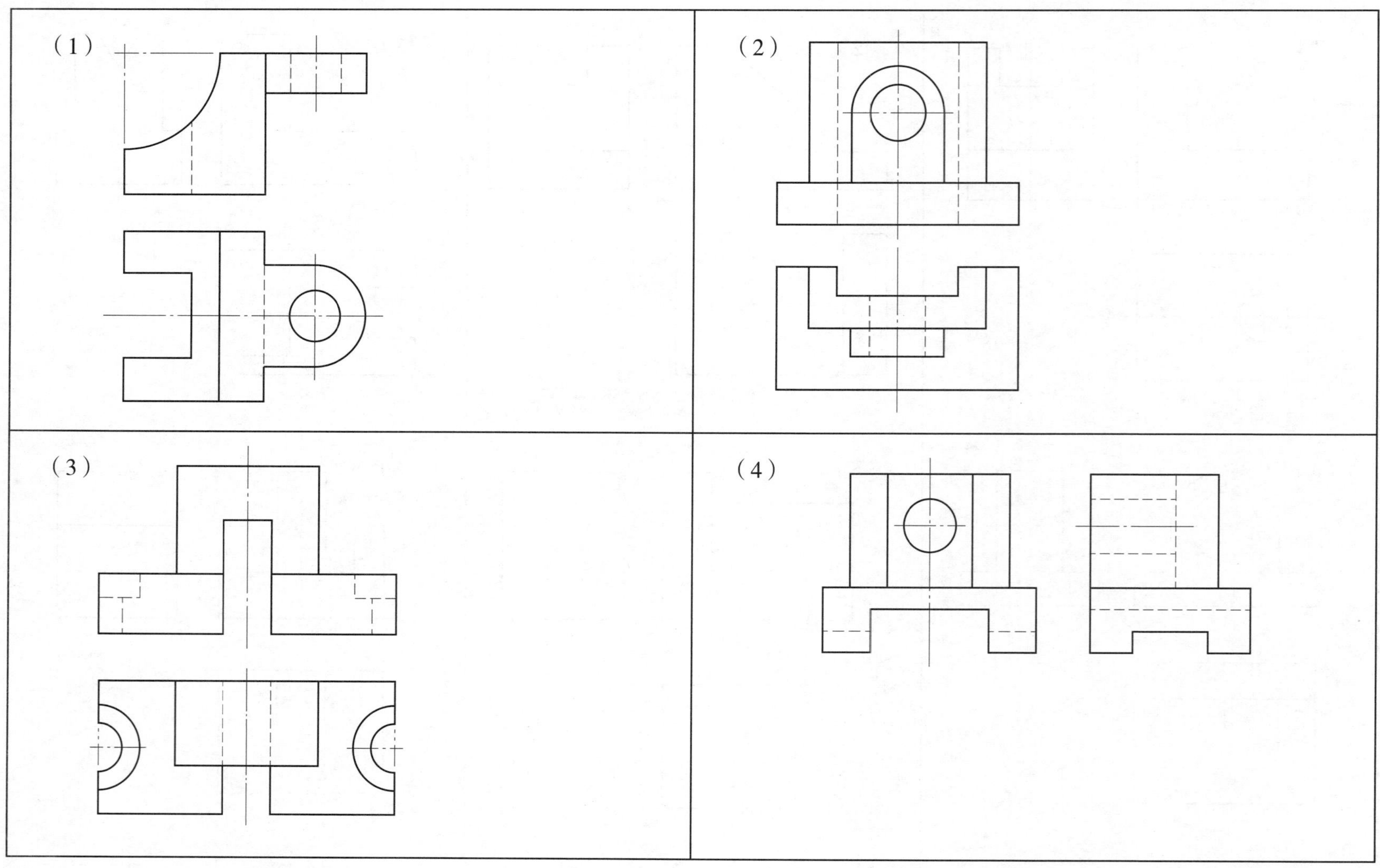

班级　　　　学号　　　　姓名

6. 补画三视图上的缺线

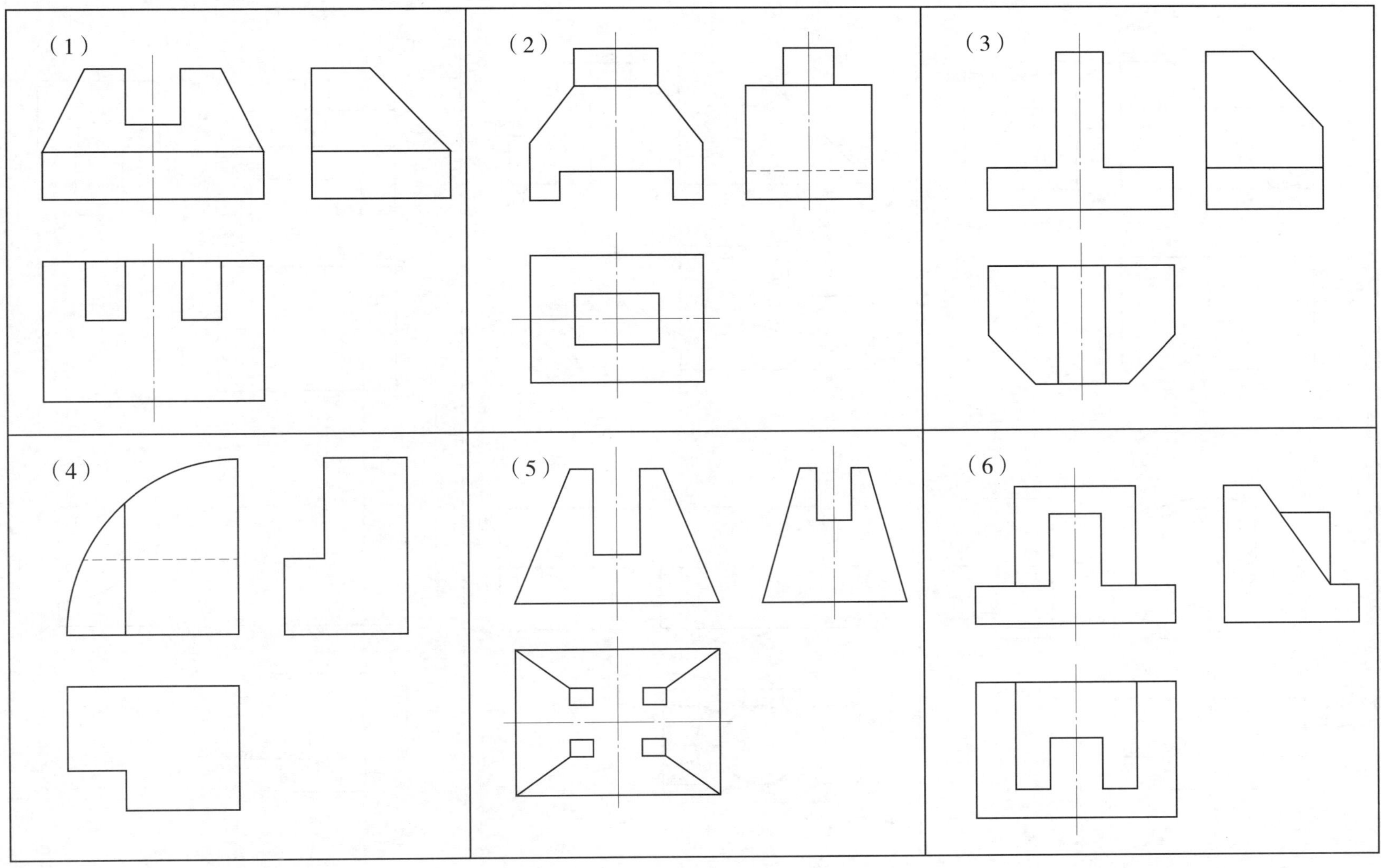

班级　　学号　　姓名

7. 补画三视图上的缺线

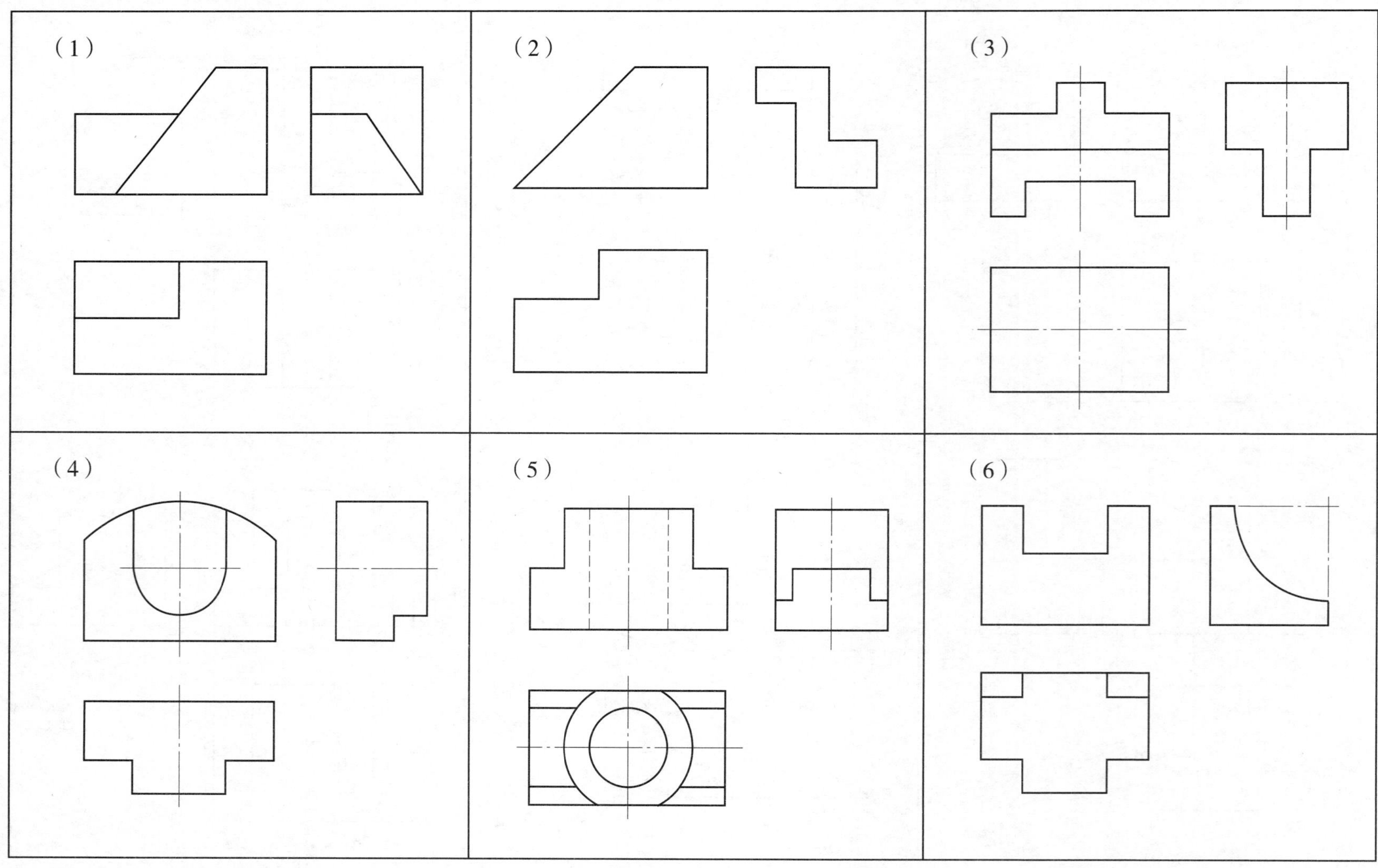

班级　　　　学号　　　　姓名

§4–4　组合体的尺寸标注

1. 识读组合体视图上的尺寸，并填空

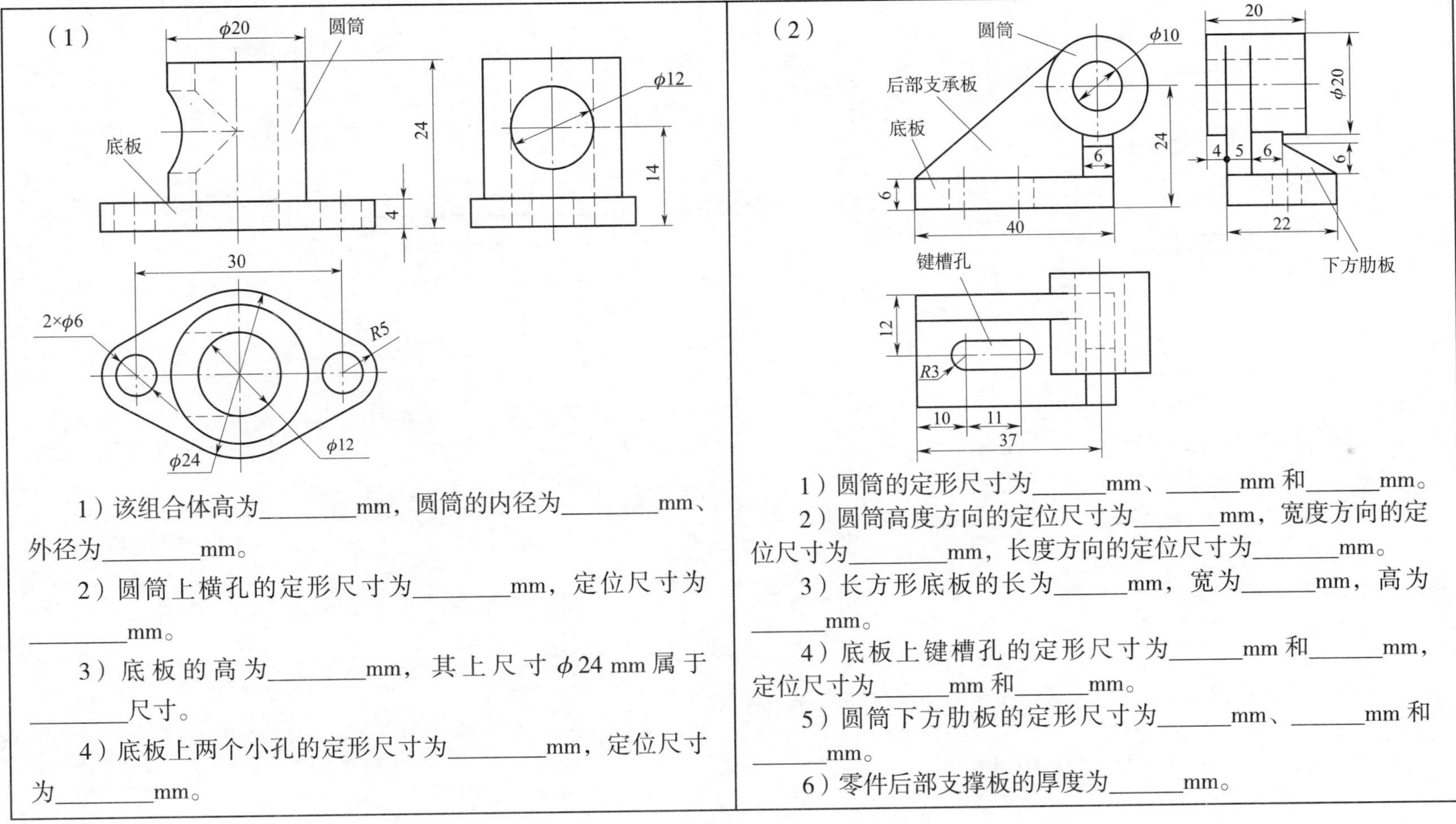

（1）

1）该组合体高为________mm，圆筒的内径为________mm、外径为________mm。

2）圆筒上横孔的定形尺寸为________mm，定位尺寸为________mm。

3）底板的高为________mm，其上尺寸 φ24 mm 属于________尺寸。

4）底板上两个小孔的定形尺寸为________mm，定位尺寸为________mm。

（2）

1）圆筒的定形尺寸为______mm、______mm 和______mm。

2）圆筒高度方向的定位尺寸为_______mm，宽度方向的定位尺寸为________mm，长度方向的定位尺寸为_______mm。

3）长方形底板的长为______mm，宽为______mm，高为______mm。

4）底板上键槽孔的定形尺寸为______mm 和______mm，定位尺寸为______mm 和______mm。

5）圆筒下方肋板的定形尺寸为______mm、______mm 和______mm。

6）零件后部支撑板的厚度为______mm。

班级　　　　学号　　　　姓名

2. 识读组合体视图上的尺寸，并填空

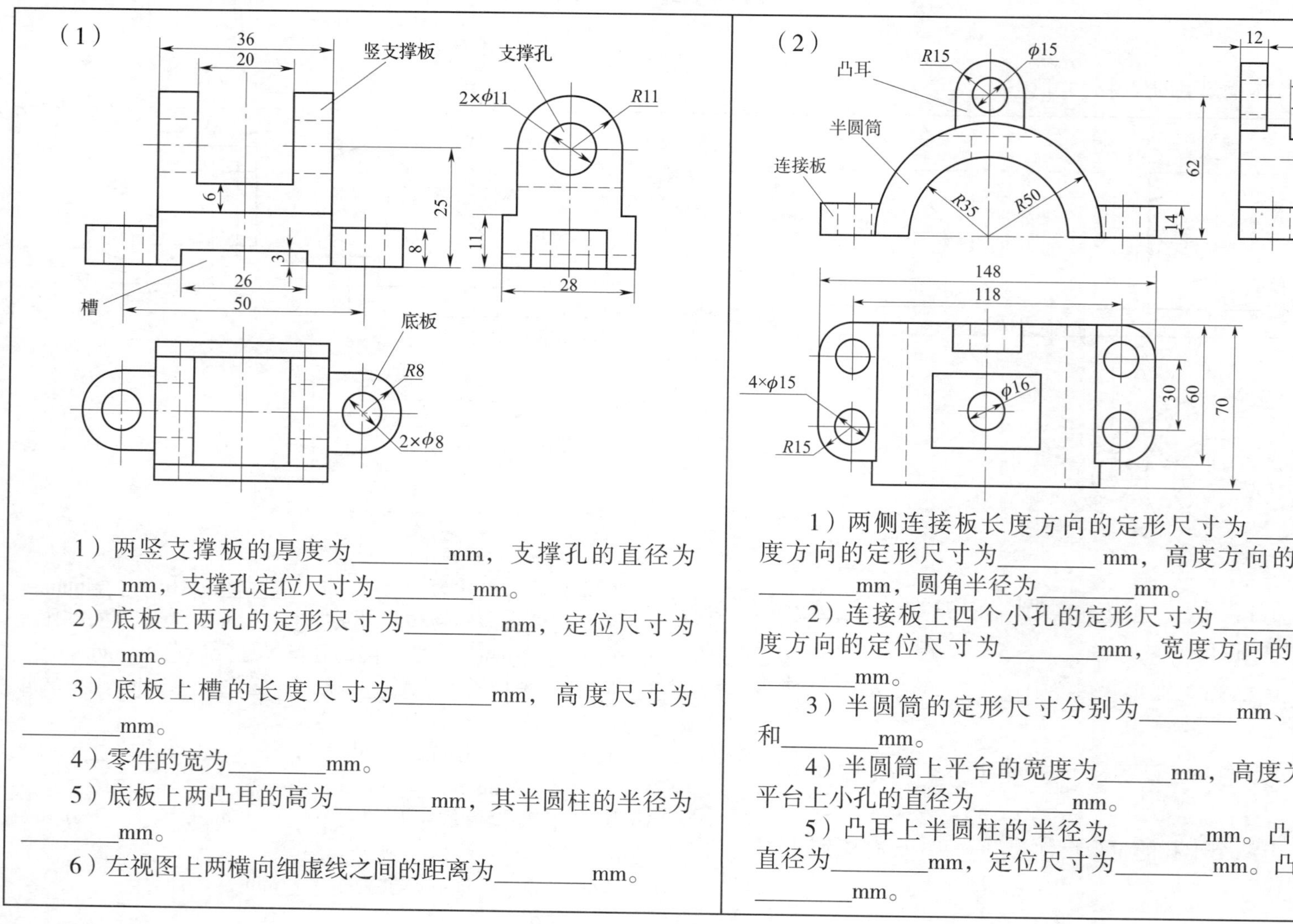

1）两竖支撑板的厚度为________mm，支撑孔的直径为________mm，支撑孔定位尺寸为________mm。

2）底板上两孔的定形尺寸为________mm，定位尺寸为________mm。

3）底板上槽的长度尺寸为________mm，高度尺寸为________mm。

4）零件的宽为________mm。

5）底板上两凸耳的高为________mm，其半圆柱的半径为________mm。

6）左视图上两横向细虚线之间的距离为________mm。

1）两侧连接板长度方向的定形尺寸为________mm，宽度方向的定形尺寸为________mm，高度方向的定形尺寸为________mm，圆角半径为________mm。

2）连接板上四个小孔的定形尺寸为________mm，长度方向的定位尺寸为________mm，宽度方向的定位尺寸为________mm。

3）半圆筒的定形尺寸分别为________mm、________mm和________mm。

4）半圆筒上平台的宽度为______mm，高度为______mm。平台上小孔的直径为________mm。

5）凸耳上半圆柱的半径为________mm。凸耳上小孔的直径为________mm，定位尺寸为________mm。凸耳的厚度为________mm。

班级　　　　学号　　　　姓名

3. 在三视图上标注尺寸（尺寸从图中量取，取整数；同步训练）

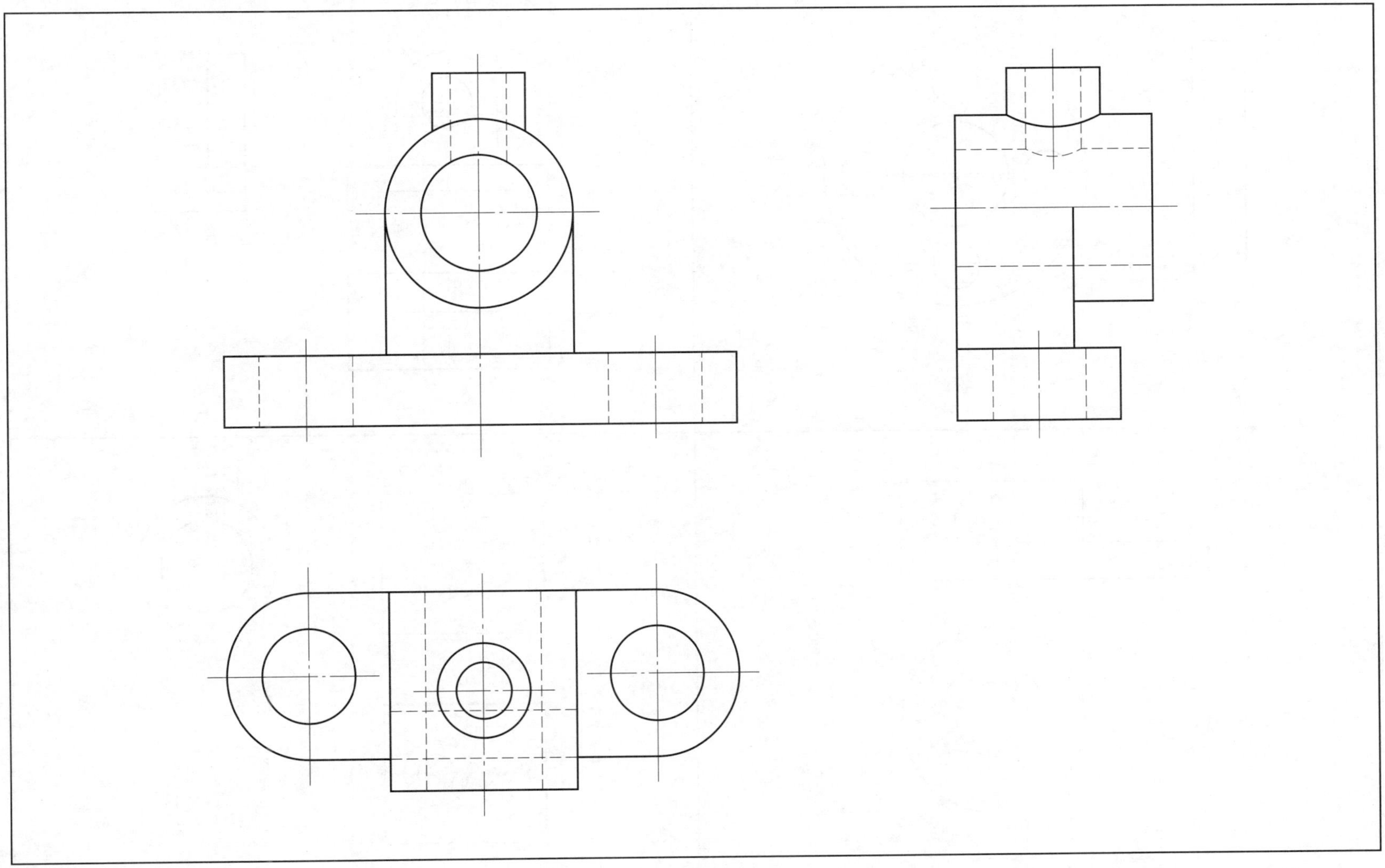

班级　　学号　　姓名

4. 在视图上标注尺寸（尺寸从图中量取，取整数）

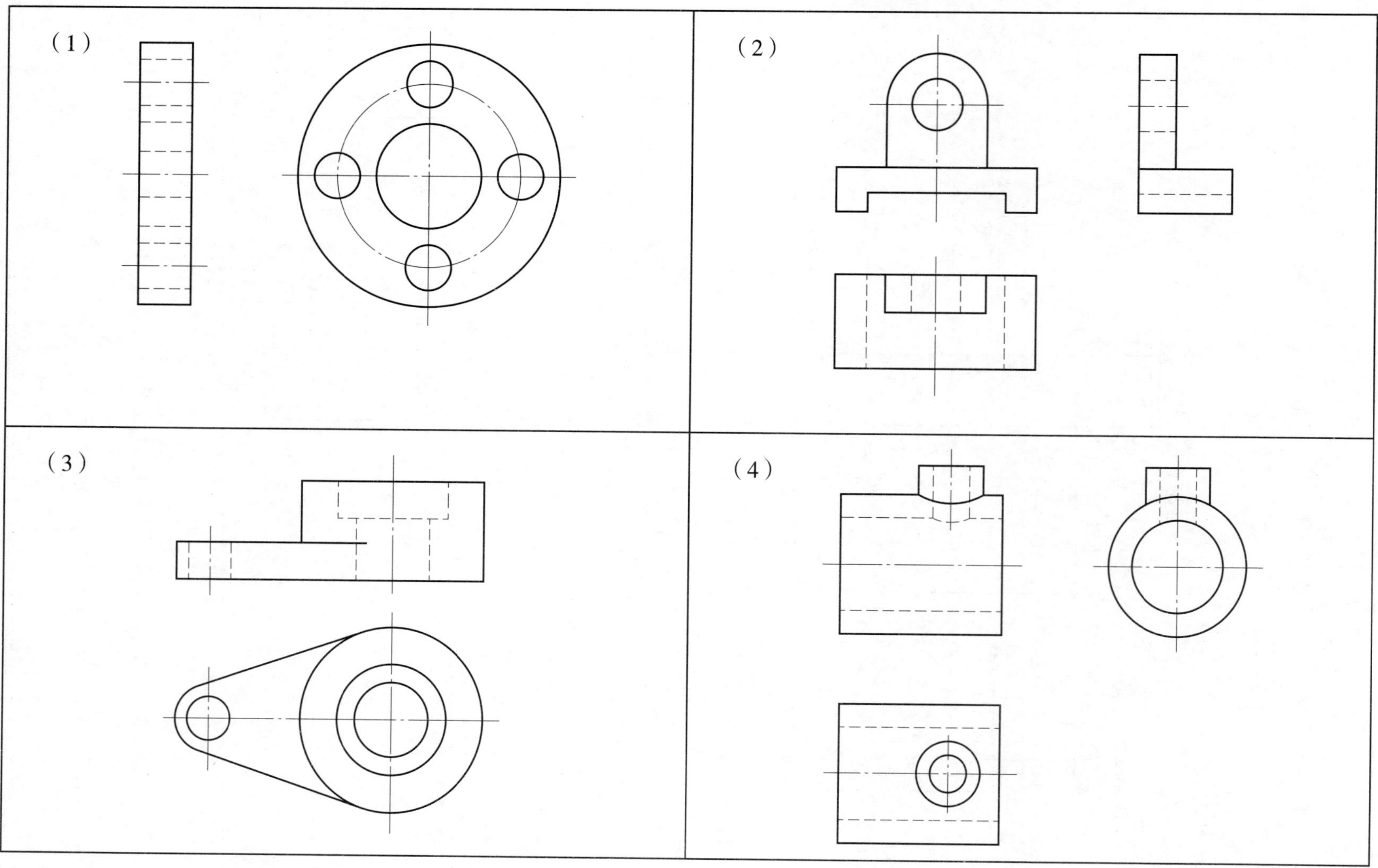

班级　　　　学号　　　　姓名

5. 根据两视图绘制第三视图，并标注尺寸（尺寸从图中量取，取整数）

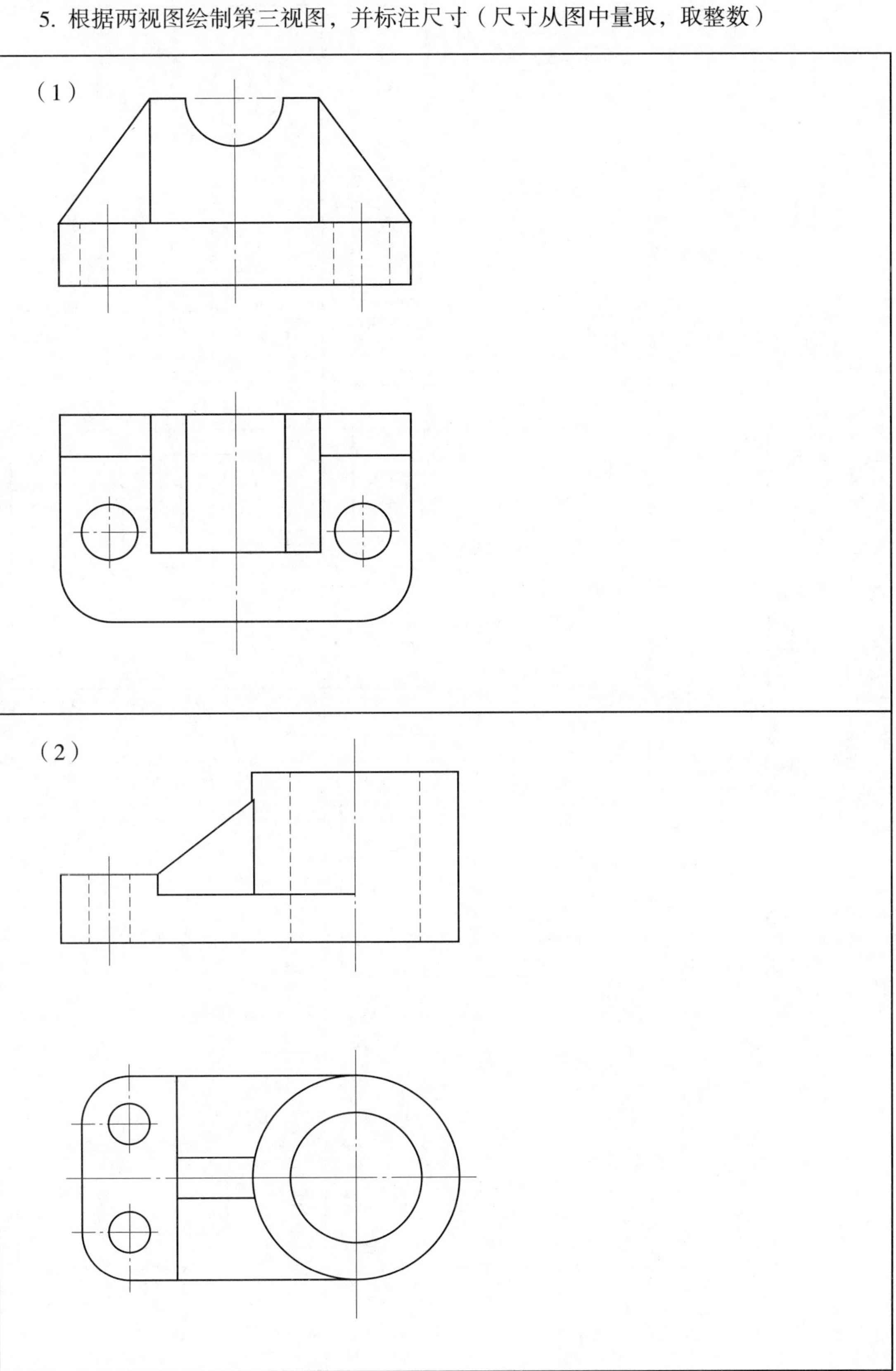

班级　　学号　　姓名

第五章　机械图样的基本表达方法

§5-1　视图

1. 根据已知视图，按要求绘制其他视图

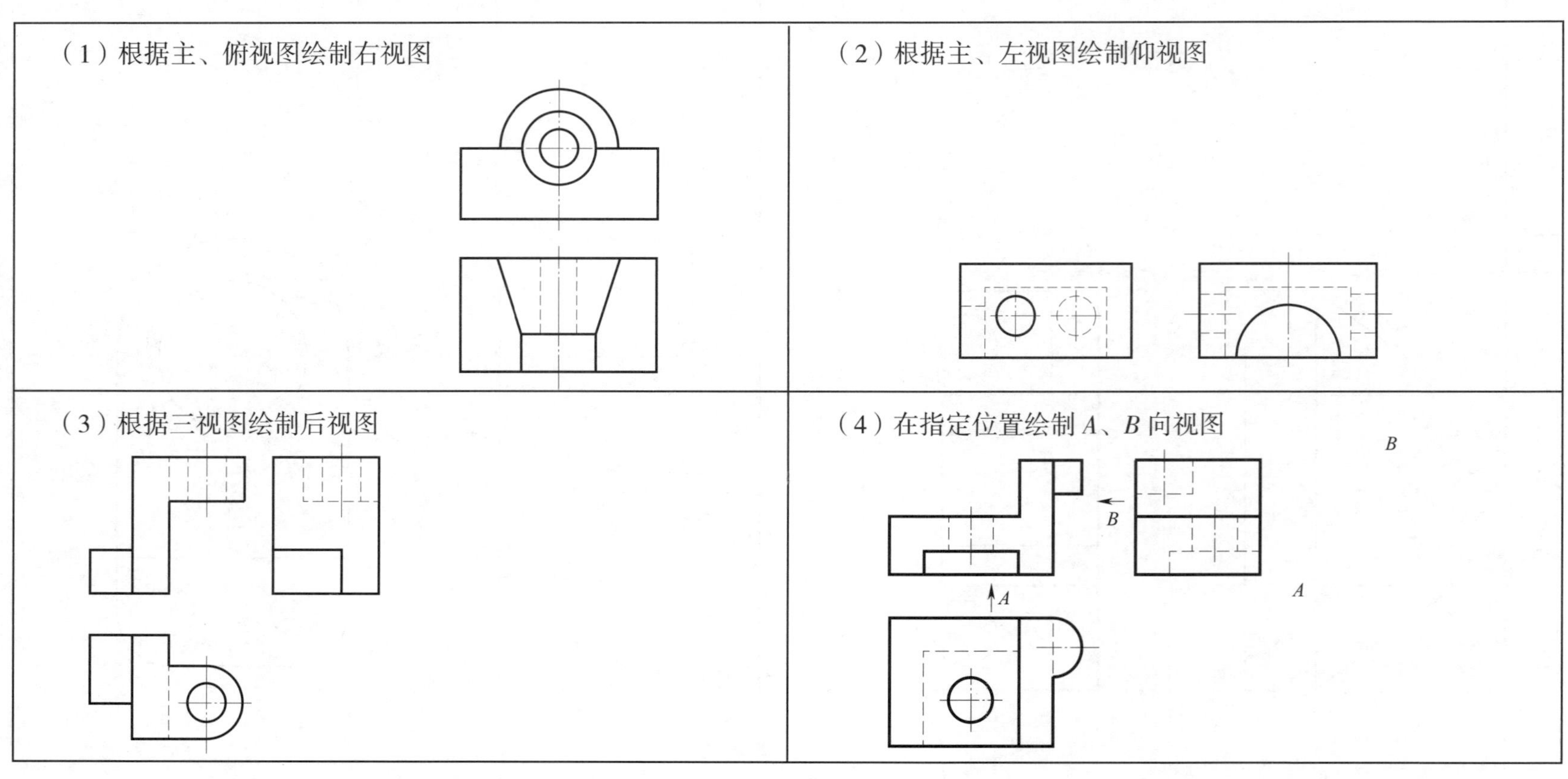

班级　　　　学号　　　　姓名

2. 根据主、俯、左视图，绘制右、后、仰视图

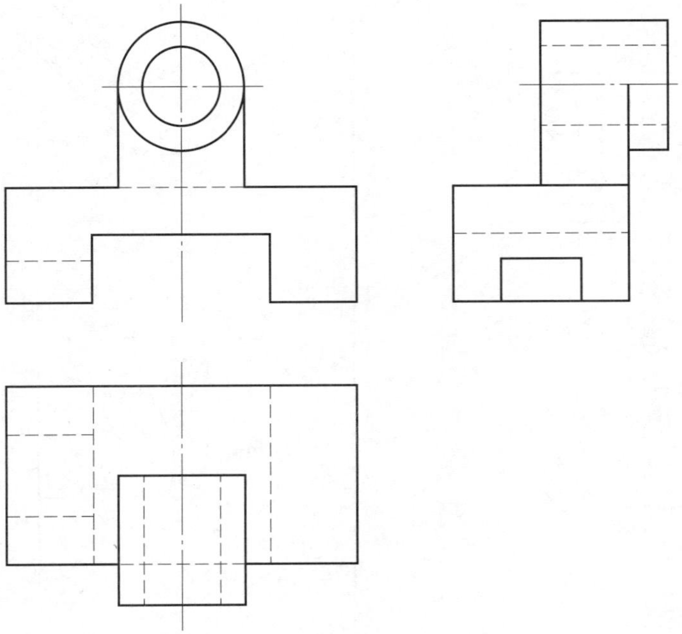

班级　　学号　　姓名

3. 绘制局部视图和斜视图

（1）根据主、俯视图绘制 *A* 向局部视图和 *B* 向斜视图

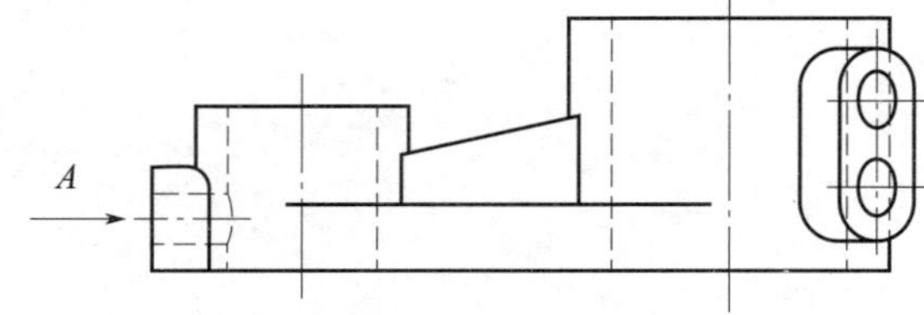

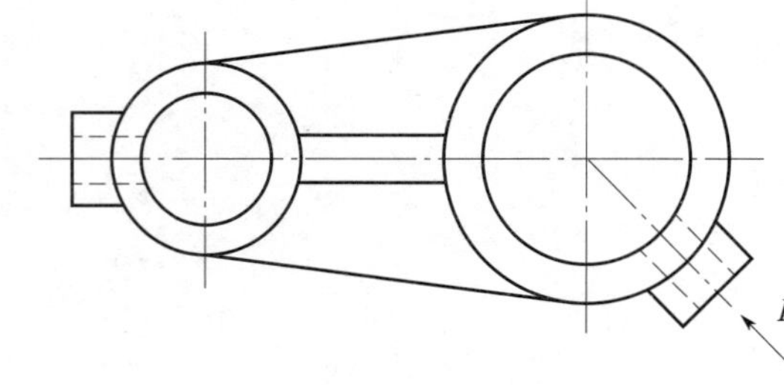

（2）根据主、俯视图绘制 *A* 向斜视图和 *B* 向局部视图

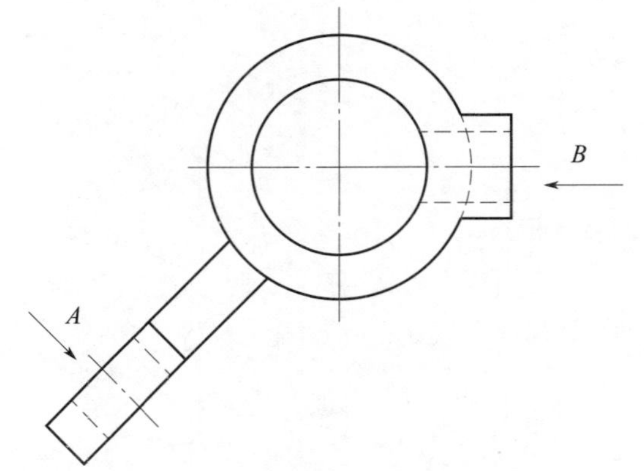

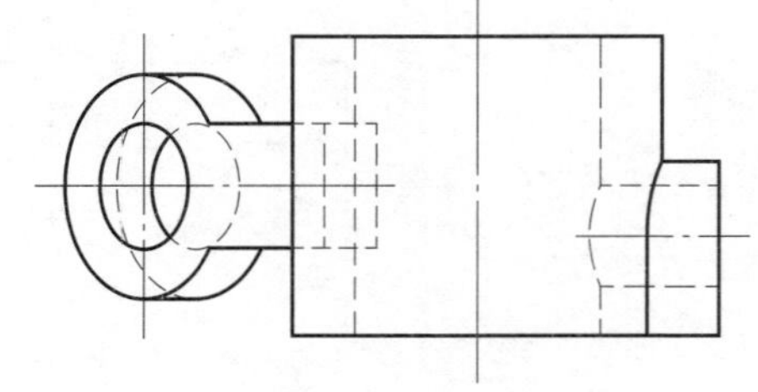

班级　　　　学号　　　　姓名

§5–2 剖视图

1. 补画全剖主视图上的缺线

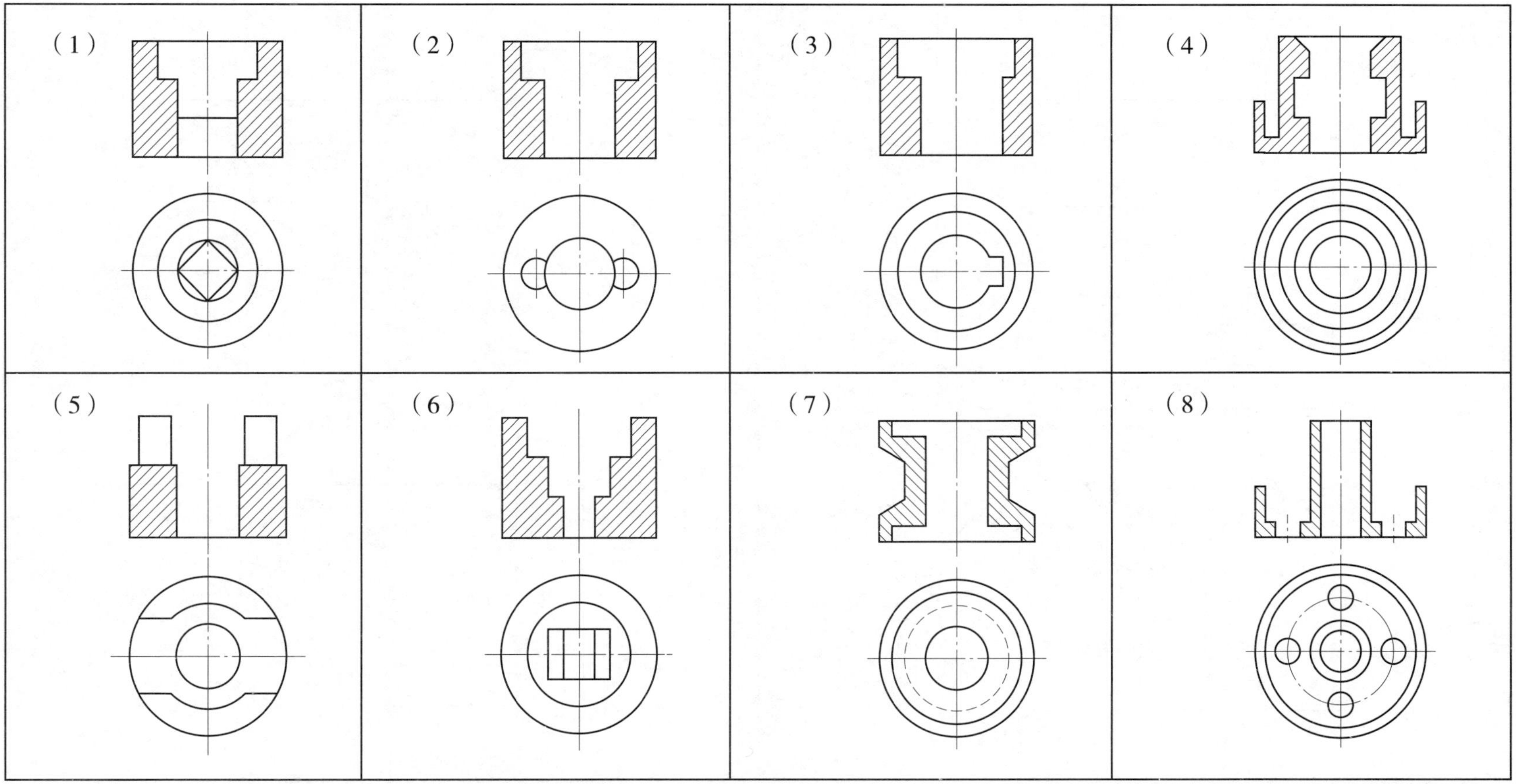

(1)	(2)	(3)	(4)
(5)	(6)	(7)	(8)

班级　　学号　　姓名

2. 将零件的主视图画成全剖视图

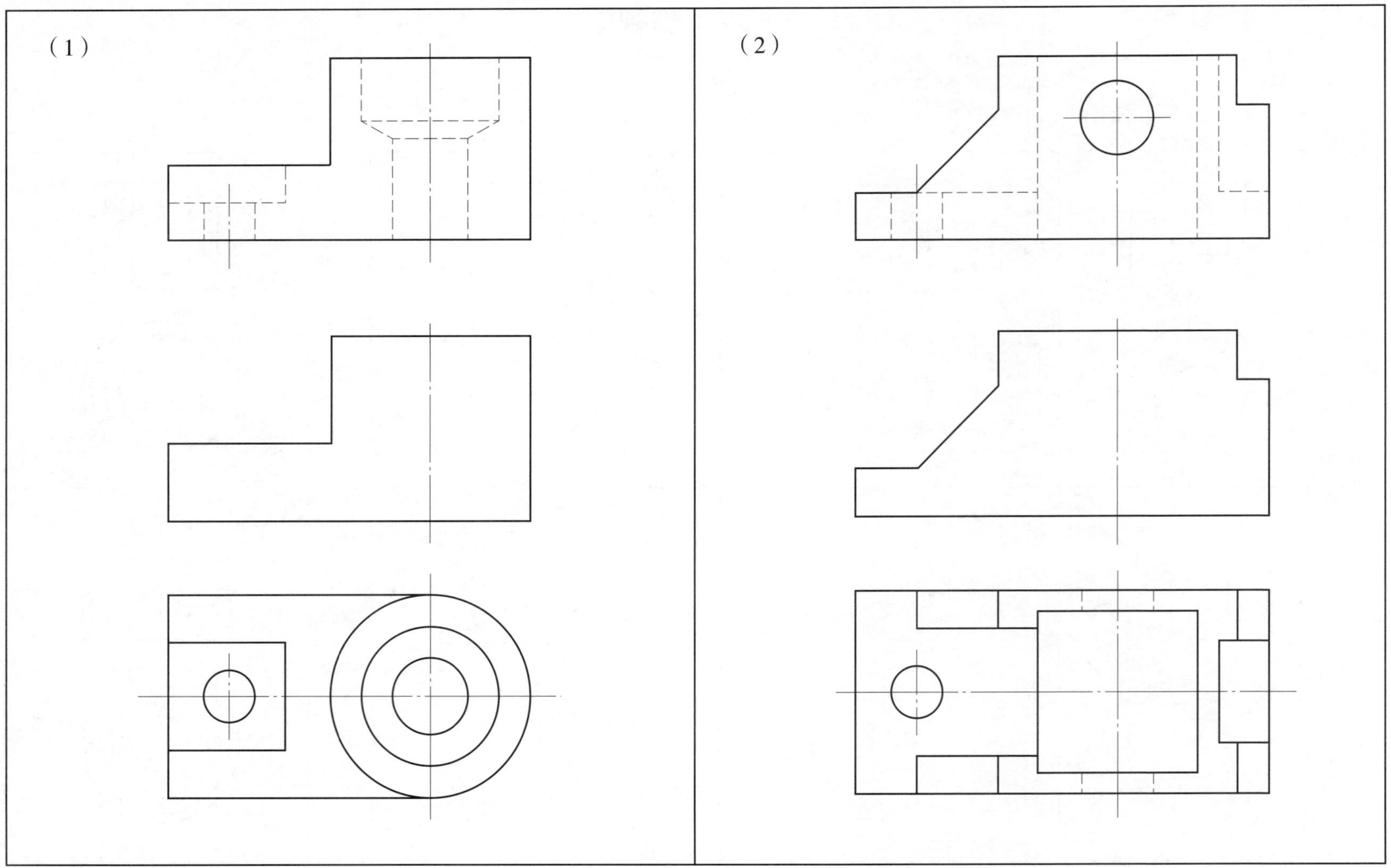

班级　　　　学号　　　　姓名

3. 将零件的主视图画成全剖视图

（1）

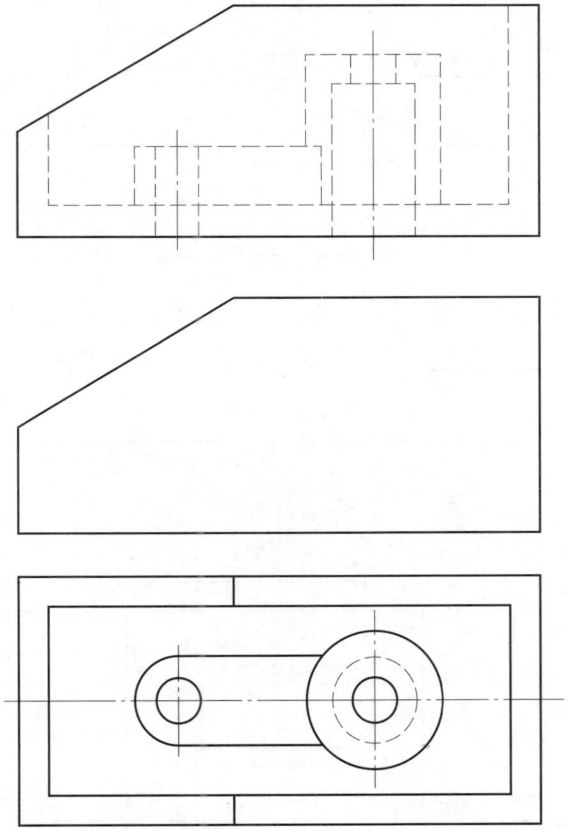

（2）

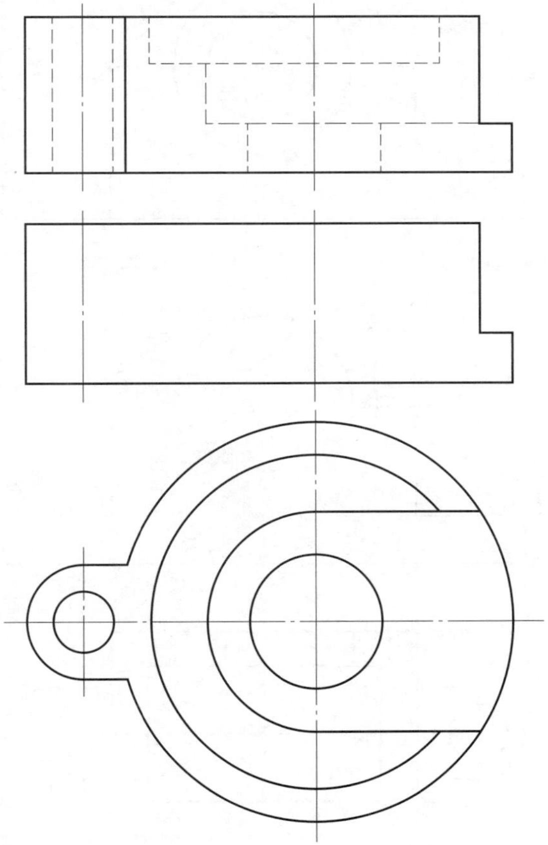

班级　　　　学号　　　　姓名

4. 将零件的主视图画成半剖视图（右半部分剖视）

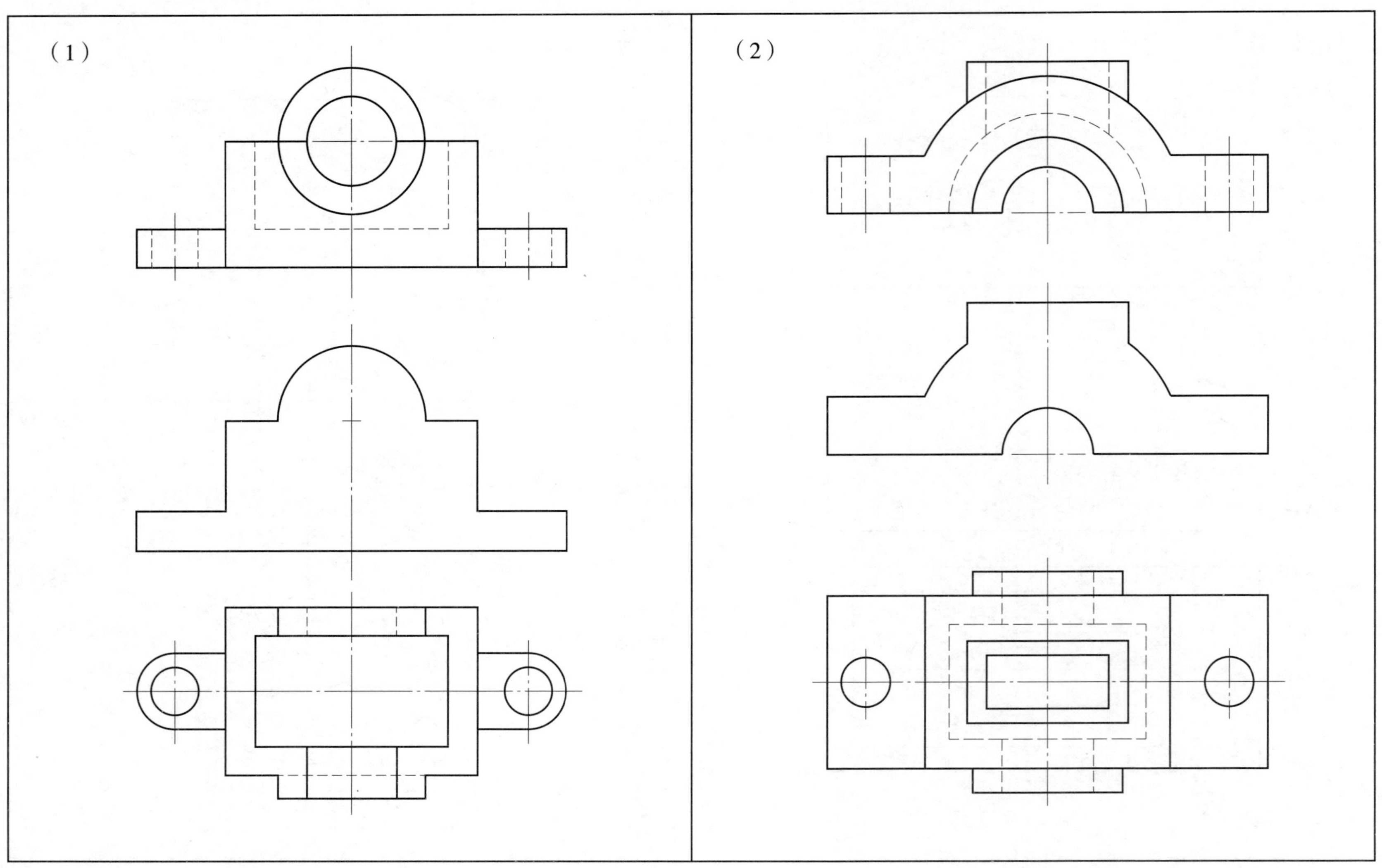

班级　　　　学号　　　　姓名

5. 将零件的主视图画成半剖视图，并绘制全剖的左视图

（1）

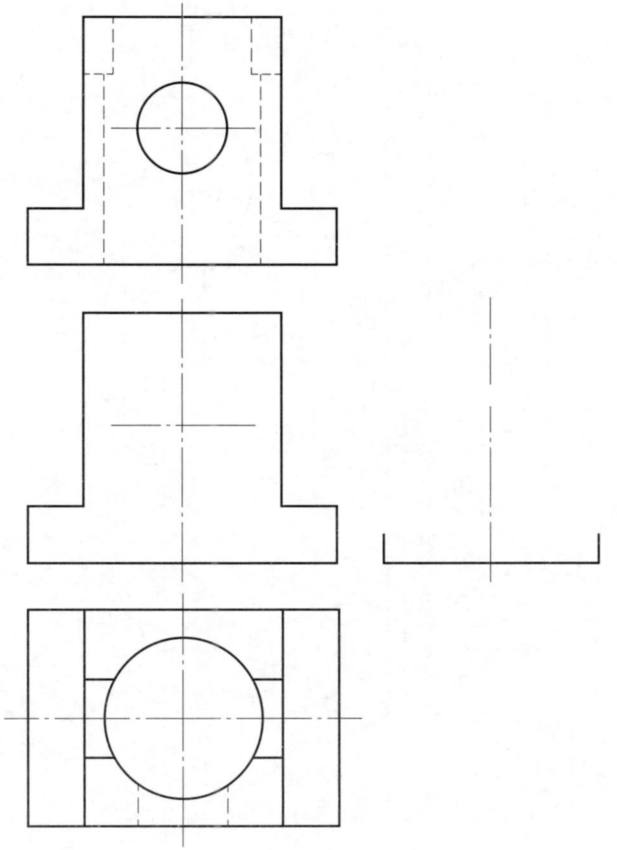

（2）

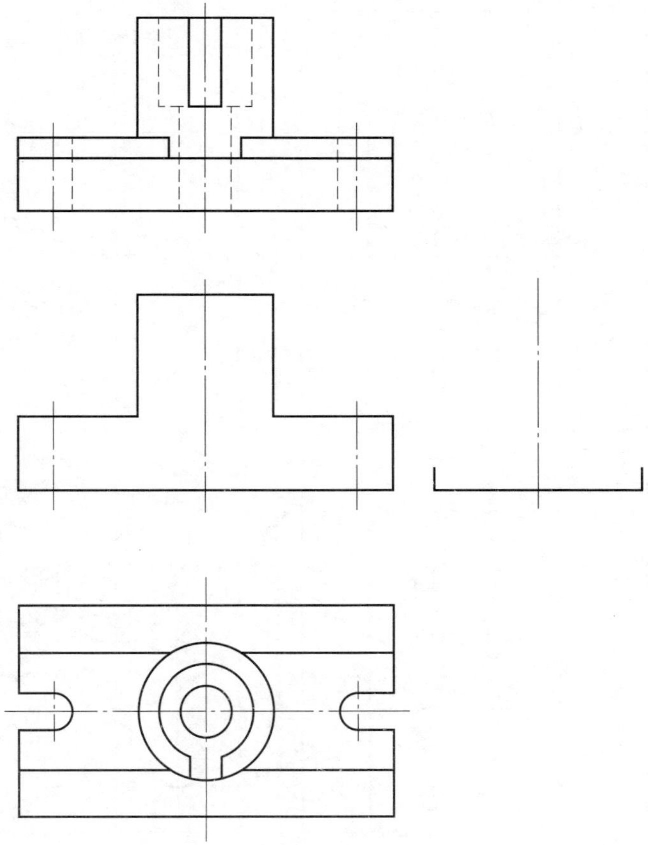

班级　　　　学号　　　　姓名

6. 看懂视图，在右侧绘制适当的局部剖视图

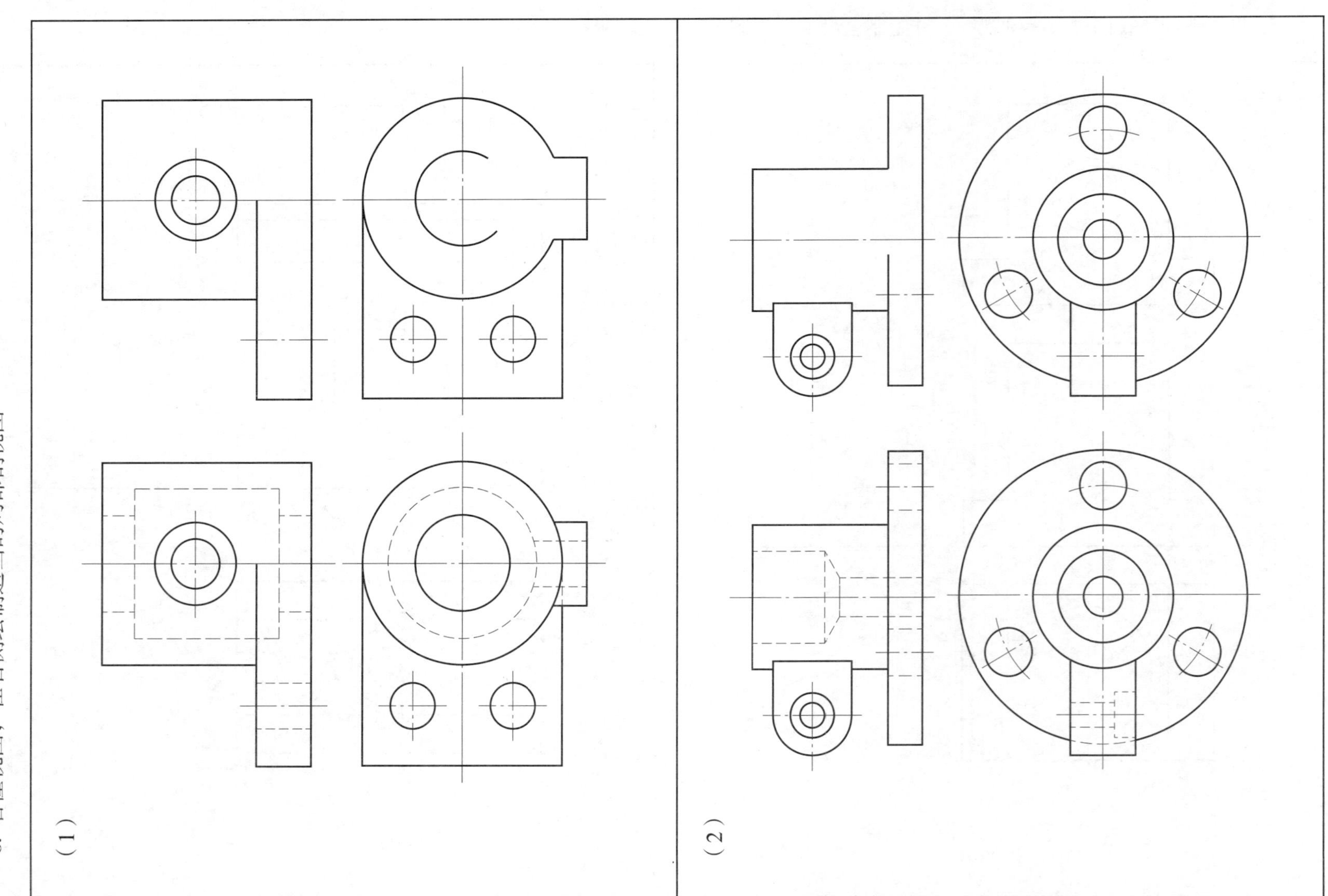

班级　　　　学号　　　　姓名

7. 绘制全剖视图，并进行标注

（1）绘制 *A–A* 和 *B–B* 全剖视图，并进行标注

（2）绘制 *A–A* 全剖视图，并进行标注

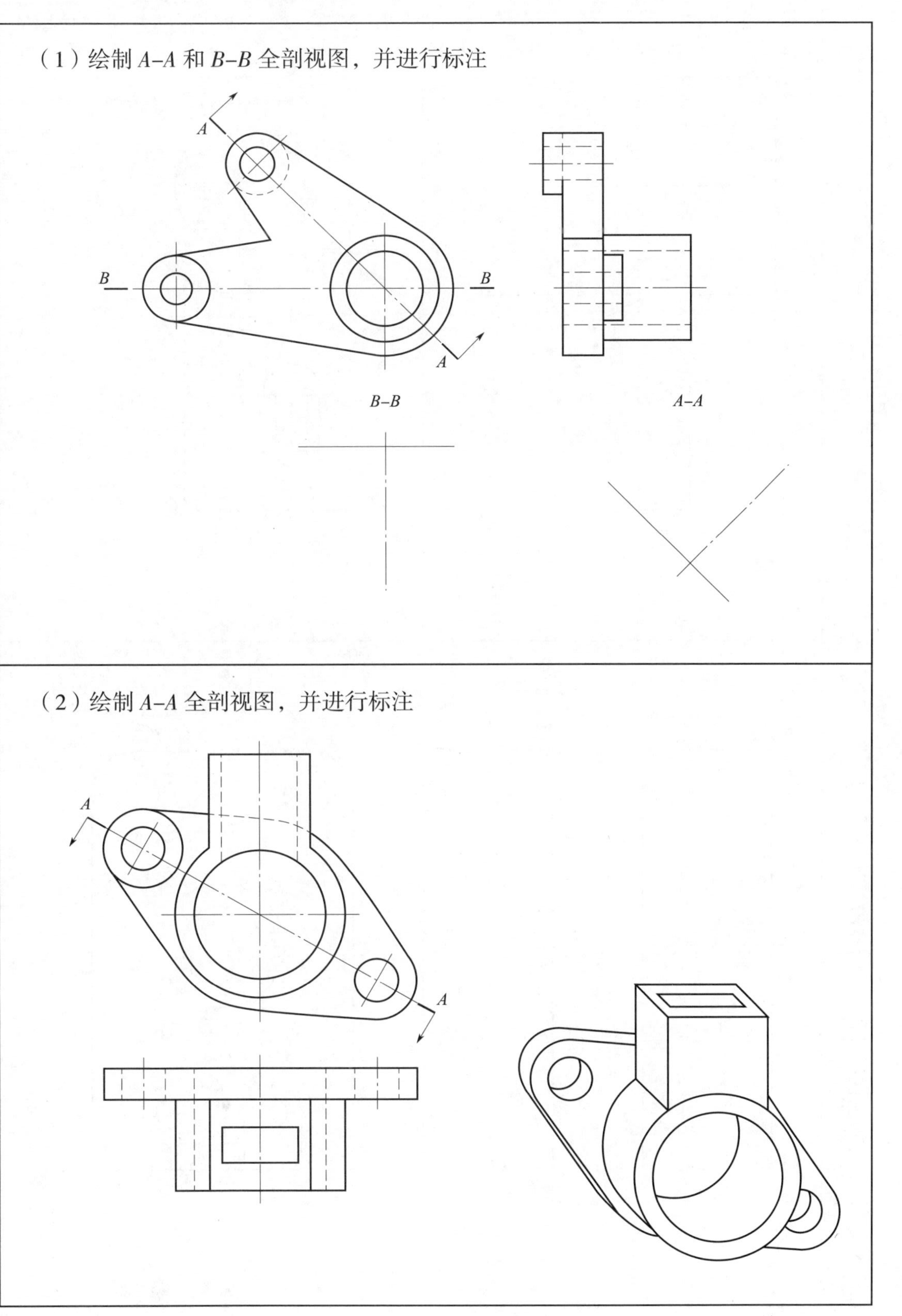

班级　　　　学号　　　　姓名

8. 绘制全剖的主视图（用几个平行的剖切平面剖切）

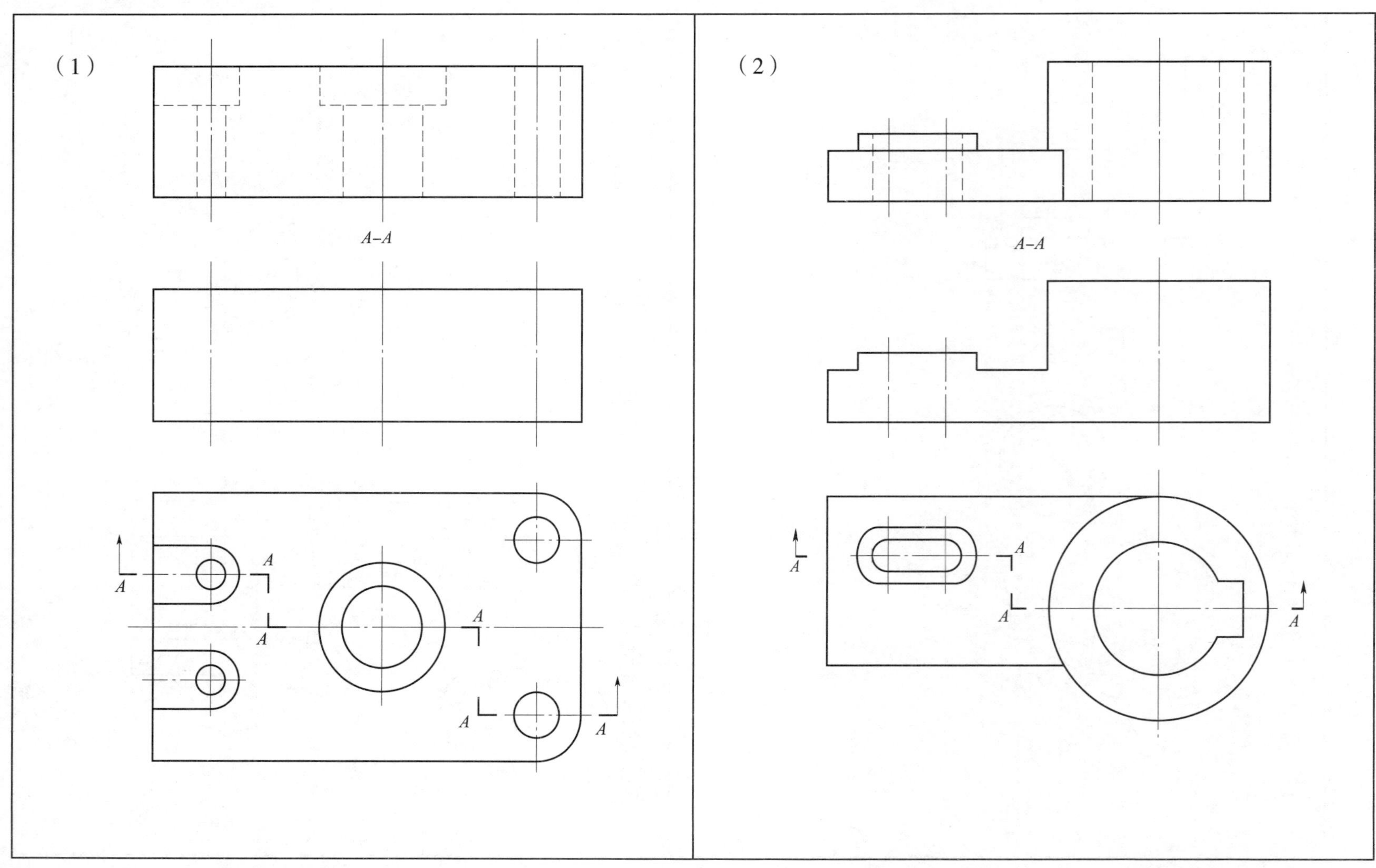

班级　　　　学号　　　　姓名

9. 绘制全剖的主视图（用两个相交的剖切平面剖切）

（1）

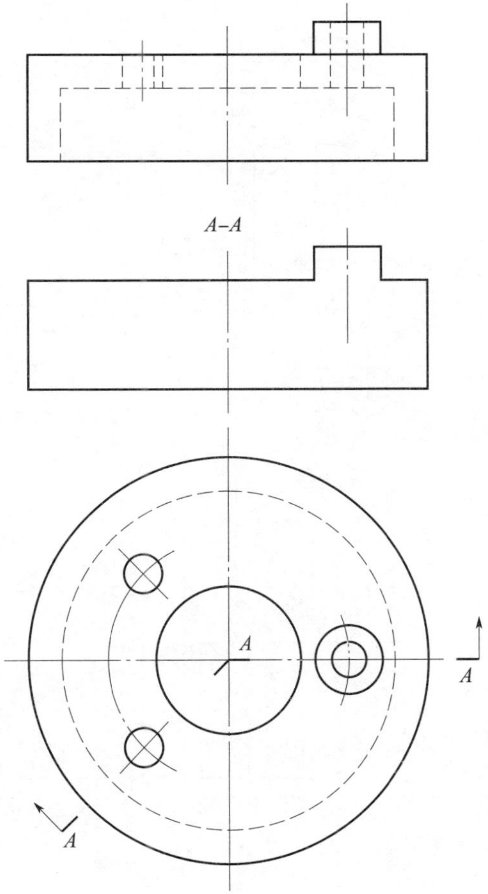

A–A

A

A

A

（2）

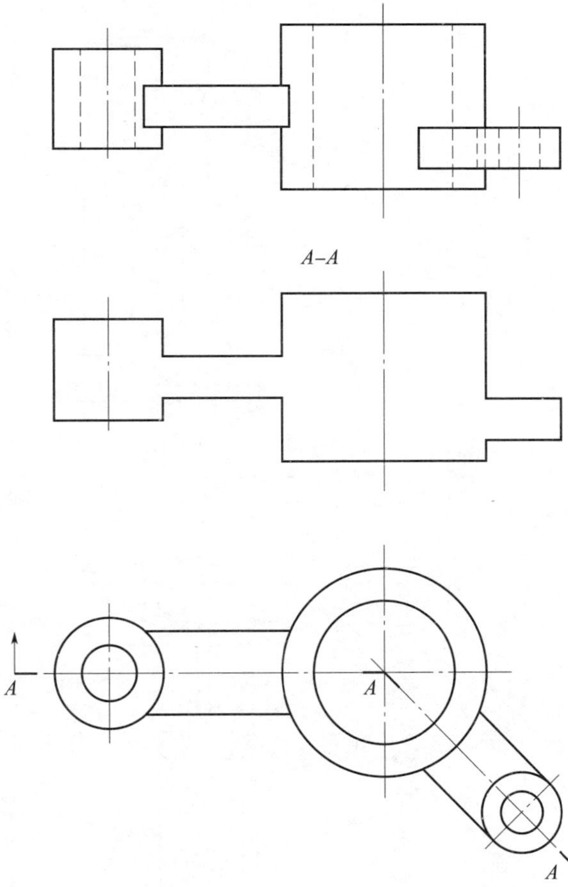

A–A

A

A

A

班级　　　学号　　　姓名

§5-3　断面图

1. 绘制移出断面图

（1）在指定位置绘制移出断面图

（2）绘制移出断面图，并进行标注

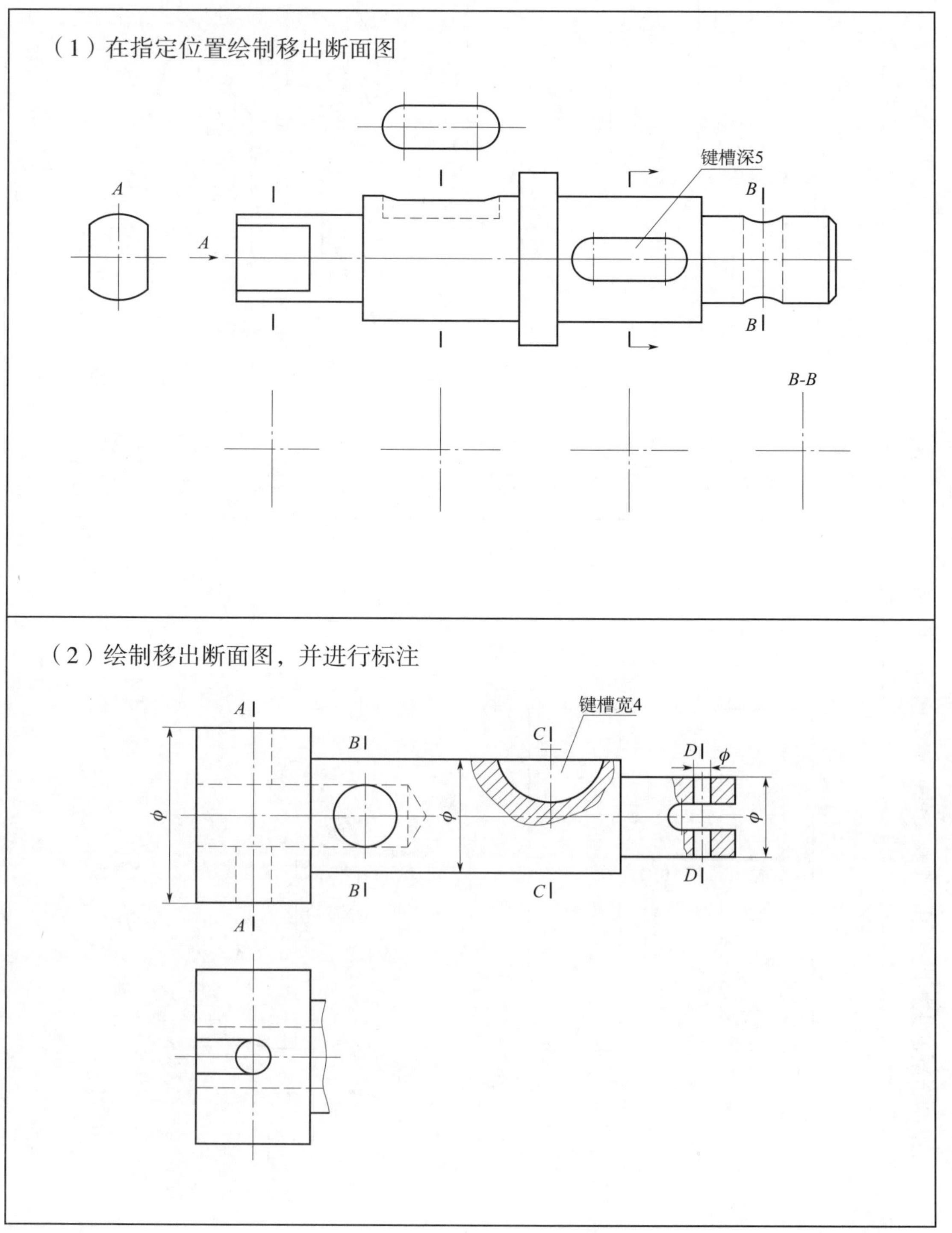

班级　　　学号　　　姓名

2. 在主视图上绘制重合断面图

（1）

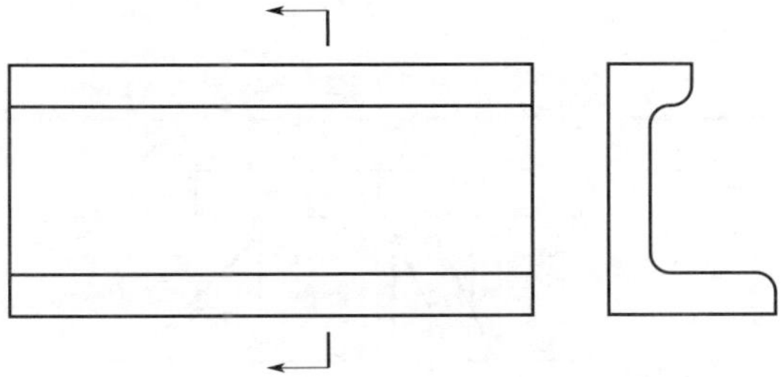

（2）

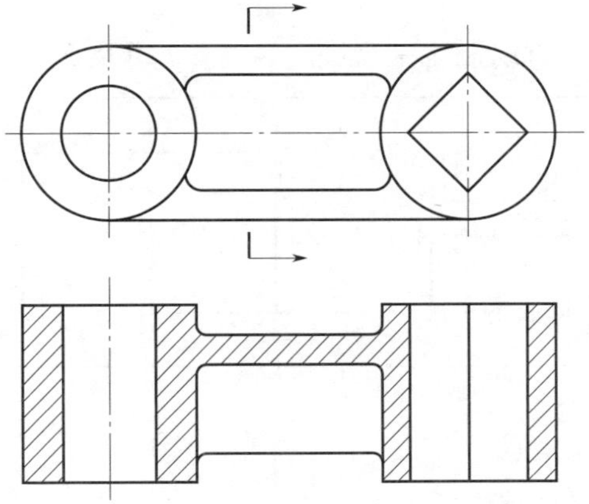

（3）

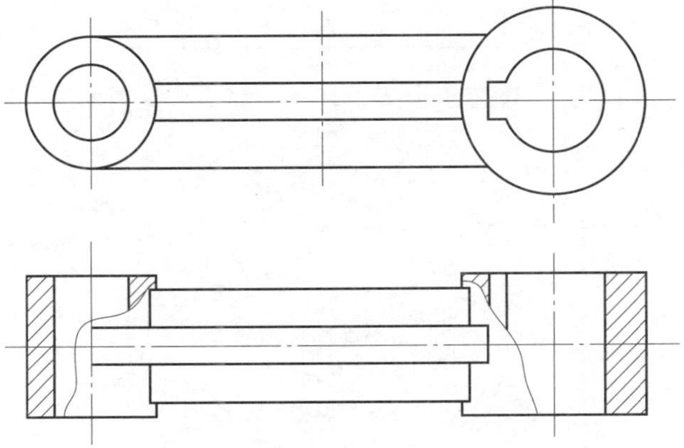

（4）

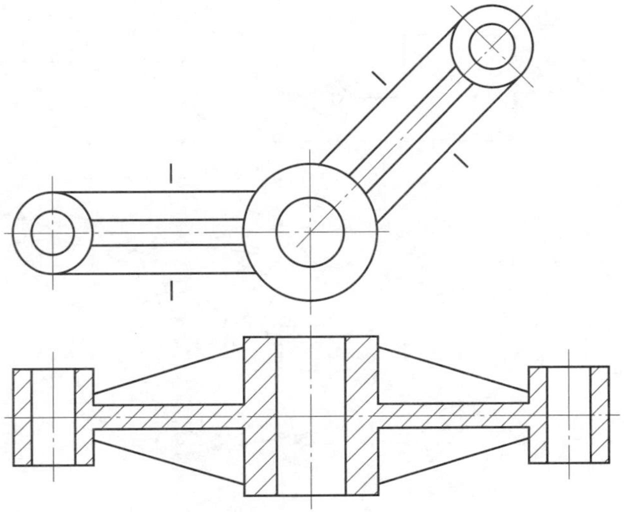

班级　　　学号　　　姓名

§5-4 其他表达方法

1. 在指定位置绘制全剖视图

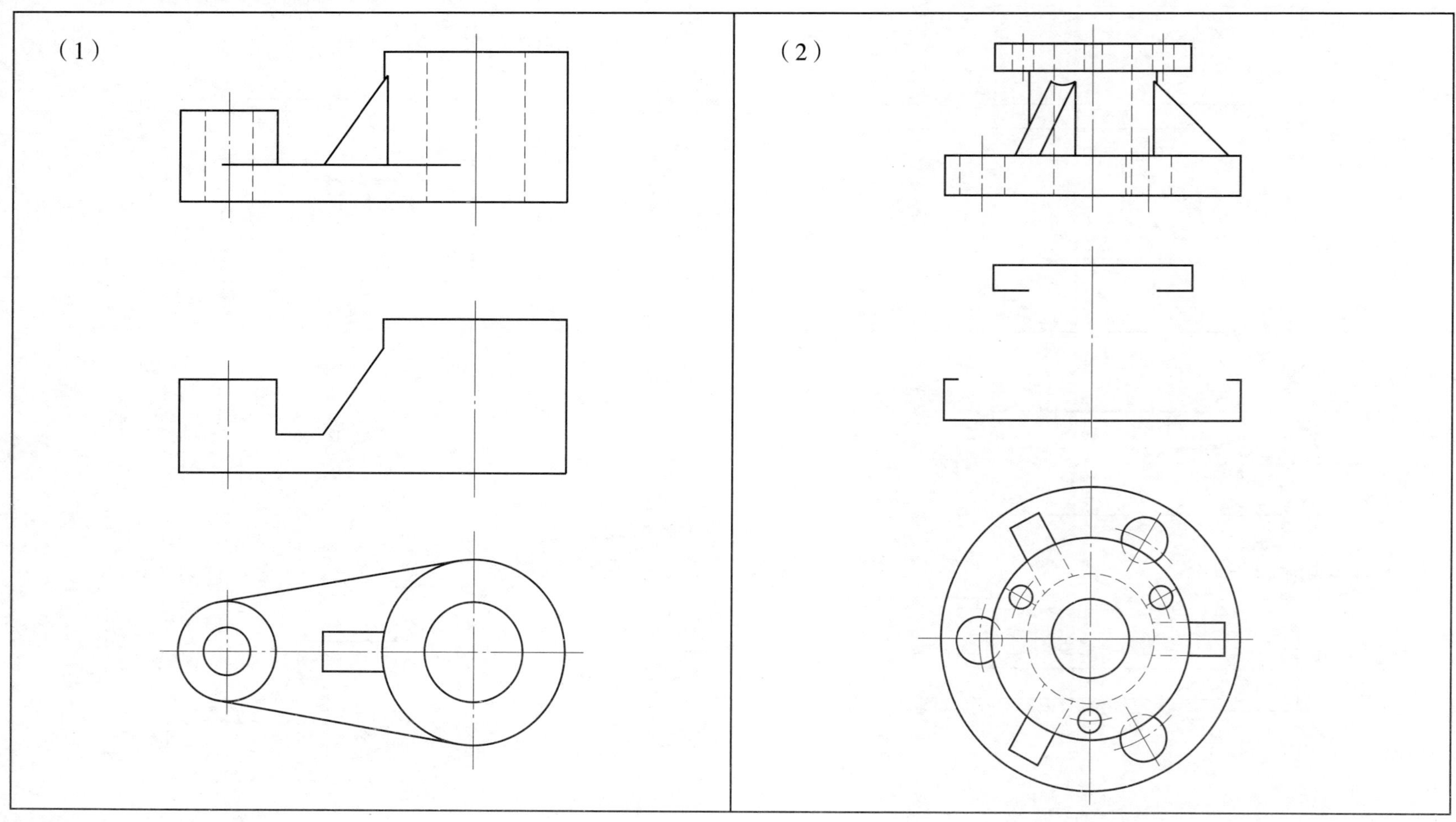

班级　　　　学号　　　　姓名

2. 绘制第三角投影图（根据两视图绘制第三视图）

（1）根据第三角投影的主视图和右视图，绘制俯视图

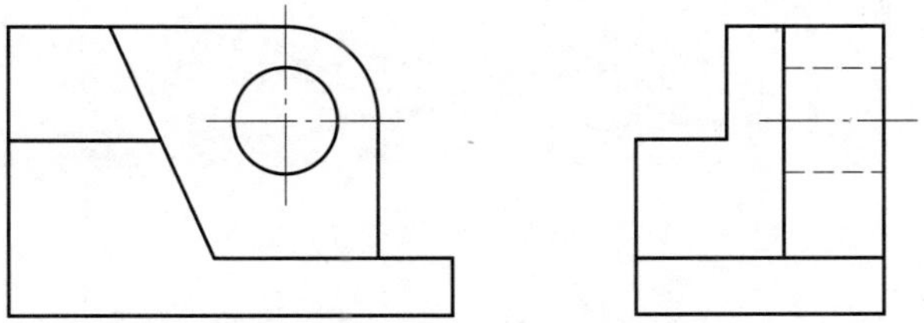

（2）根据第三角投影的主视图和右视图，绘制俯视图

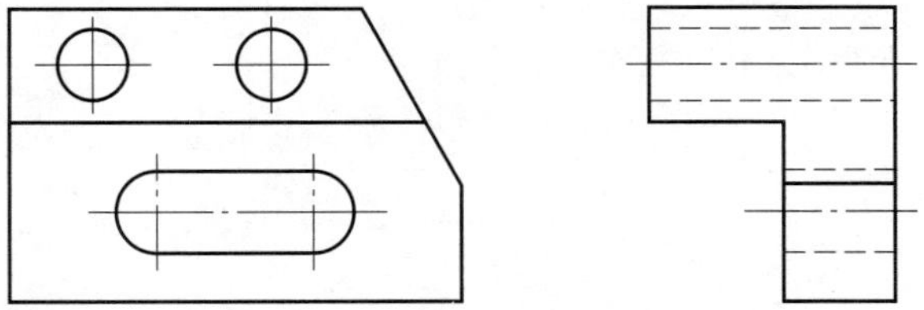

（3）根据第三角投影的主视图和俯视图，绘制右视图

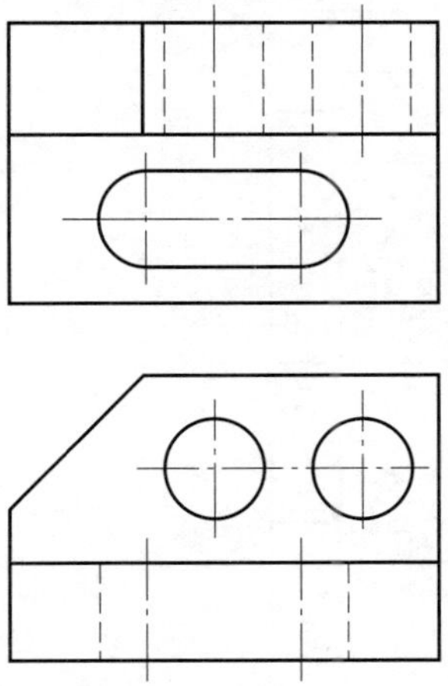

（4）根据第三角投影的主视图和俯视图，绘制右视图

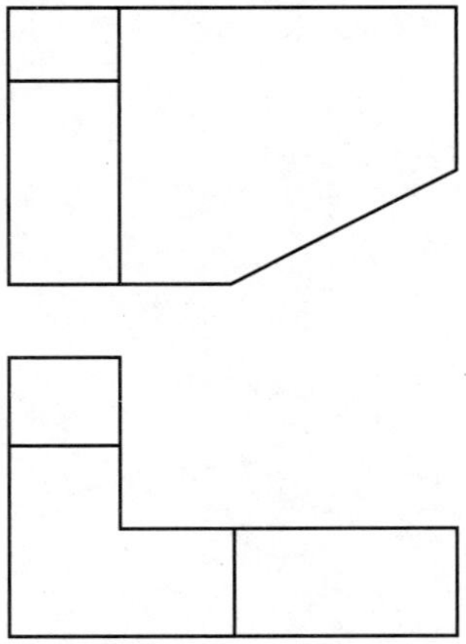

班级　　　　学号　　　　姓名

3. 绘制第三角投影图

（1）根据立体图，绘制第三角投影的六个基本视图

（2）根据第三角投影的主视图、俯视图和左视图，绘制右视图、仰视图和后视图，并用向视图的标注方法将视图转变为第一角投影的视图

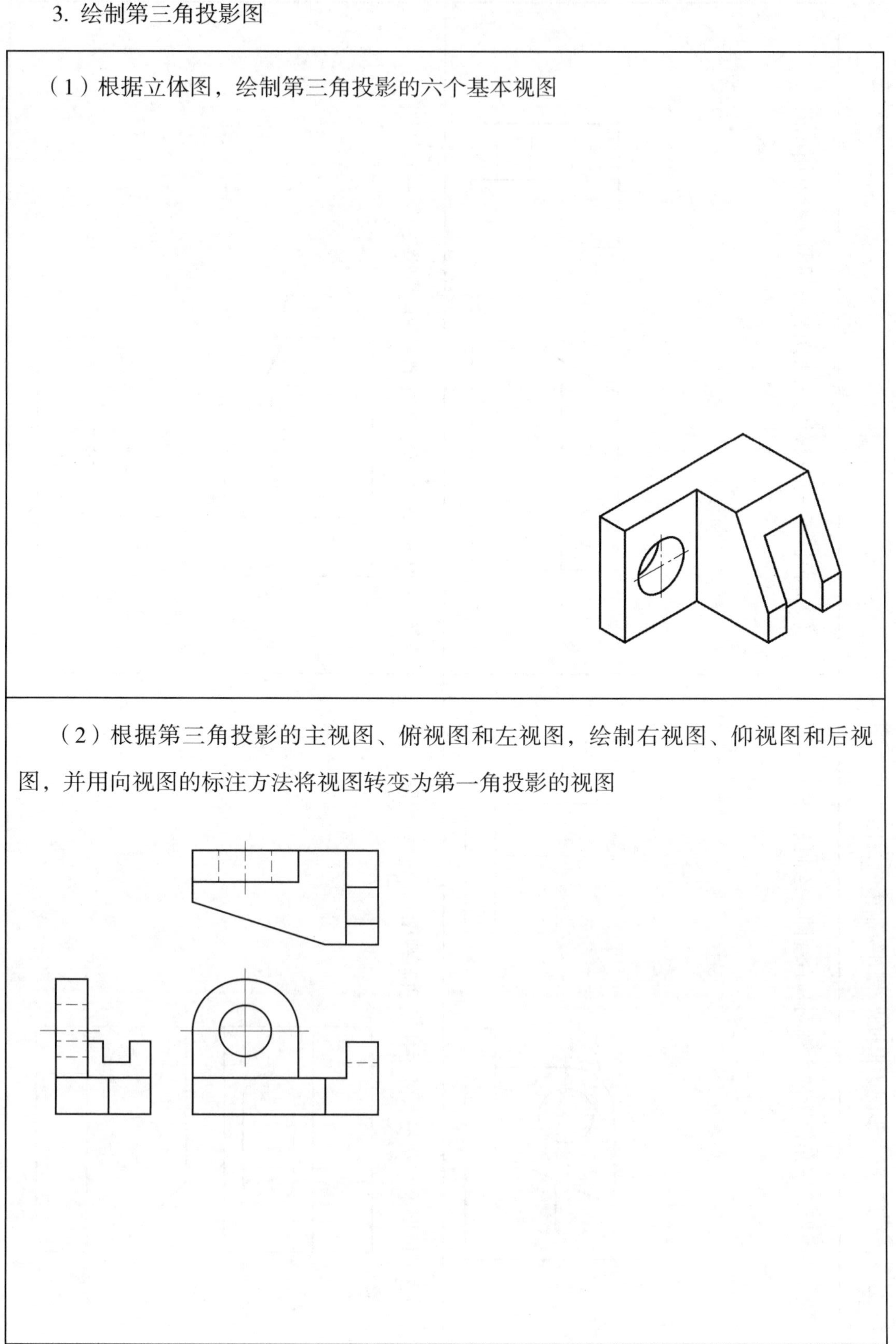

班级　　　　学号　　　　姓名

第六章　机械图样的特殊画法

§6-1　螺纹及螺纹紧固件的画法

1. 分析视图中螺纹画法的错误，并在指定位置画出其正确的图形

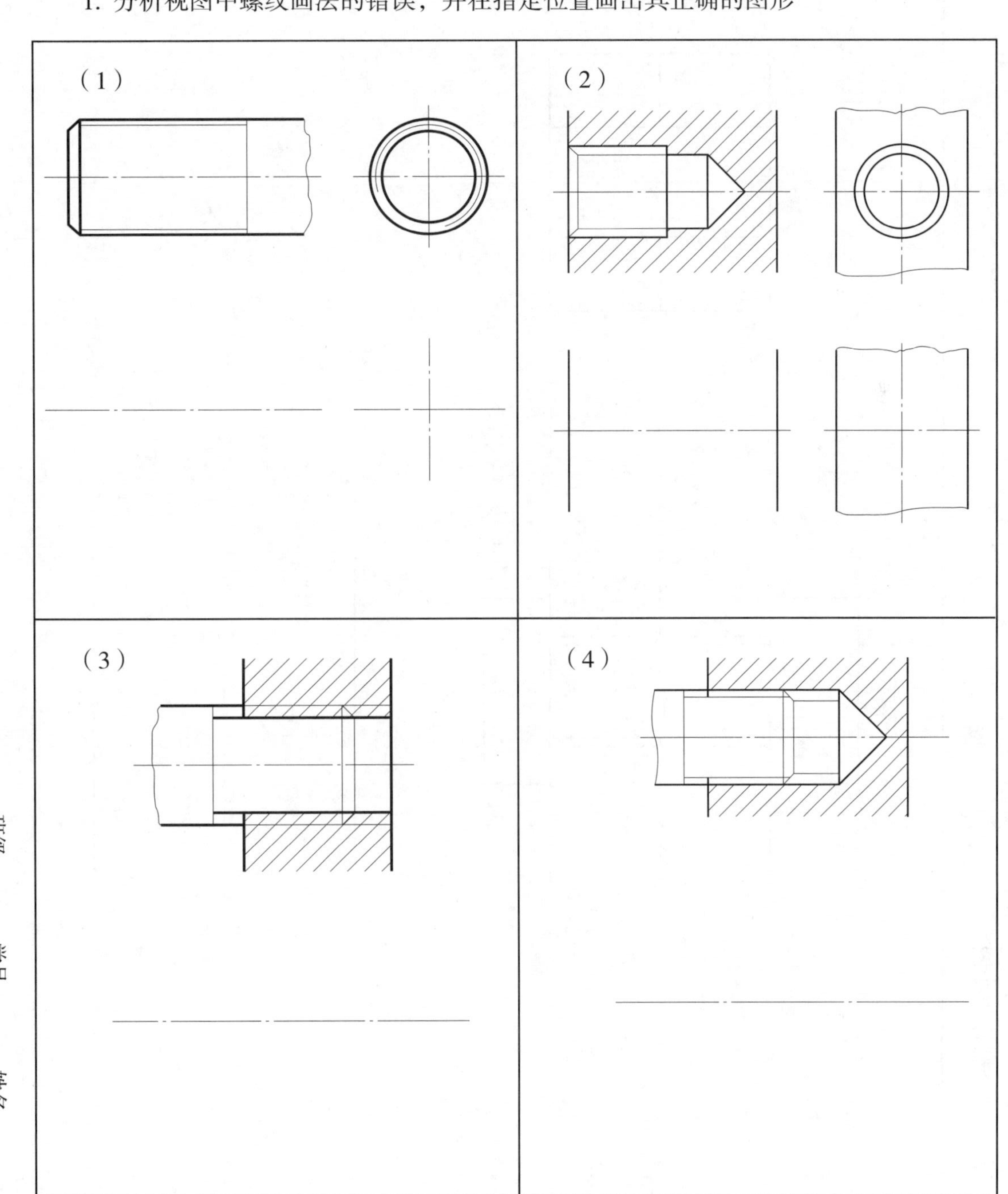

班级　　　学号　　　姓名

2. 补全螺栓连接图

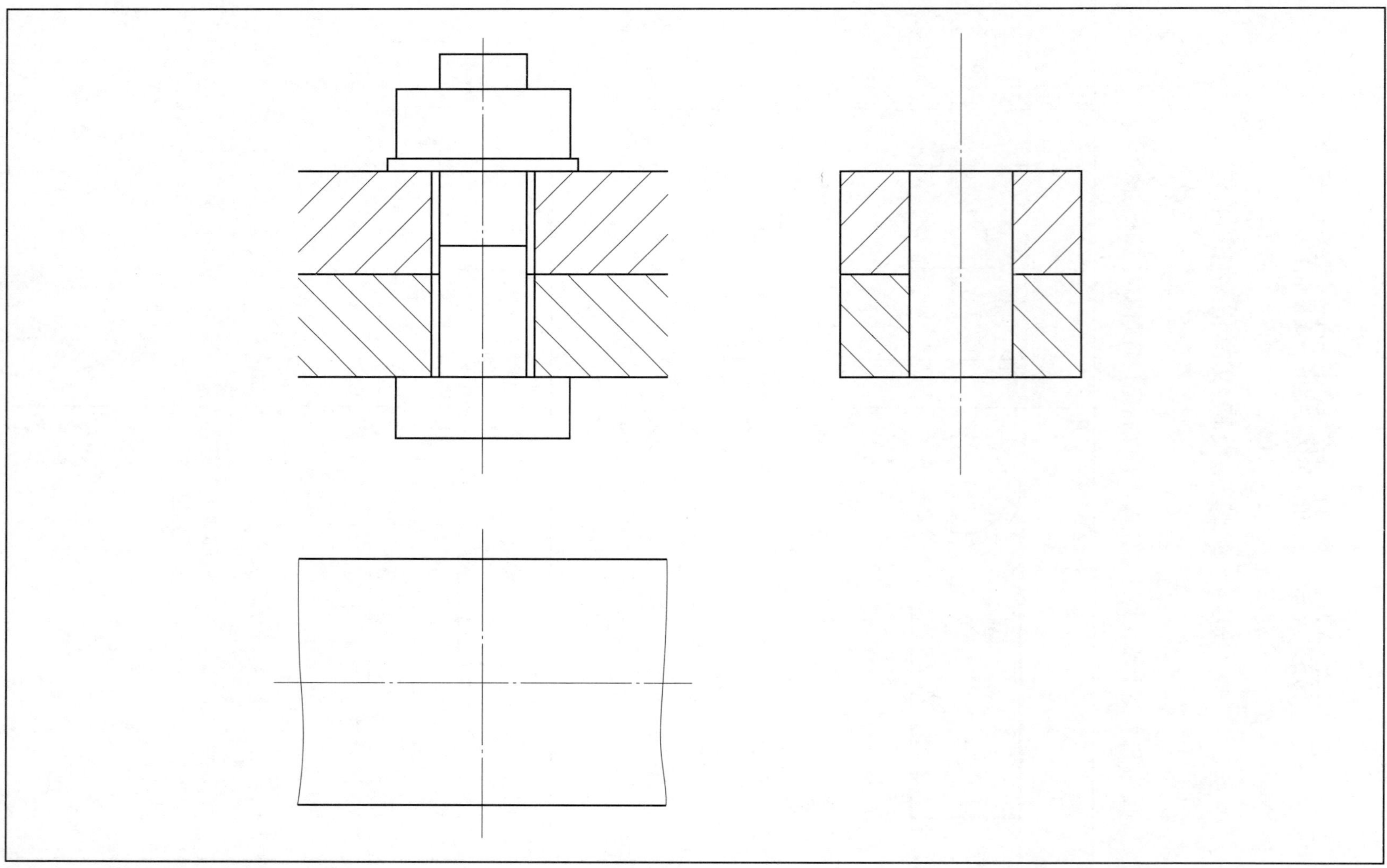

班级　　　　学号　　　　姓名

3. 补全螺钉和双头螺柱连接图

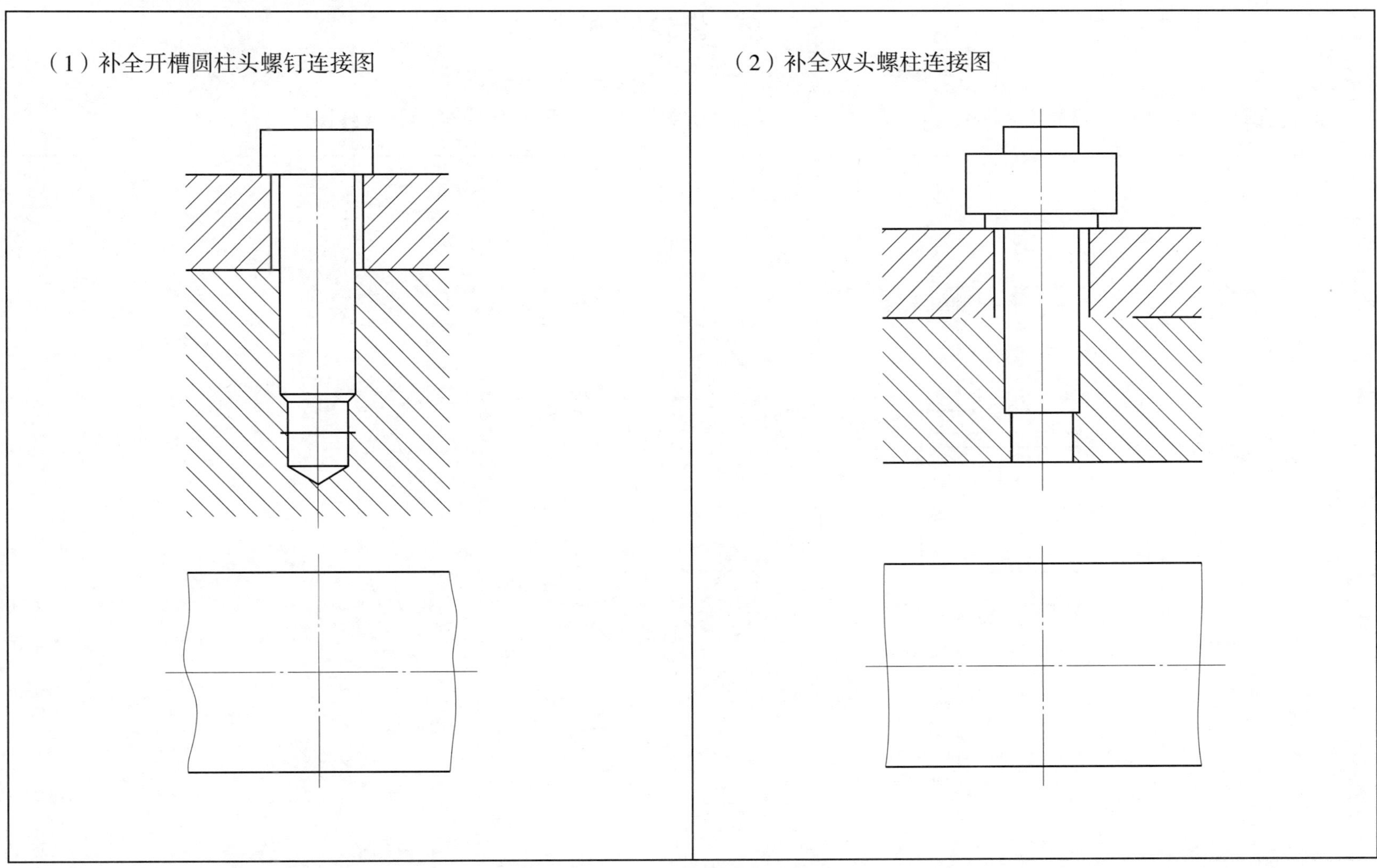

班级　　　学号　　　姓名

§6-2 齿轮的画法

1. 已知直齿圆柱齿轮的模数为 3 mm，齿数为 28，计算轮齿的有关尺寸，并完成齿轮的两视图（绘图比例为 1：1）

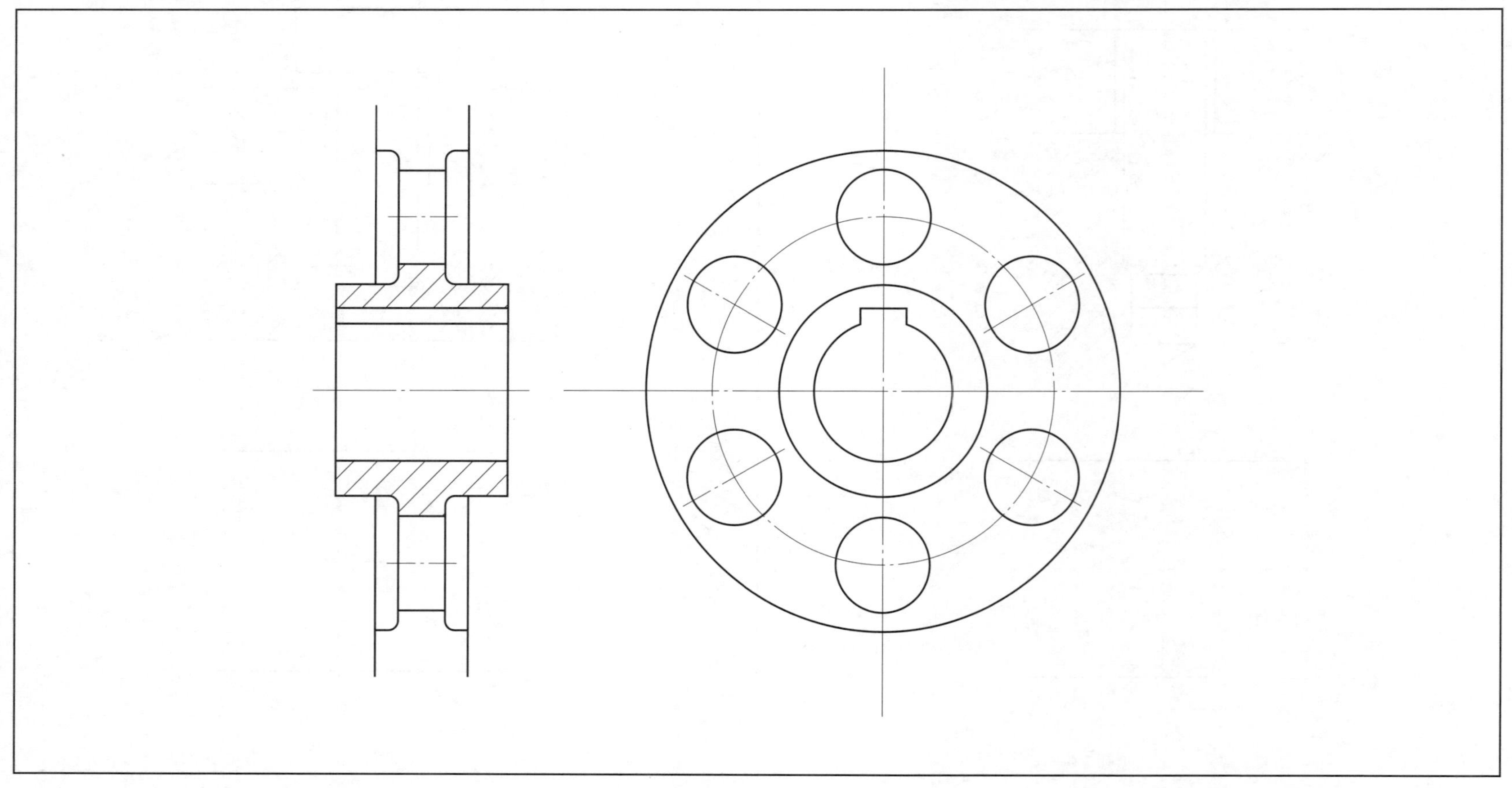

班级　　　　学号　　　　姓名

2. 完成直齿圆柱齿轮啮合图

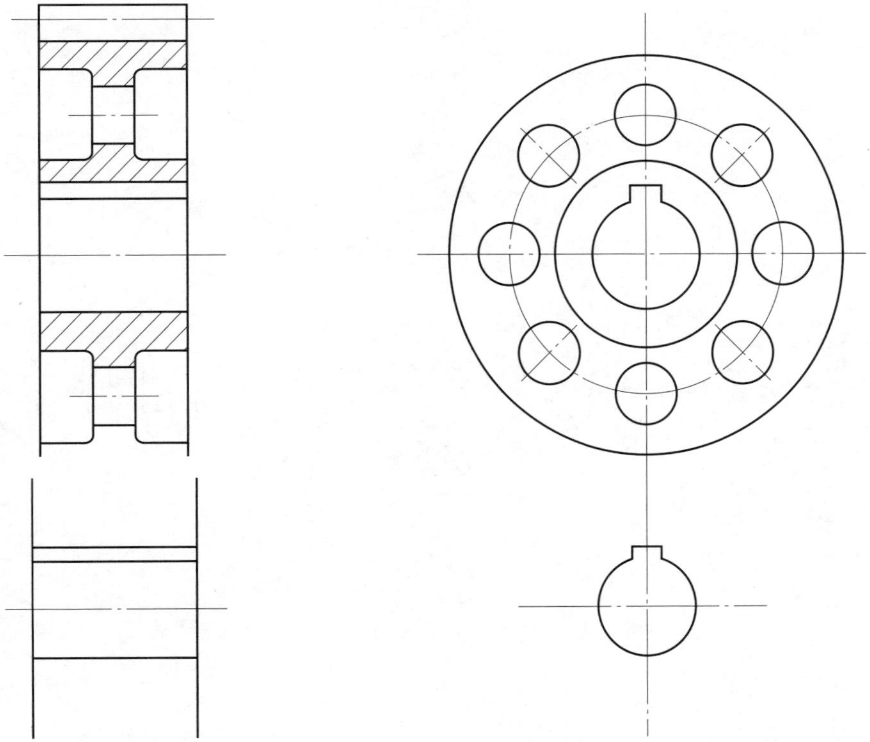

班级　　　学号　　　姓名

3. 绘制小直齿锥齿轮（同步训练）

已知小锥齿轮的模数 m=3.5 mm，齿数 z_1=25，试计算小齿轮的主要几何尺寸，并参照教材表 6–8 绘制小直齿锥齿轮的视图（绘图比例为 1：1）。

班级　　　　学号　　　　姓名

4. 绘制大直齿锥齿轮（同步训练）

已知大锥齿轮的模数 m=3.5 mm，齿数 z_2=43，试计算大齿轮的主要几何尺寸，并参照教材图 6–14 绘制大直齿锥齿轮的视图（绘图比例为 1∶2）。

班级　　学号　　姓名

5. 绘制直齿锥齿轮啮合图（同步训练）

参照教材表 6-9，绘制题 3 与题 4 的锥齿轮啮合图（绘图比例为 1∶2）。

班级　　　　学号　　　　姓名

§6-3 键、销连接的画法

1. 完成键连接和销连接的视图

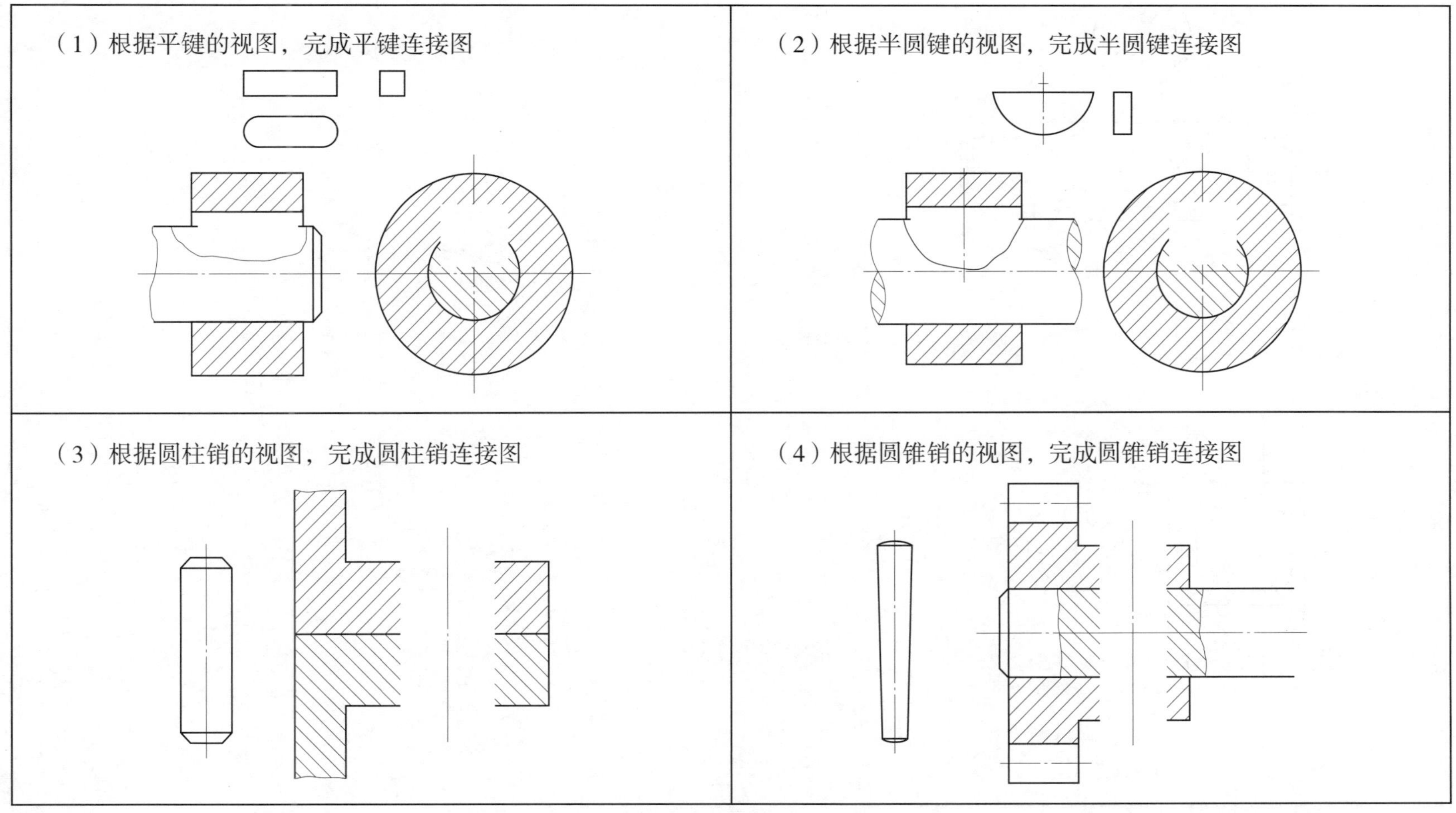

班级　　学号　　姓名

2. 根据花键轴和齿轮的视图，绘制连接图（主、左视图）

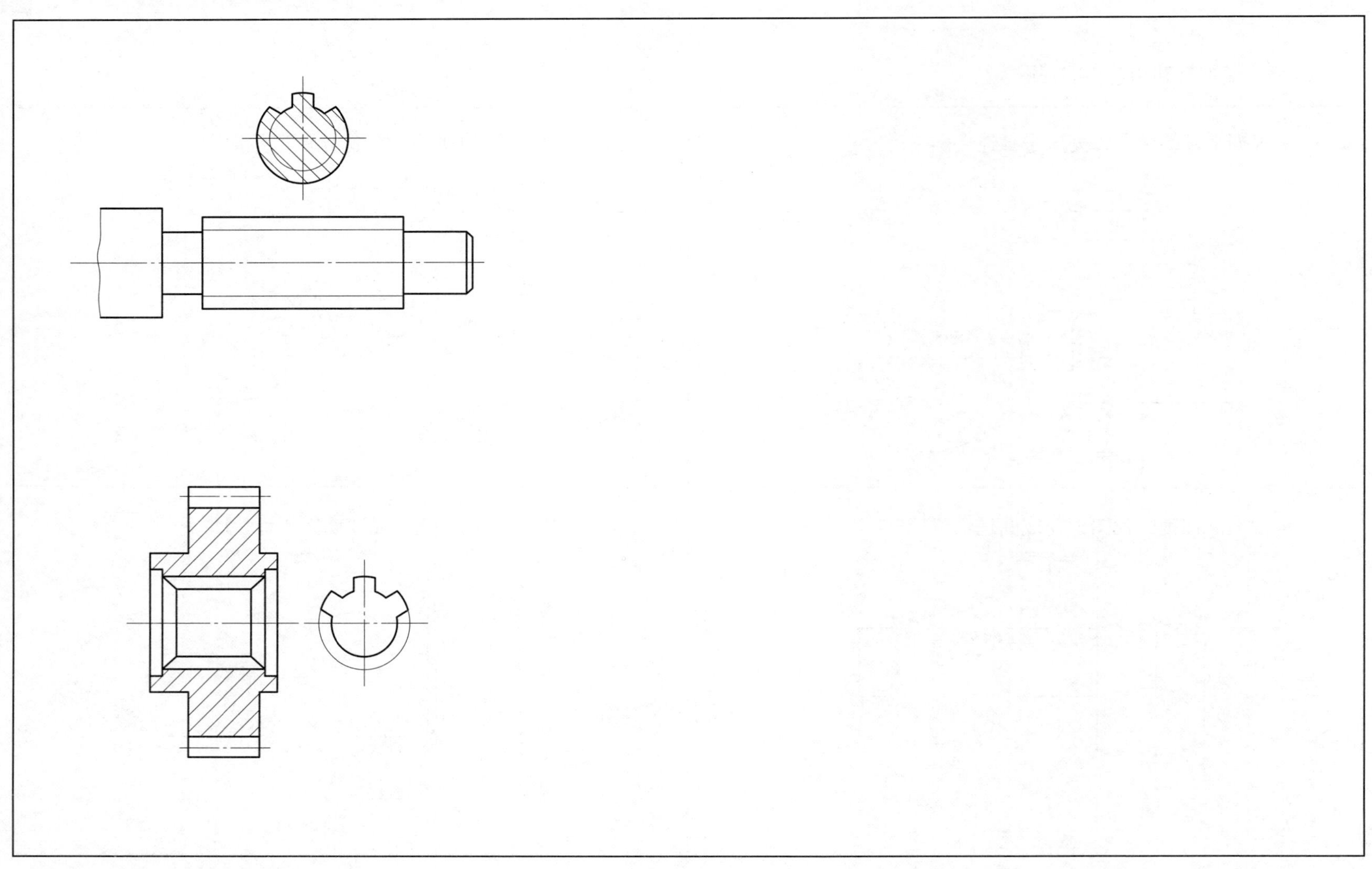

班级　　　　学号　　　　姓名

§6-4 滚动轴承的画法

完成滚动轴承的视图

（1）完成深沟球轴承的视图（特征画法） 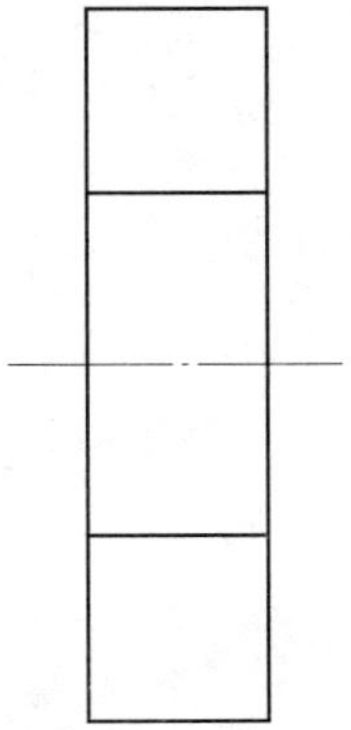	（2）完成圆锥滚子轴承的视图（特征画法） 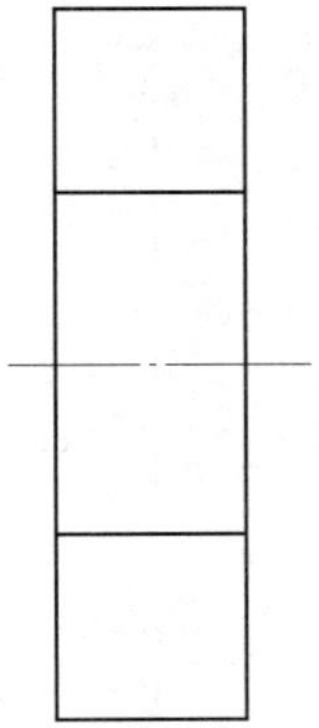	（3）完成推力球轴承的视图（特征画法） 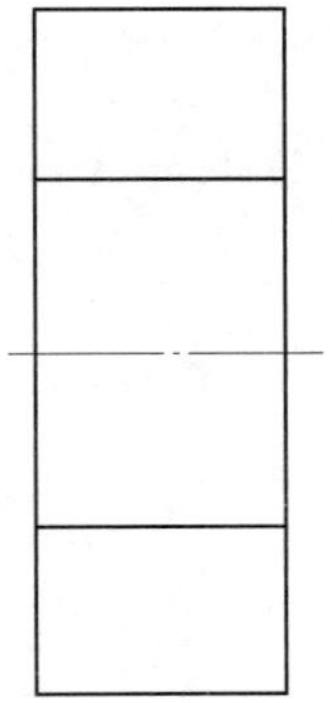
（4）完成深沟球轴承的视图（规定画法） 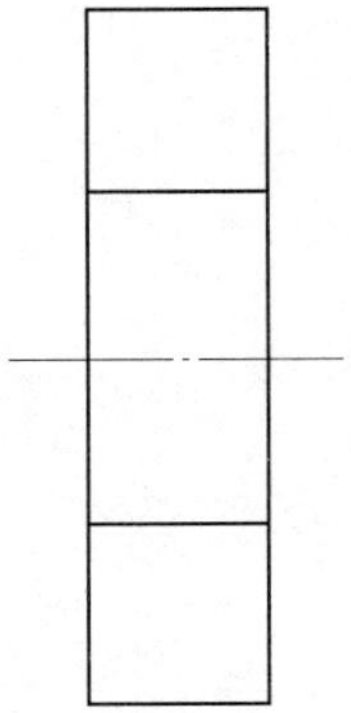	（5）完成圆锥滚子轴承的视图（规定画法） 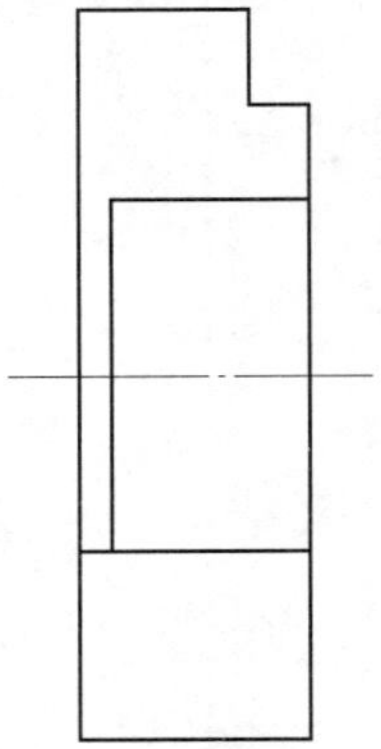	（6）完成推力球轴承的视图（规定画法） 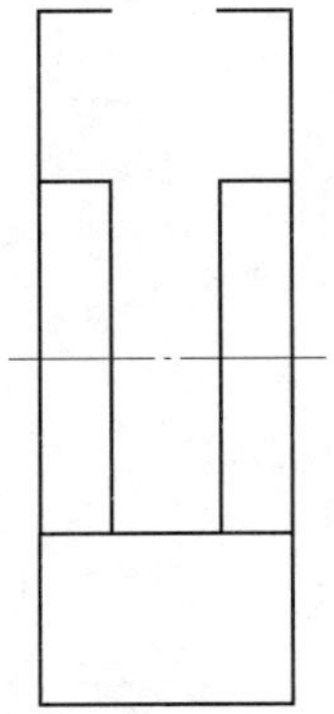

班级　　　　学号　　　　姓名

§6-5 弹簧的画法

绘制弹簧

（1）已知圆柱螺旋压缩弹簧外径 D_2=42 mm，弹簧簧丝直径 d=5 mm，节距 t=11 mm，有效圈数 n=8，支承圈数 n_2=2.5，右旋。试画出该弹簧的剖视图（同步训练）

（2）完成拉伸弹簧的视图

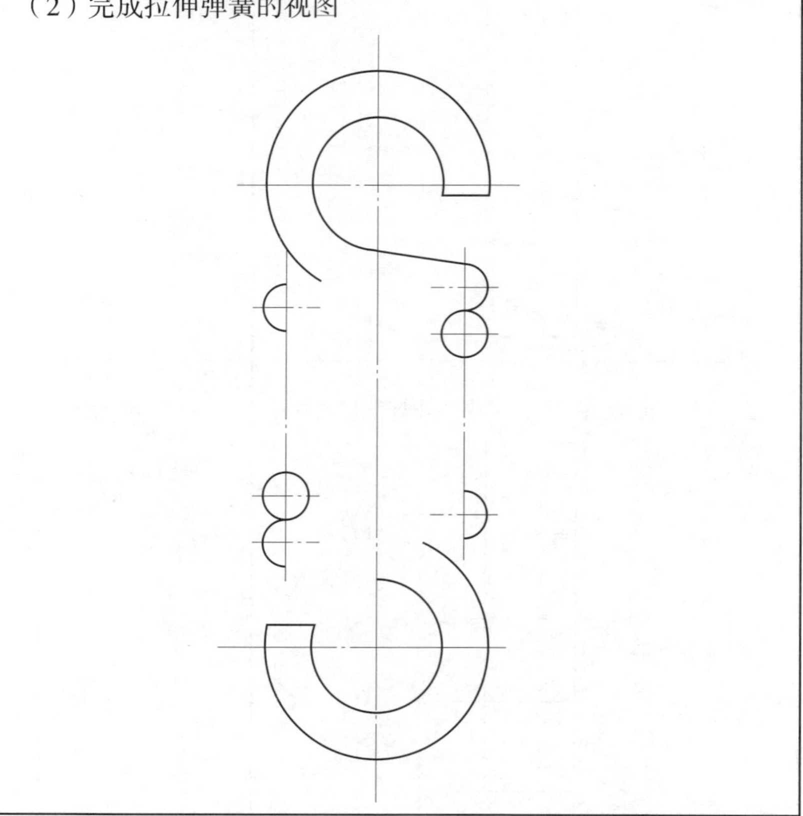

班级　　　　学号　　　　姓名

第七章　机械图样的识读

§7-1　机械图样的技术要求

1. 识读图样中的尺寸公差

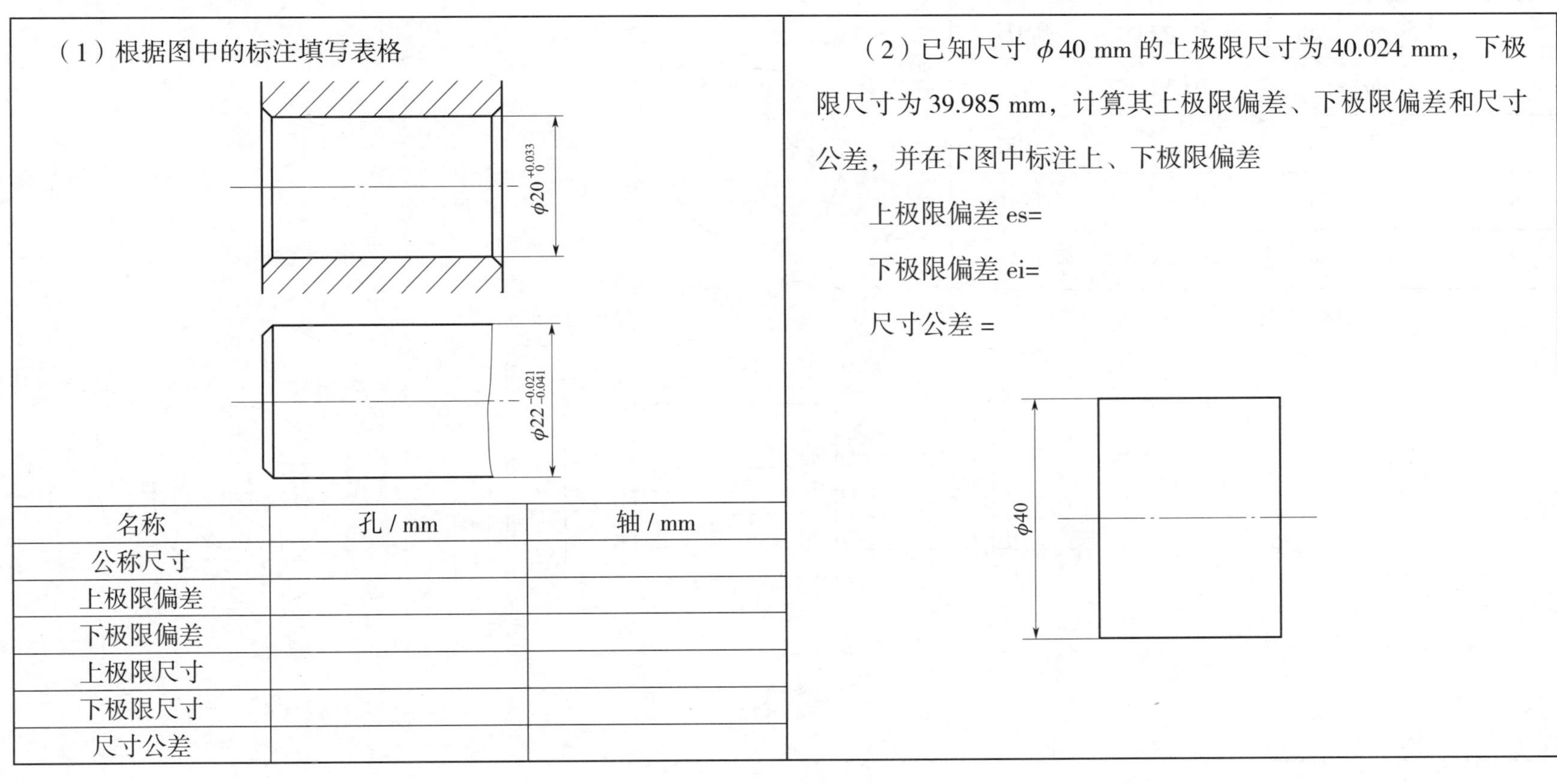

（1）根据图中的标注填写表格

名称	孔 / mm	轴 / mm
公称尺寸		
上极限偏差		
下极限偏差		
上极限尺寸		
下极限尺寸		
尺寸公差		

（2）已知尺寸 $\phi 40$ mm 的上极限尺寸为 40.024 mm，下极限尺寸为 39.985 mm，计算其上极限偏差、下极限偏差和尺寸公差，并在下图中标注上、下极限偏差

上极限偏差 es=

下极限偏差 ei=

尺寸公差 =

班级　　　　学号　　　　姓名

2. 按表中给定的极限偏差值，在图中标注相应的尺寸公差

序号	标注项目	上极限偏差 / mm	下极限偏差 / mm
1	ϕ20 mm 外圆	0	−0.013
2	ϕ30 mm 外圆	0	−0.021
3	ϕ50 mm 外圆	−0.009	−0.071
4	ϕ40 mm 孔径	+0.039	0
5	键槽宽度 8 mm	−0.015	−0.051
6	孔深 10 mm	+0.010	−0.010
7	偏心距 5 mm	+0.015	−0.015

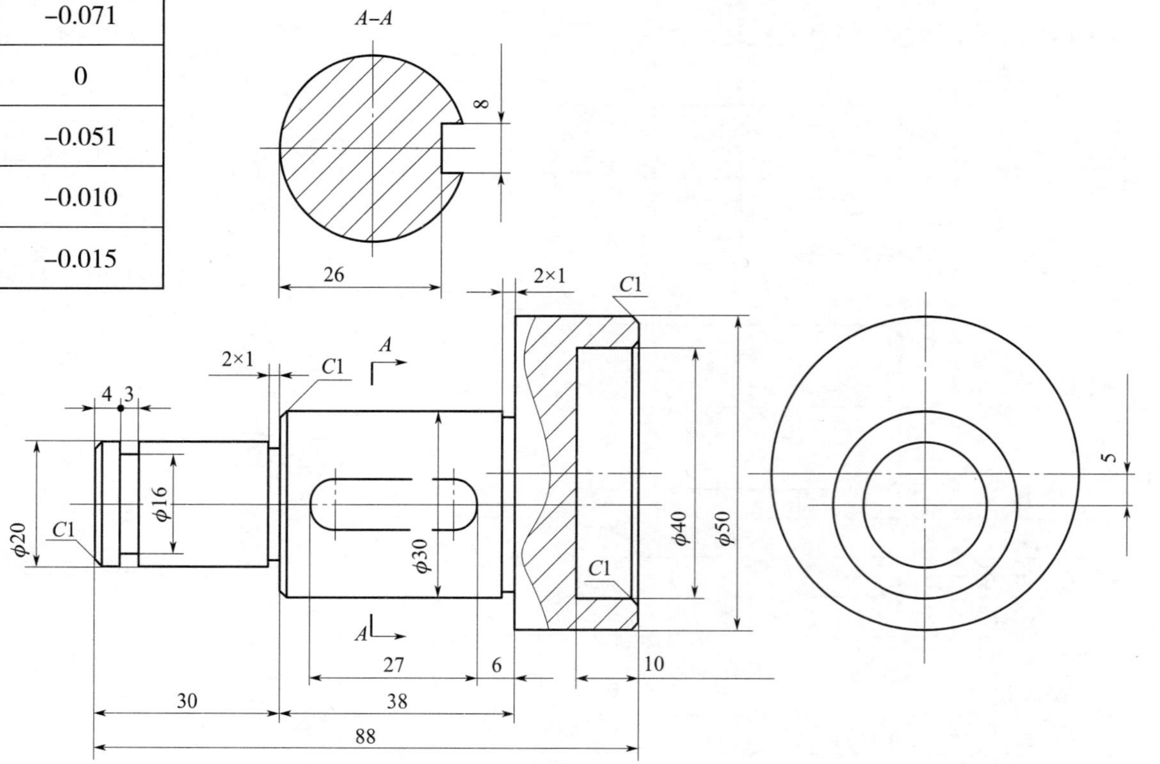

A–A
8
26
2×1
C1
A
2×1
C1
4 3
ϕ16
ϕ20
C1
ϕ30
ϕ40
ϕ50
C1
5
A
27
6
10
30
38
88

班级　　　　学号　　　　姓名

3. 识读图样中的公差代号和配合代号

（1）识读图样中的公差代号

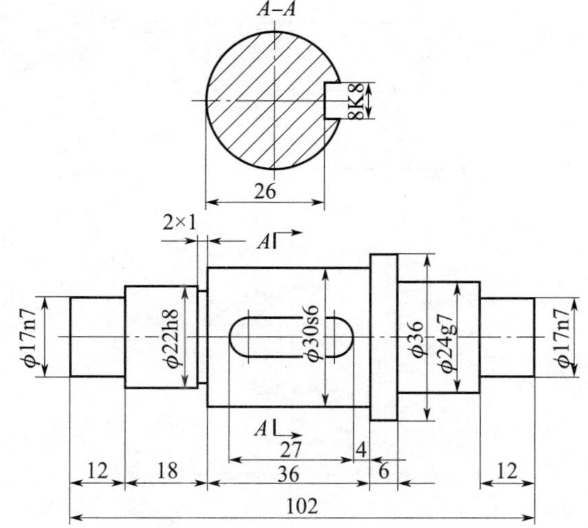

1）ϕ 17n7 的公称尺寸为__________ mm，基本偏差代号为________，公差等级为________。

2）ϕ 22h8 的公称尺寸为__________ mm，基本偏差代号为________，公差等级为________。

3）ϕ 30s6 的公称尺寸为__________ mm，基本偏差代号为________，公差等级为________。

4）8K8 的公称尺寸为__________ mm，基本偏差代号为__________，公差等级为__________。

5）ϕ 24g7 的公称尺寸为__________ mm，基本偏差代号为________，公差等级为________。

（2）识读图样中的配合代号

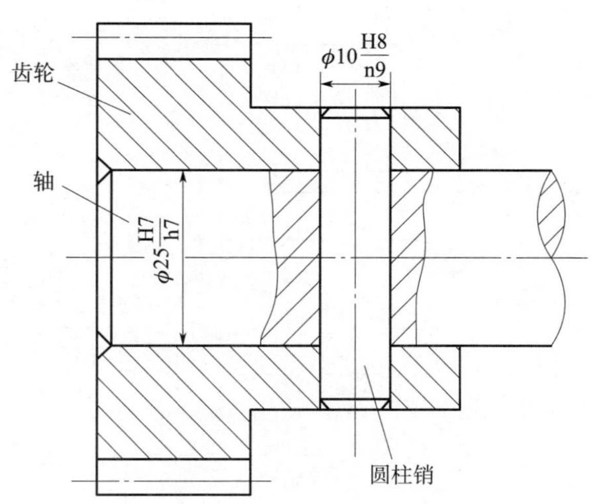

1）ϕ 25H7/h7 的公称尺寸为_______ mm，是零件_______与零件________的配合。其中，孔的公差等级为________，基本偏差代号为________；轴的公差等级为________，基本偏差代号为________。

2）ϕ 10H8/n9 的公称尺寸为_______ mm，是零件_______与零件________和________的配合。其中，孔的公差等级为__________，基本偏差代号为__________；轴的公差等级为________，基本偏差代号为________。

班级　　　　学号　　　　姓名

4. 识读图样中的几何公差代号

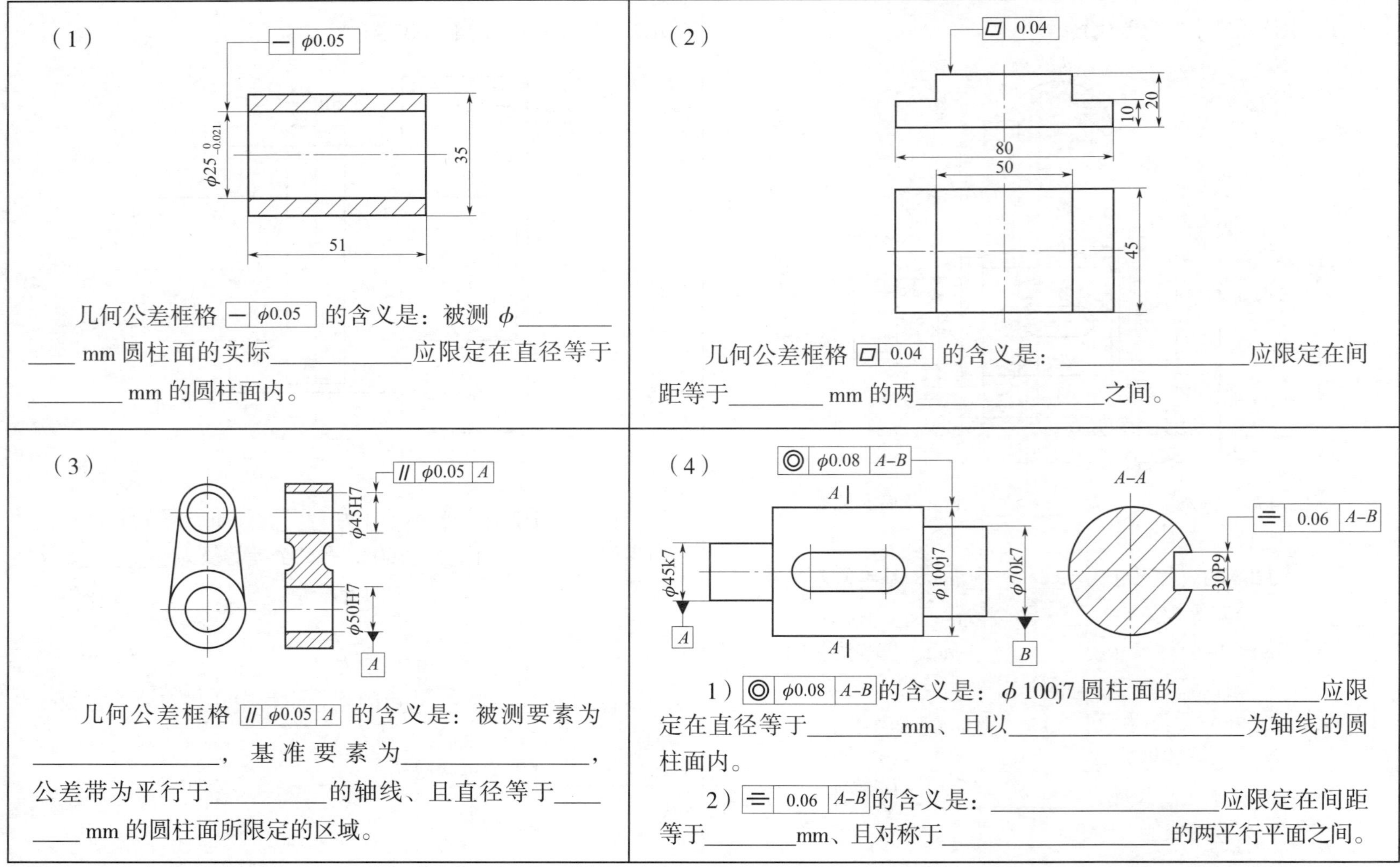

（1）几何公差框格 [— φ0.05] 的含义是：被测 φ________ mm 圆柱面的实际__________应限定在直径等于________ mm 的圆柱面内。

（2）几何公差框格 [▱ 0.04] 的含义是：______________应限定在间距等于________ mm 的两______________之间。

（3）几何公差框格 [// φ0.05 A] 的含义是：被测要素为______________，基准要素为______________，公差带为平行于________的轴线、且直径等于________ mm 的圆柱面所限定的区域。

（4）

1）[◎ φ0.08 A–B]的含义是：φ 100j7 圆柱面的__________应限定在直径等于________mm、且以______________为轴线的圆柱面内。

2）[⌯ 0.06 A–B]的含义是：______________应限定在间距等于________mm、且对称于______________的两平行平面之间。

班级　　　　学号　　　　姓名

5. 标注几何公差

（1）零件上侧棱线的直线度公差为 0.01 mm

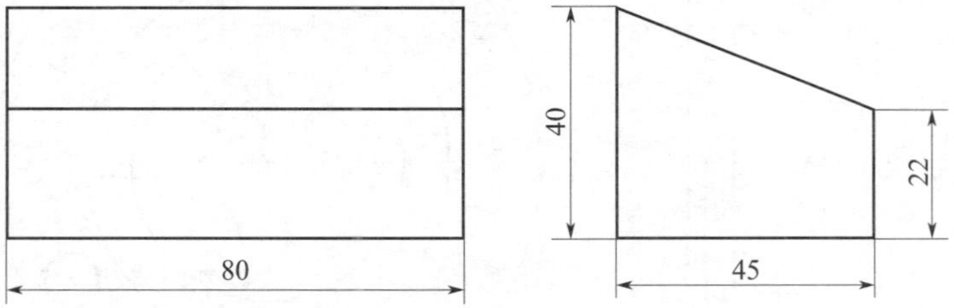

（2）ϕ21 mm 孔的轴线相对于零件上端平面的平行度公差为 0.03 mm

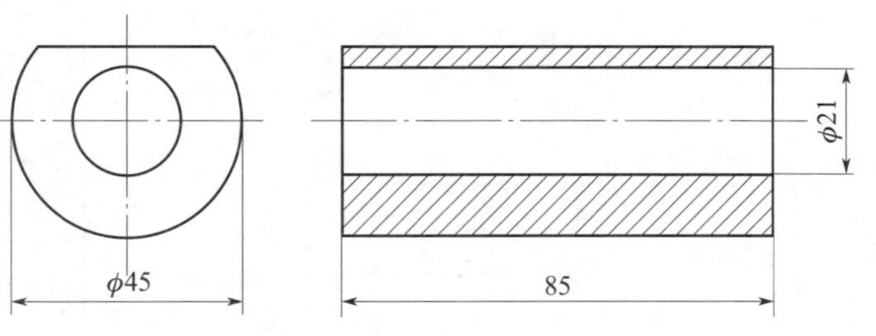

（3）ϕ85h6 圆柱面相对于 ϕ56h7 圆柱面的同轴度公差为 ϕ0.025 mm

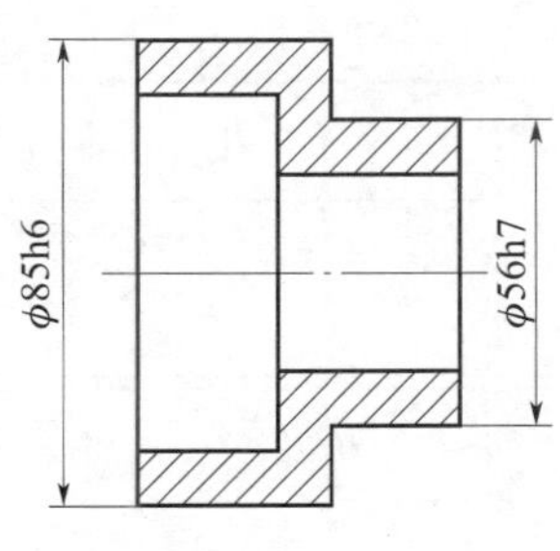

（4）键槽的对称面相对于孔的轴线的对称度公差为 0.03 mm

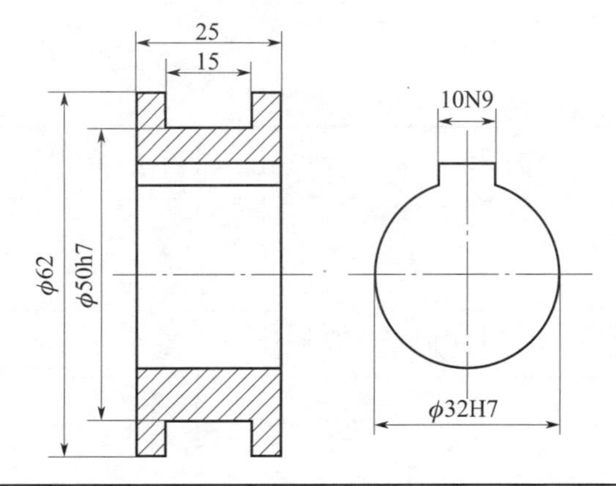

班级　　学号　　姓名

6. 识读图中的表面结构代号

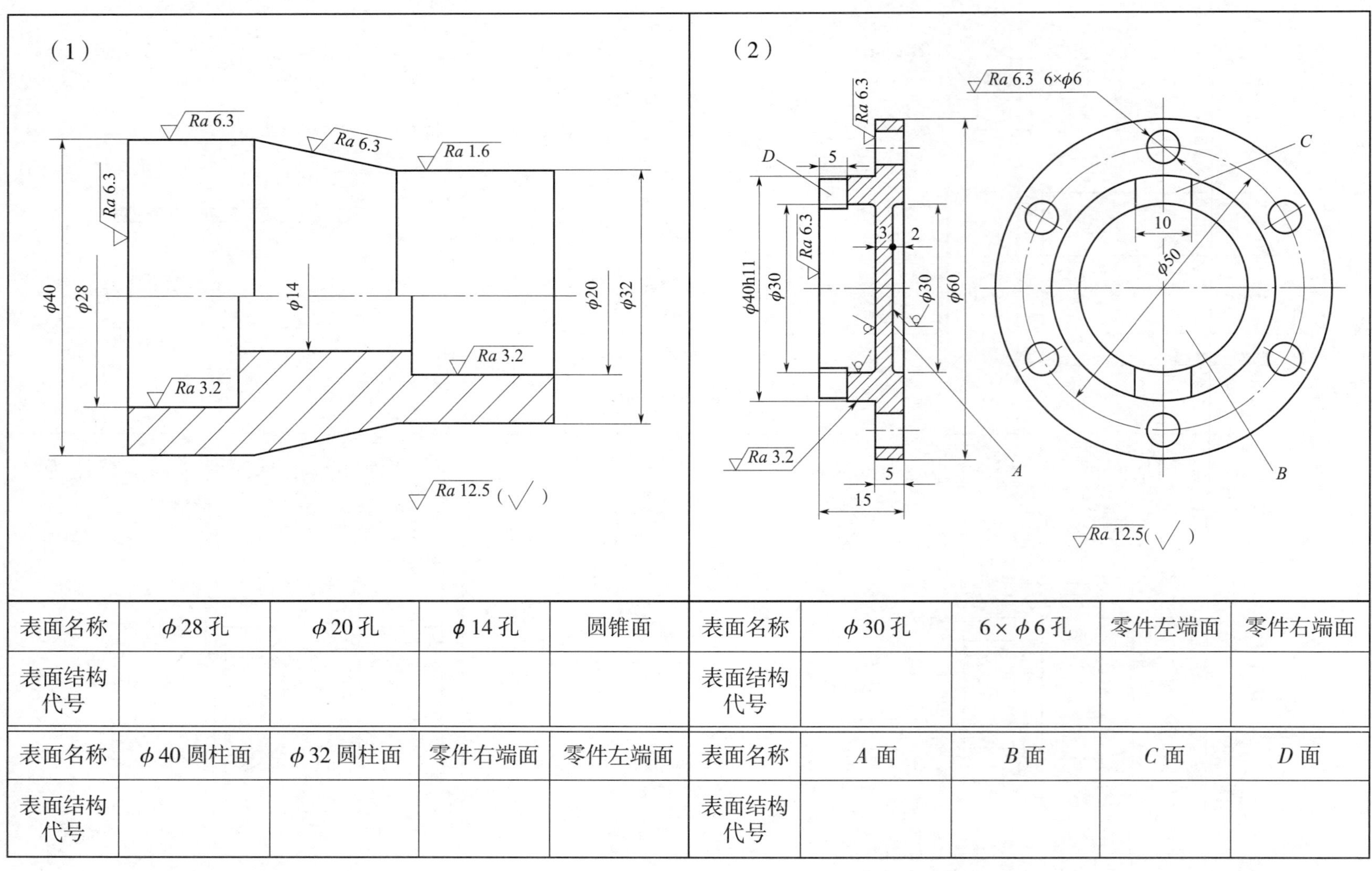

表面名称	ϕ28 孔	ϕ20 孔	ϕ14 孔	圆锥面	表面名称	ϕ30 孔	6×ϕ6 孔	零件左端面	零件右端面
表面结构代号					表面结构代号				
表面名称	ϕ40 圆柱面	ϕ32 圆柱面	零件右端面	零件左端面	表面名称	*A* 面	*B* 面	*C* 面	*D* 面
表面结构代号					表面结构代号				

班级　　　　学号　　　　姓名

7. 分析上图中表面结构代号标注中的错误，并在下图中进行正确标注

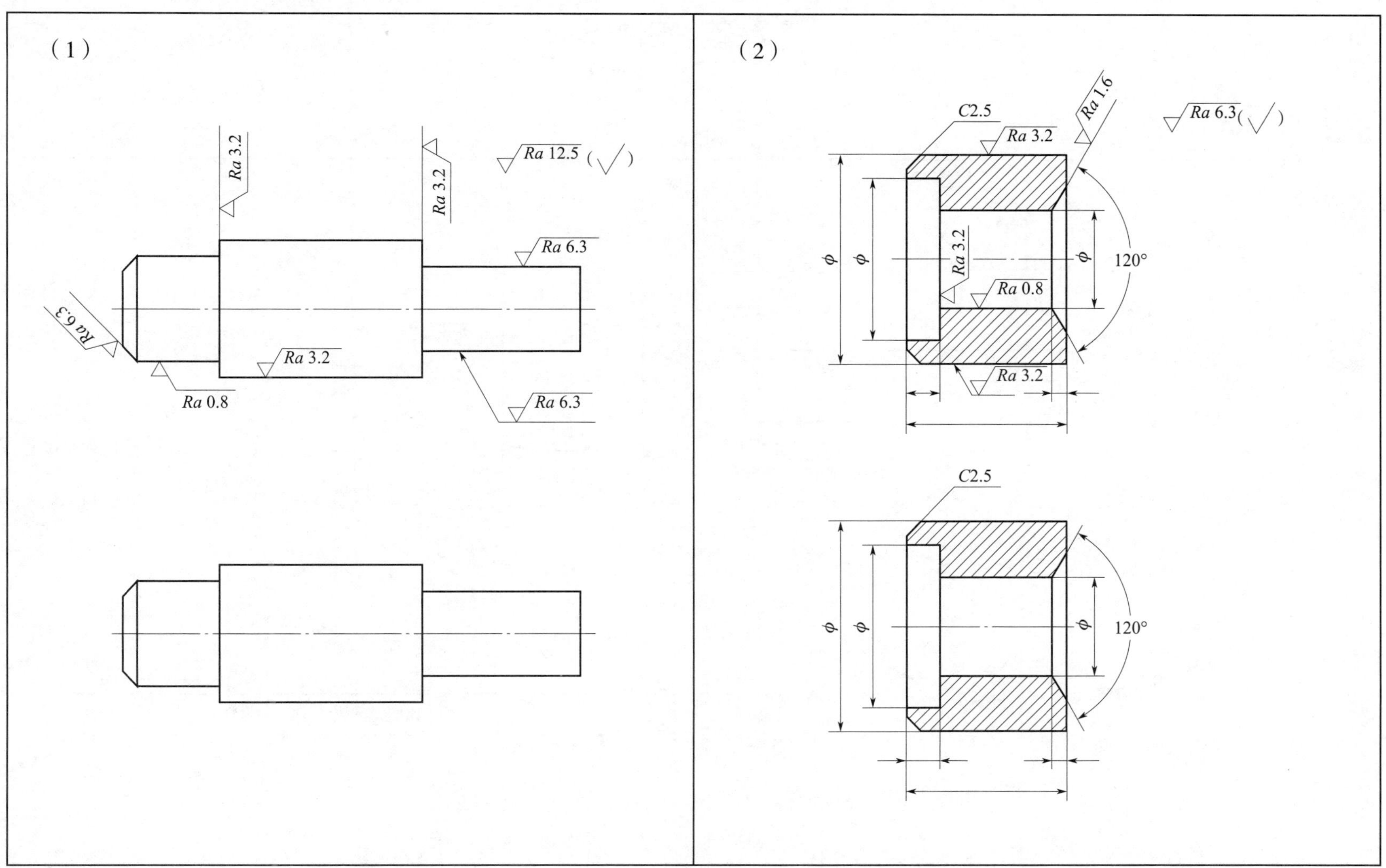

班级　　　学号　　　姓名

§7-2 零件图

1. 识读旋塞阀的阀杆零件图

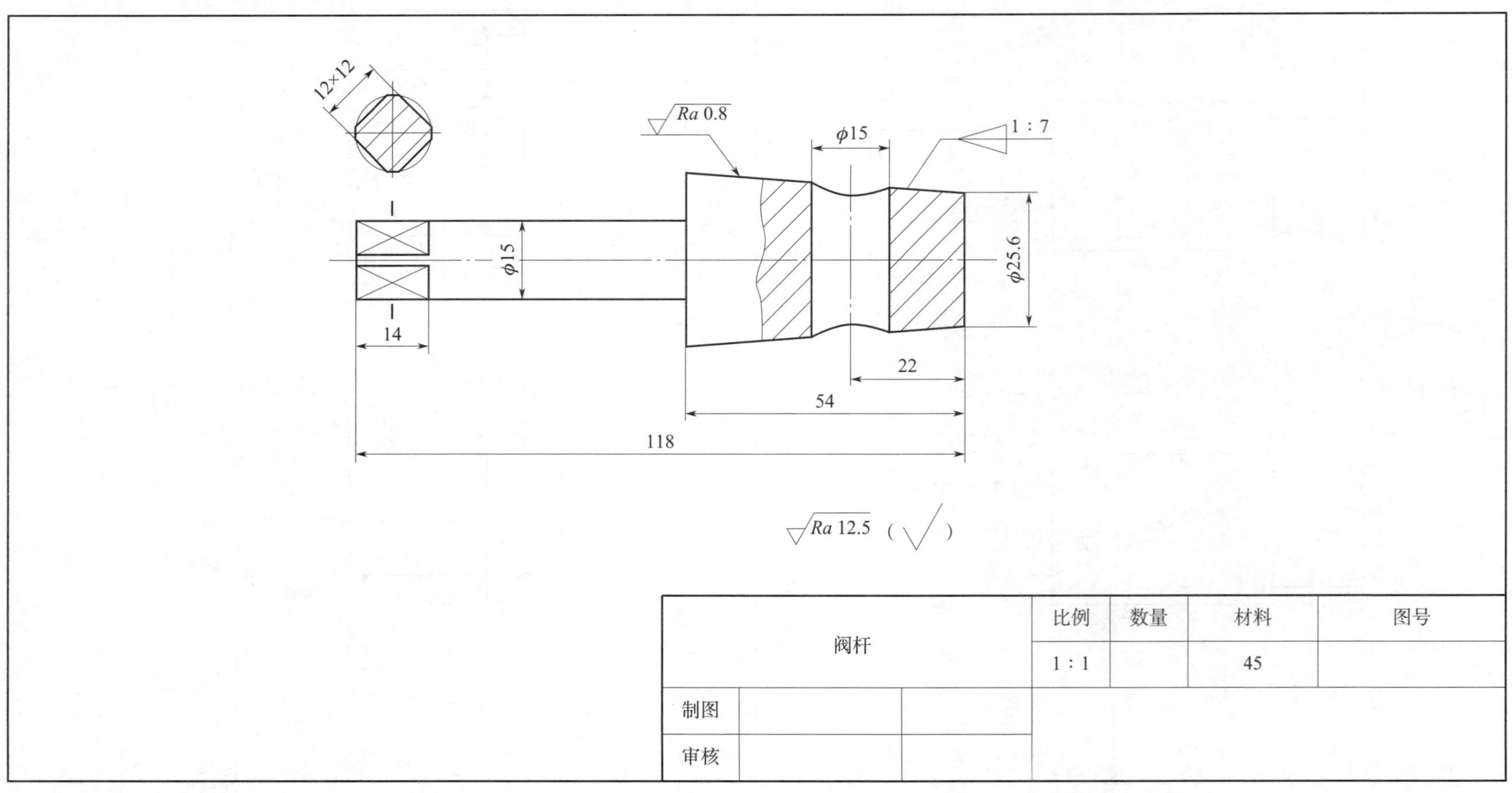

班级　　　　学号　　　　姓名

1.（续）

旋塞阀是管路中一种常用的阀门，下图是其立体图。它用螺纹连接在管路上，其特点是开关迅速。下图显示开的位置，当阀杆旋转 90° 后，阀门关闭。

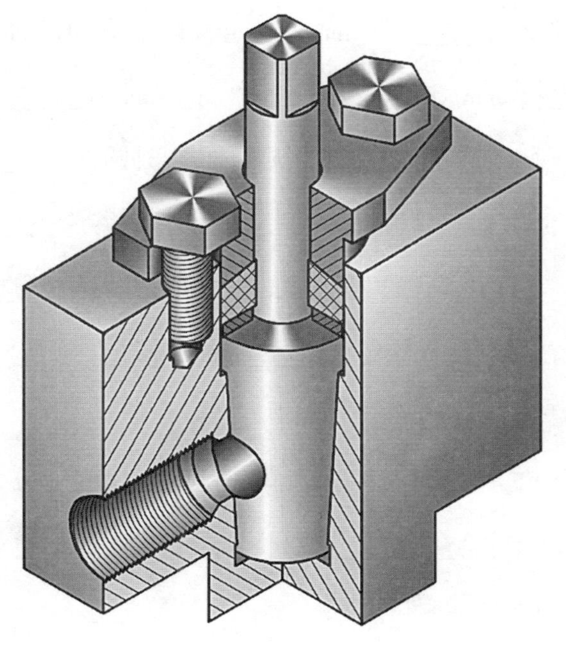

（1）该零件图用了________个基本视图和一个________图表达阀杆形状，其中主视图采用了__________剖视，是为了表达________________的结构，左上角的移出断面图是为了表达________________。

（2）该零件左侧圆柱体的直径为__________ mm，其左侧被 4 个平面切割，表达该结构的尺寸有__________ mm 和__________ mm。

（3）该零件右侧圆锥体的小端直径为__________ mm。

（4）该零件圆锥体上有一个直径为__________ mm 的孔，其定位尺寸为__________ mm。

（5）该零件圆锥部分的长度为__________ mm，该零件总长度为__________ mm。

（6）该零件圆锥部分的表面结构代号为______________，其他各表面的表面结构代号为________________。

（7）该零件所用的材料为__________钢。

班级　　　　学号　　　　姓名

2. 识读旋塞阀的压盖零件图

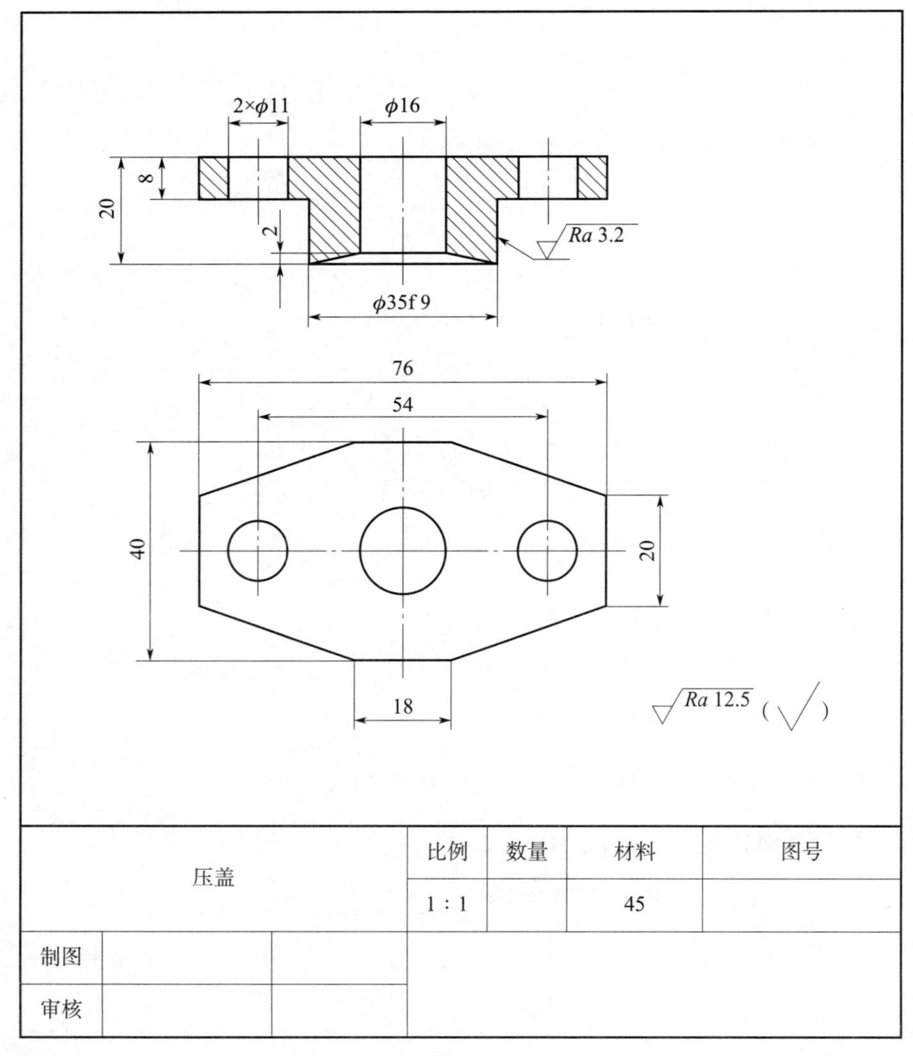

压盖			比例	数量	材料	图号
			1 : 1		45	
制图						
审核						

（1）该零件图用了________个视图表达压盖的形状，分别是________视图和________视图，其中主视图采用了________剖视。

（2）该零件由上部的板和下部的圆柱组成，上部板的厚度为________ mm，确定板的上表面的外形尺寸有______ mm、______ mm、________ mm 和________ mm。

（3）该零件的下部为圆柱体，其外圆直径为______ mm，高度为________ mm。

（4）该零件的中间为孔，上方圆柱孔的直径为______ mm，下方圆锥孔的高度为______ mm，小端直径为______ mm，大端直径为________ mm。

（5）该零件左右有 2 个螺栓孔，其定形尺寸为______ mm，定位尺寸为________ mm。

（6）该零件标注了公差的尺寸是____________。

（7）ϕ35f9 的表面结构代号为____________，零件上表面的表面结构代号为____________。

班级　　　学号　　　姓名

3. 识读旋塞阀的阀体零件图

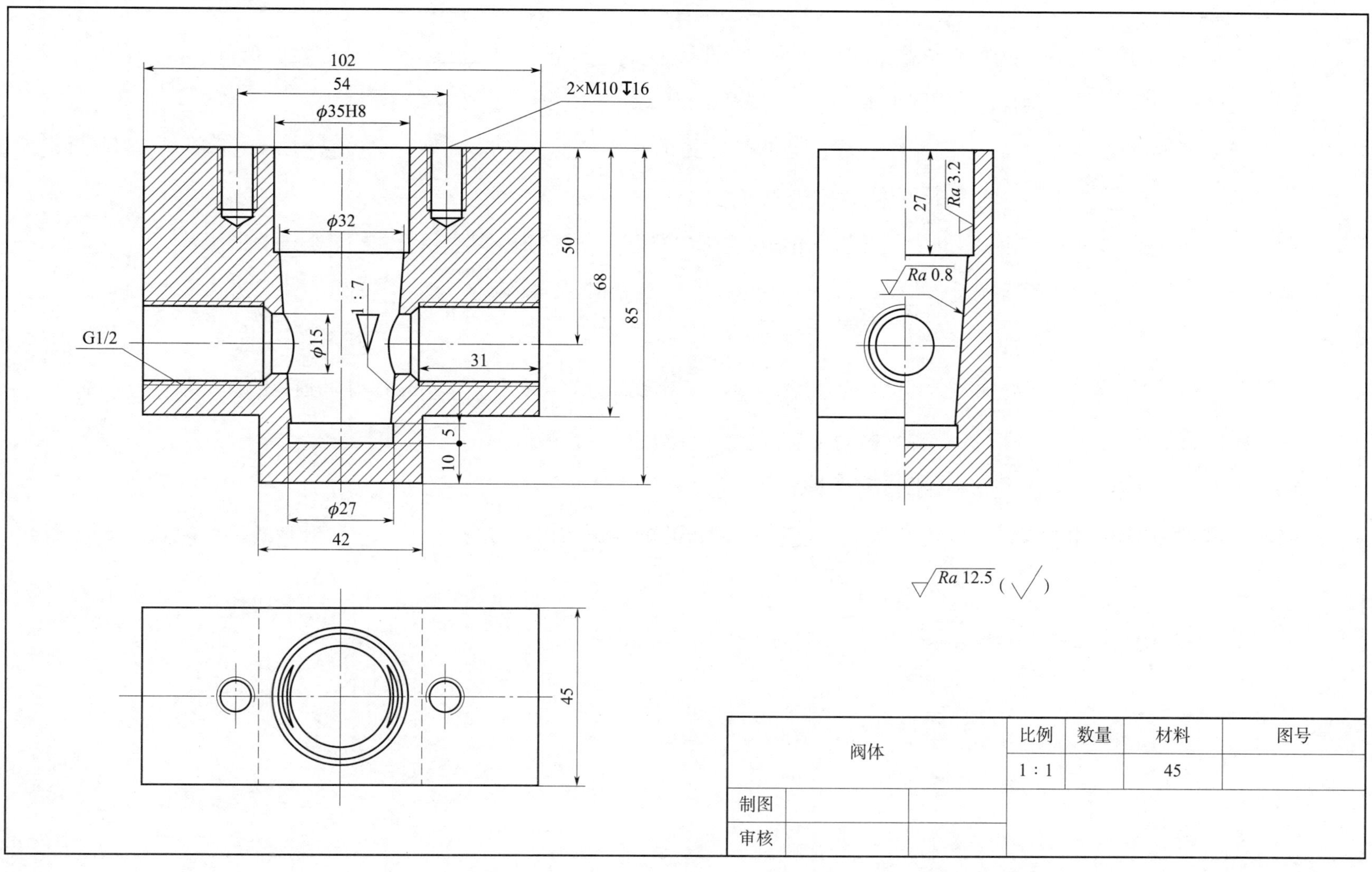

阀体		比例	数量	材料	图号
		1∶1		45	
制图					
审核					

班级　　学号　　姓名

3.（续）

（1）该零件图共用了________个基本视图表达其结构，分别是________视图、________视图和________视图。

（2）主视图采用________剖视，左视图采用________剖视。

（3）该零件的外形由上下两个长方体组成，上部长方体的长为________ mm，高为________ mm；下部长方体的长为________ mm，高为________ mm；上下长方体同宽，其宽度为________ mm。

（4）零件在竖直方向的内腔由上、中、下三部分组成，上部内腔为________面，其直径为________ mm，高度为________ mm；中间内腔为________面，其大端直径为________ mm，高度为________ mm；下部内腔为________面，其直径为________ mm，高度为________ mm。

（5）零件下方左右各有一个管螺纹，其尺寸代号为________，螺纹部分的长度为______ mm，中间通孔的直径为______ mm。

（6）零件上方有________个螺孔，其螺纹代号为____________________，螺孔的定位尺寸为________ mm。

（7）该零件有一个尺寸标注了公差要求，该尺寸是________。

（8）该零件 ϕ35H8 孔的表面结构代号为__________，圆锥孔的表面结构代号为__________，其他各表面的表面结构代号为__________。

（9）该零件所用的材料为__________钢。

班级　　　学号　　　姓名

§7–3 装配图

1. 识读旋塞阀的装配图

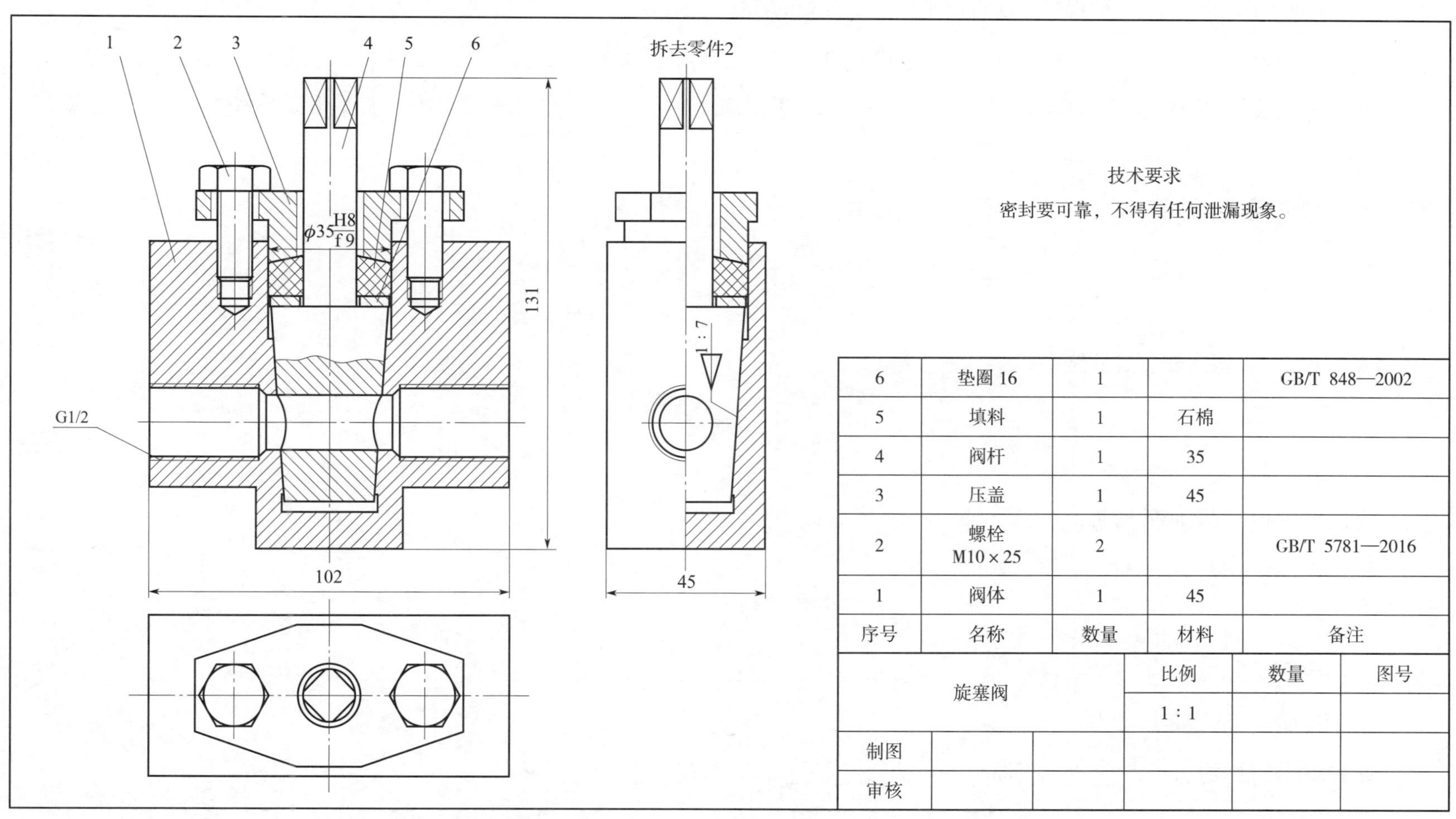

技术要求

密封要可靠，不得有任何泄漏现象。

序号	名称	数量	材料	备注
6	垫圈 16	1		GB/T 848—2002
5	填料	1	石棉	
4	阀杆	1	35	
3	压盖	1	45	
2	螺栓 M10×25	2		GB/T 5781—2016
1	阀体	1	45	

旋塞阀		比例	数量	图号
		1∶1		
制图				
审核				

班级　　　　学号　　　　姓名

1.（续）

（1）该装配共用了________个基本视图，分别是________视图、________视图和________视图。

（2）主视图采用________剖视图，左视图采用________剖视图。

（3）该旋塞阀共用了________种零件，其中标准件有________种，分别是____。

（4）该装配图的图示位置为旋塞阀处于____________（开、关）的位置。要想将阀门关闭，需要用扳手将____________旋转______________。

（5）如何拆卸阀杆 4？

（6）如何将旋塞阀安装到管路中？

（7）如何保证旋塞阀的密封？

（8）该装配图上标注了一个配合尺寸，该尺寸为________________，它表示________和________之间的配合。

（9）该装配体的安装尺寸为________。

（10）该装配体的总长为________ mm，总宽为________ mm，总高为________ mm。

班级　　　学号　　　姓名

2. 识读传动器的装配图

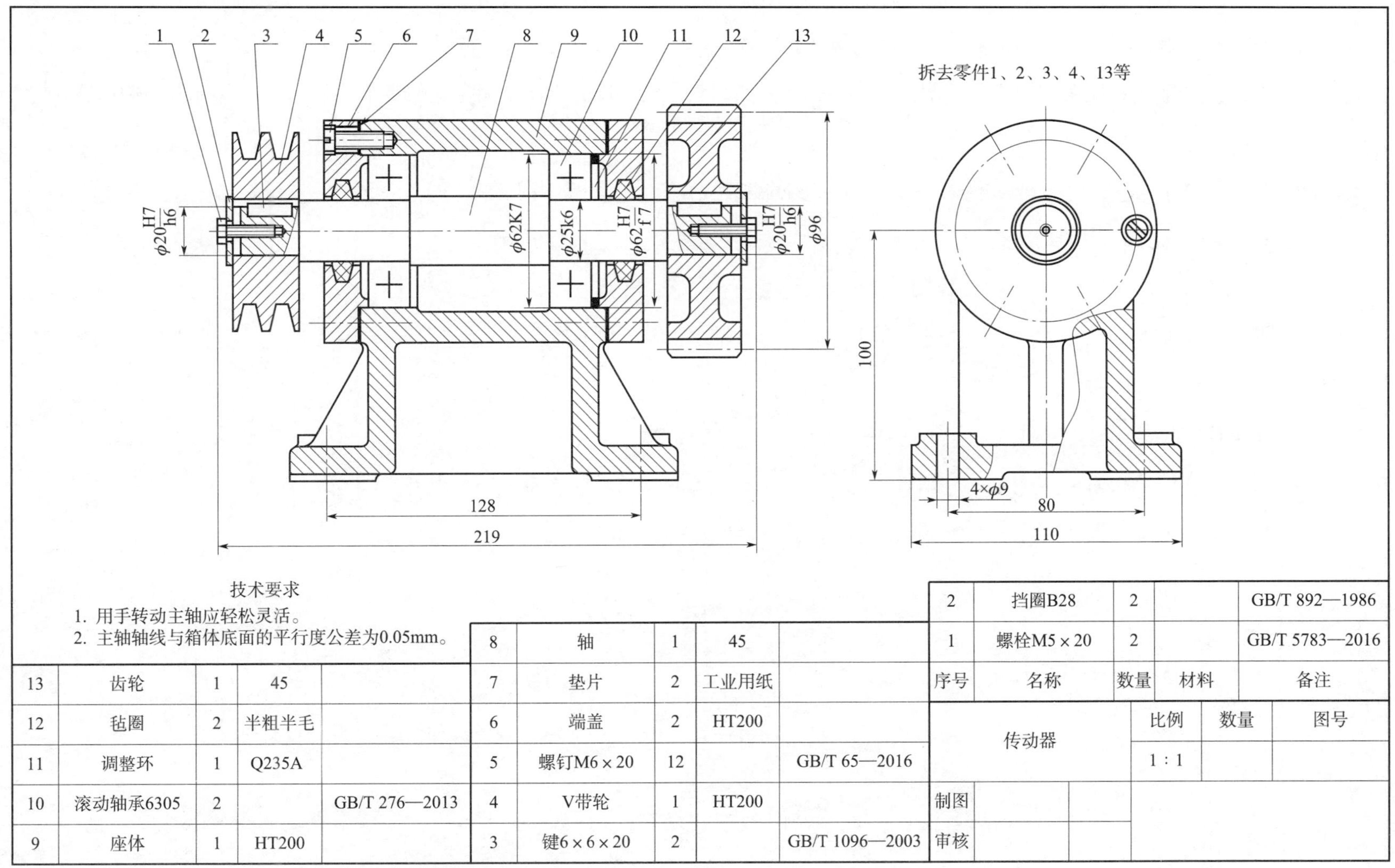

技术要求

1. 用手转动主轴应轻松灵活。
2. 主轴轴线与箱体底面的平行度公差为0.05mm。

序号	名称	数量	材料	备注
13	齿轮	1	45	
12	毡圈	2	半粗半毛	
11	调整环	1	Q235A	
10	滚动轴承6305	2		GB/T 276—2013
9	座体	1	HT200	
8	轴	1	45	
7	垫片	2	工业用纸	
6	端盖	2	HT200	
5	螺钉M6×20	12		GB/T 65—2016
4	V带轮	1	HT200	
3	键6×6×20	2		GB/T 1096—2003
2	挡圈B28	2		GB/T 892—1986
1	螺栓M5×20	2		GB/T 5783—2016

传动器	比例	数量	图号
	1：1		
制图			
审核			

班级　　学号　　姓名

2.（续）

（1）该装配图共用了________个视图表达其结构，分别是________视图和________视图。

（2）该装配图的主视图采用________剖视图，在轴 8 的两端只剖切一部分，这是因为轴的其余部分为________。该装配图的左视图采用了________剖视图。

（3）该装配体上有________种标准件，螺钉（件 5）的数量是________，它用于连接________________和________________。

（4）键（件 3）用于实现轴与________________和轴与________________之间的连接。

（5）挡圈（件 2）和螺栓（件 1）的作用是轴向固定____________和____________。

（6）两个滚动轴承的代号为__________，属于__________轴承，其外圈直径为__________，外圈与________________配合；内圈直径为________，内圈与________________配合。

（7）ϕ62H7/f7 表示________________与________________之间的配合。

（8）该装配体的总长为________ mm，总宽为________ mm，总高为________ mm。

（9）该装配体的安装尺寸有________ mm、________ mm 和________ mm。

班级　　　　学号　　　　姓名

§7–4 焊接图

1. 解释图中焊缝符号的含义，并在右图中用图示法表示焊缝

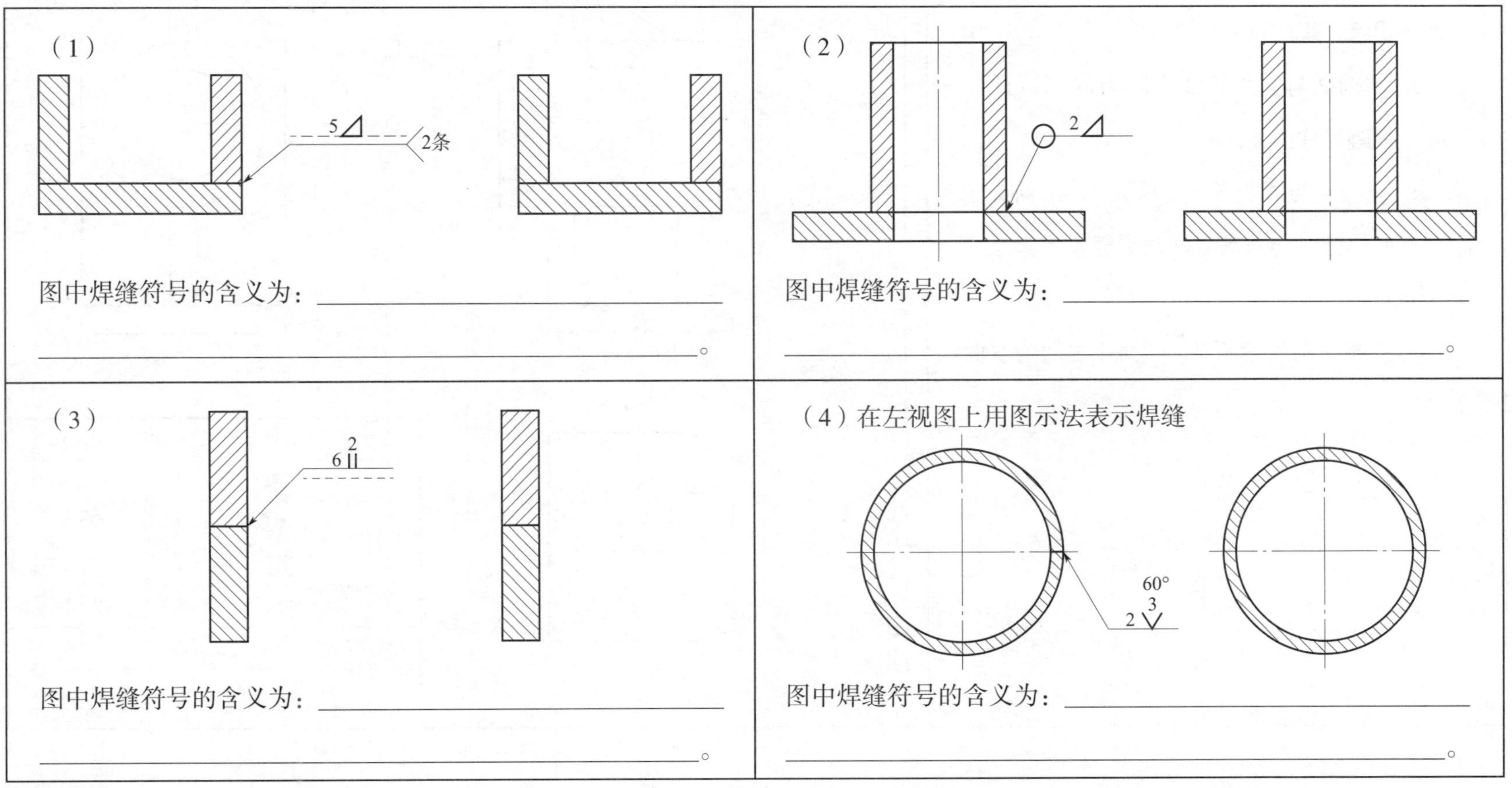

班级　　学号　　姓名

2. 看懂三视图，根据焊缝要求在图上标注焊缝符号

焊缝要求

1. 支承板 3 与底板 5 的焊缝在左侧，为单面角焊缝，焊脚尺寸为 5 mm。

2. 圆筒 2 与支承板 3 之间为周围双面角焊缝，焊脚尺寸为 4 mm。

3. 立板 4 与底板 5、支承板 3、圆筒 2 之间为三面焊缝，均采用双面角焊缝，焊脚尺寸为 4 mm。

4. 肋板 1 与支承板 3、圆筒 2 之间为双面角焊缝，焊脚尺寸为 4 mm。

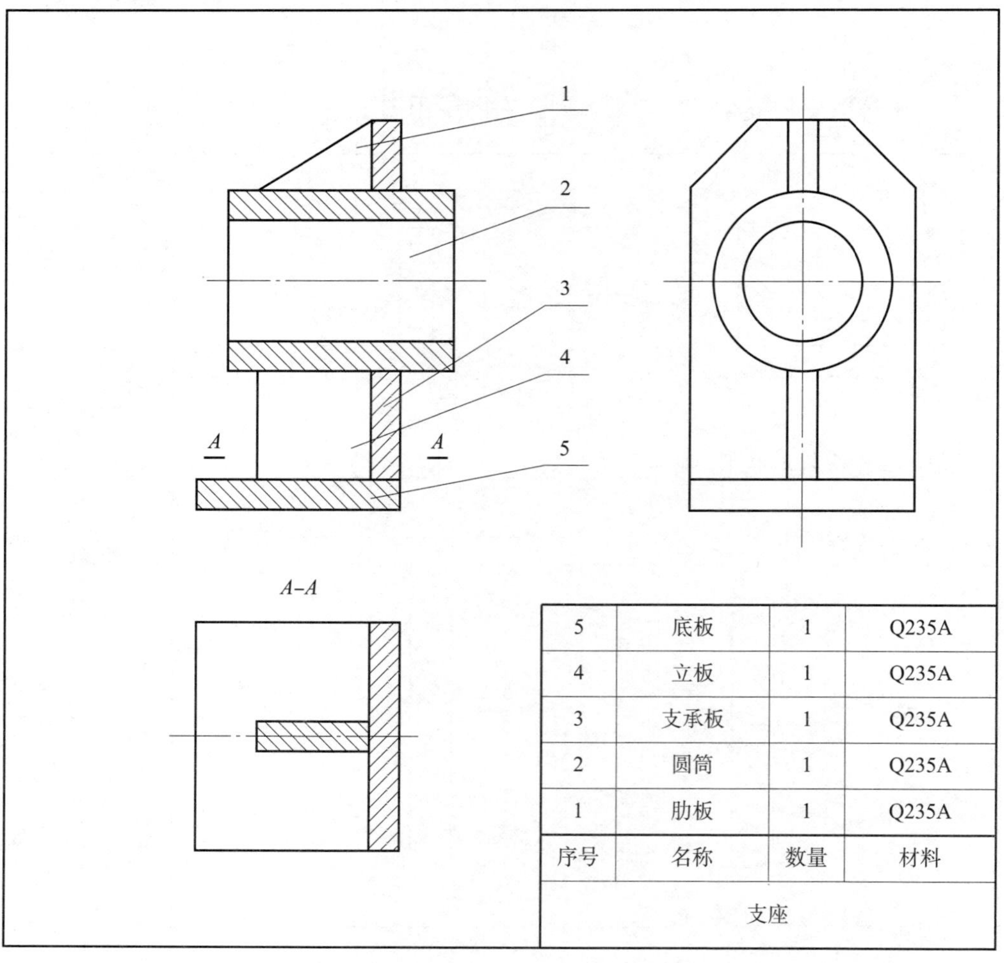

5	底板	1	Q235A
4	立板	1	Q235A
3	支承板	1	Q235A
2	圆筒	1	Q235A
1	肋板	1	Q235A
序号	名称	数量	材料
支座			

班级　　学号　　姓名

3. 识读支柱的焊接装配图，并回答问题

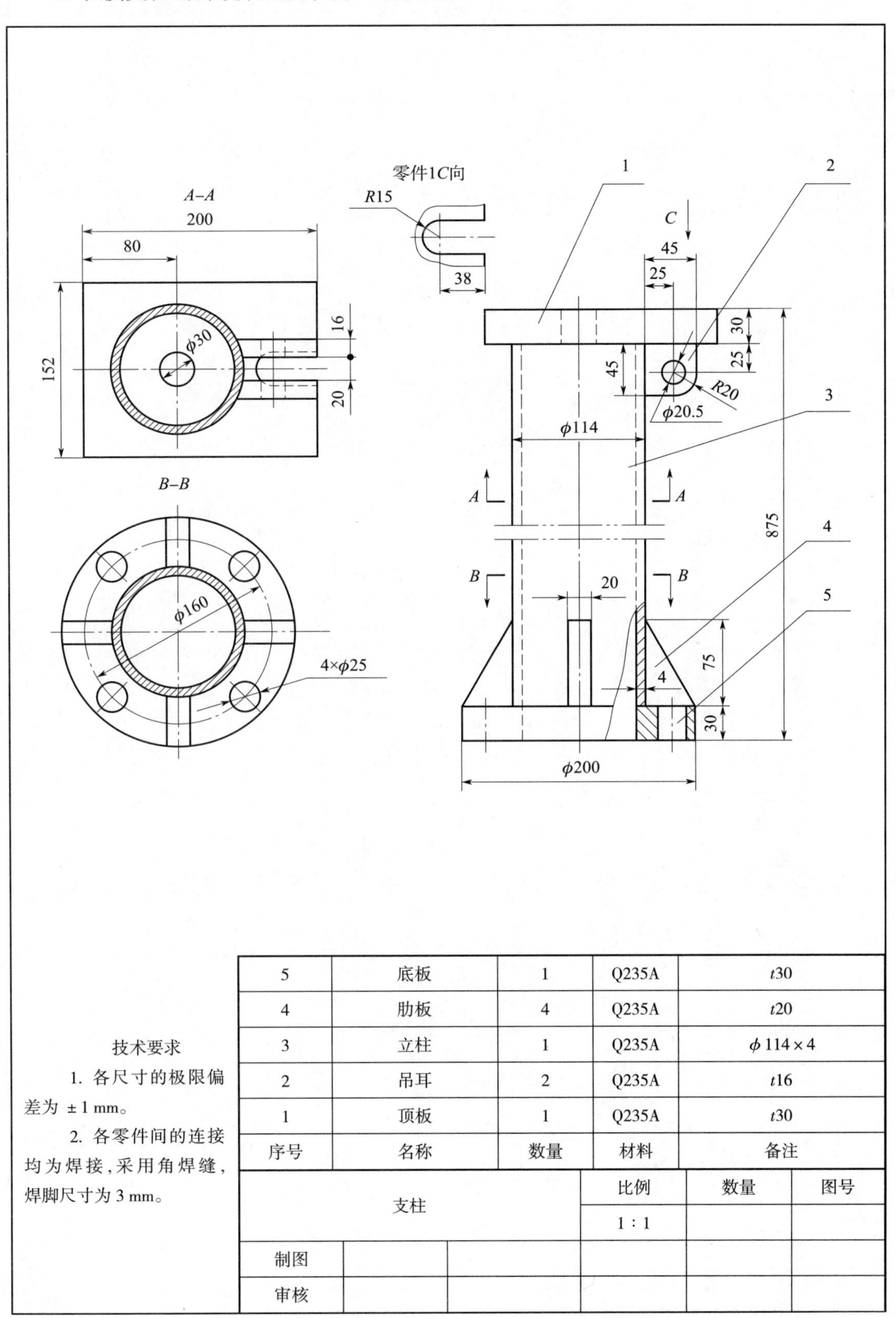

技术要求

1. 各尺寸的极限偏差为 ±1 mm。

2. 各零件间的连接均为焊接，采用角焊缝，焊脚尺寸为 3 mm。

5	底板	1	Q235A	t30
4	肋板	4	Q235A	t20
3	立柱	1	Q235A	ϕ114×4
2	吊耳	2	Q235A	t16
1	顶板	1	Q235A	t30
序号	名称	数量	材料	备注

支柱		比例	数量	图号
		1:1		
制图				
审核				

班级　　学号　　姓名

3.（续）

（1）表达支柱共采用了________个视图，主视图在图样的________位置，A–A 是________剖的________视图，B–B 是________剖的________视图，“零件 1C 向”是________视图。

（2）底板 5 上有 4 个小孔，其定形尺寸为________ mm，定位尺寸为________ mm。

（3）顶板 1 上有一个 U 形槽，其宽度为________ mm。

（4）立柱 3 的高度为________ mm。

（5）吊耳 2 的板厚为________ mm，两吊耳之间的槽宽为________ mm。吊耳上有一个小孔，其轴线与立柱 3 轴线之间的距离为________ mm，其轴线与顶板 1 顶面之间的距离为________ mm。

（6）顶板 1 为方板，其长度尺寸为________ mm，宽度尺寸为________ mm，高度尺寸为________ mm。

（7）在图上没有标注焊缝符号，其焊接要求是什么？

班级　　　　学号　　　　姓名

4. 识读机架的焊接装配图，并回答问题

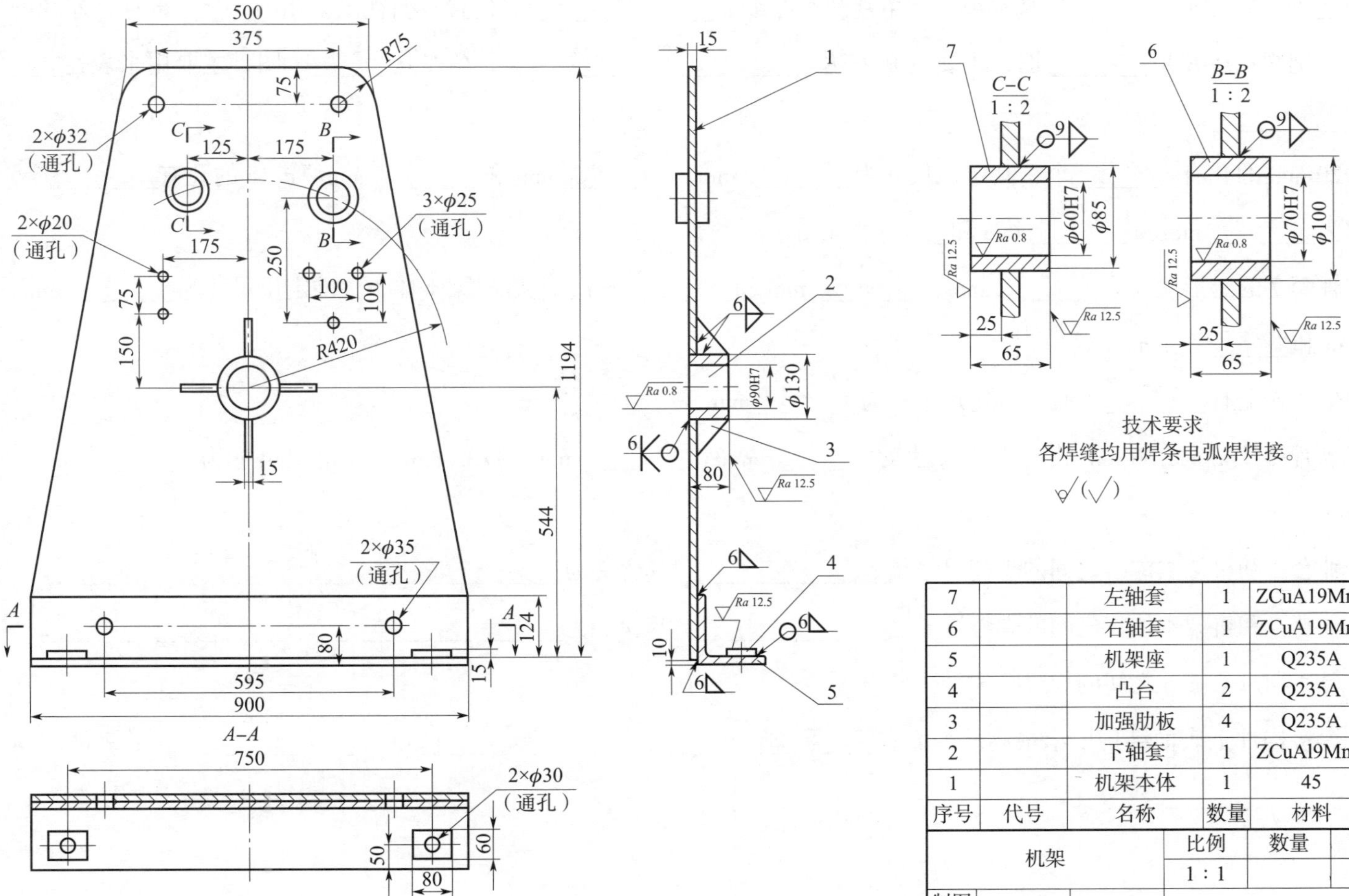

技术要求
各焊缝均用焊条电弧焊焊接。

7		左轴套	1	ZCuA19Mn2	
6		右轴套	1	ZCuA19Mn2	
5		机架座	1	Q235A	L140×140×16-900
4		凸台	2	Q235A	
3		加强肋板	4	Q235A	
2		下轴套	1	ZCuAl9Mn2	
1		机架本体	1	45	
序号	代号	名称	数量	材料	备注

机架		比例	数量	图号
		1∶1		
制图				
审核				

班级 学号 姓名

4.（续）

（1）表达机架采用了________个基本视图，主视图在图纸的________________位置；俯视图采用________剖视，左视图采用________剖视。B–B 是________图，主要用来表达________________________；C–C 是________图，主要用来表达________________________。

（2）ϕ20 mm 的孔有________个，其定位尺寸为________ mm、________ mm 和________ mm。ϕ25 的孔有________个，其定位尺寸为________ mm、________ mm 和________ mm。

（3）左轴套 7 的定形尺寸为________ mm、________ mm 和________ mm，它在机架本体 1 上的定位尺寸为________ mm、________ mm 和________ mm。

（4）机架座 5 上有________个孔，其定形尺寸为________ mm 和________ mm。

（5）机架座 5 上 2 × ϕ30 mm 孔的定位尺寸为________ mm 和________ mm，ϕ35 mm 孔的定位尺寸为________ mm 和________ mm。

（6）下轴套 2 和机架本体 1 之间的焊缝符号是______________，其含义为____。

（7）右轴套 6 和机架本体 1 之间的焊缝符号是______________，其含义为____。

（8）凸台 4 和机架座 5 之间的焊缝符号是________________，其含义为____。

（9）该焊接构件上表面结构要求最高的表面有________________、________________和________________，其表面结构代号为________________。

班级　　　　学号　　　　姓名

第八章　汽车电路识图

§8-1　电路符号

一、填空题

1. 图形符号是指用于表达一个电气系统、设备、装置、元器件的简单________或字符。

2. 一般符号用作限定符号时，要________绘制。

3. 在 GB/T 4728 中，大部分用以表示某些特定装置或概念的图形符号是由标准规定的________符号、________符号、符号要素及相关________符号、________符号等组合而成的。

4. 图形符号应表示在________电压、________外力条件下的常规状态。

5. 标准中的图形符号大都按从________到________的信号流向设计。

6. 图形符号的取向可通过标准符号________或镜像的方式生成。

7. 字母代码主要有______字母代码和___________字母代码两种基本形式。

8. 端子代号是一种用于表示电气装置或部件________的标识符号。

二、选择题

1.（　　）是一种附加在一般符号或其他符号上的，用以提供某种确定或附加信息的符号，通常不能单独使用。

A. 符号要素　　B. 限定符号　　C. 一般符号

2.（　　）是同一类产品中各种产品的通用符号，可单独使用。

A. 符号要素　　B. 限定符号　　C. 一般符号

3.（　　）是一种用于表示电气设备、装置或部件相对于系统的标识符。

A. 参照代号　　B. 端子代号　　C. 方框符号

4. 用于表示半导体二极管的图形符号是（　　）。

A. 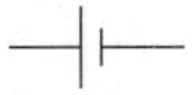　　B. 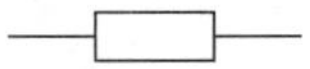　　C.

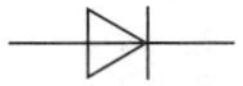

5. 大众、奔驰轿车电路图中用于表示动合（常开）开关图形符号的是（　　）。

A. 　　B. 　　C.

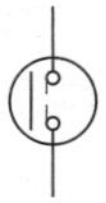

班级　　学号　　姓名

三、简答题

1. 识读下表中的图形符号，并写出其含义。

图形符号	含义	图形符号	含义	图形符号	含义
		  0 1 2			
		0 1 2			
		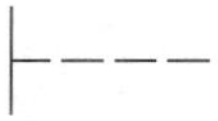		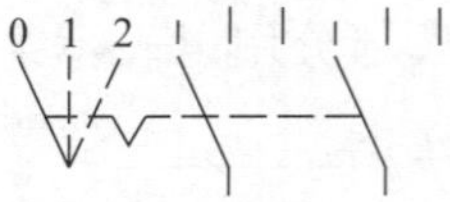 0 1 2	
				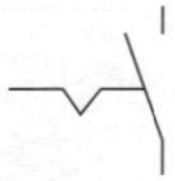	
		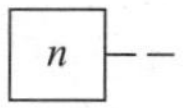 *n*			
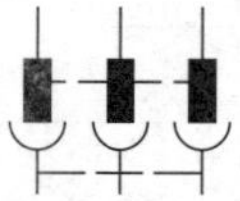				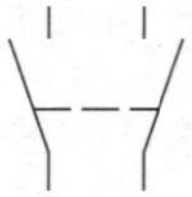	
				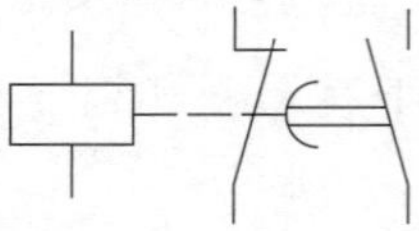	

班级　　　　学号　　　　姓名

续表

图形符号	含义	图形符号	含义	图形符号	含义
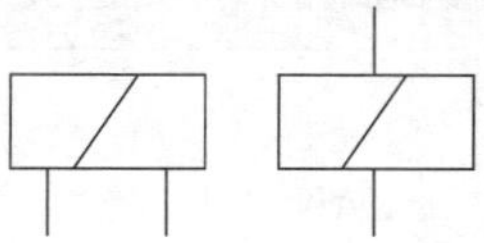		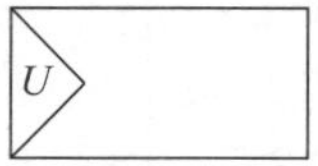 U		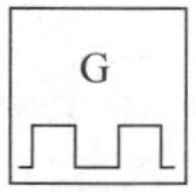 G	
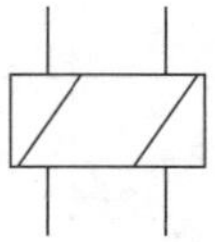		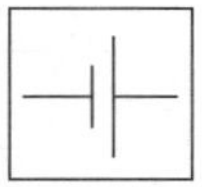		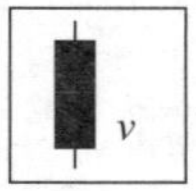 v	
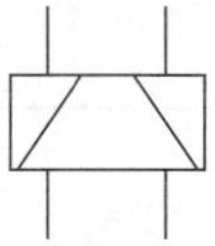				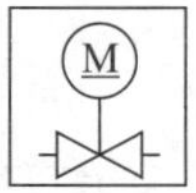 M	
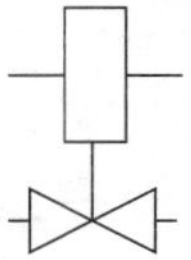		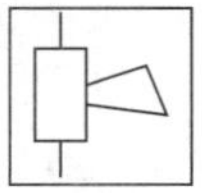		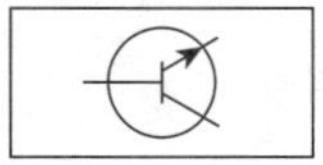	
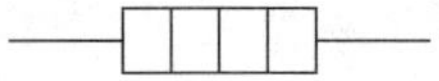		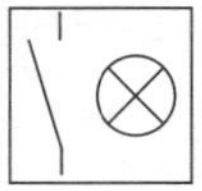		 M	
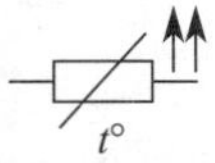 $t°$		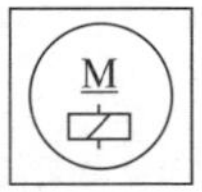 M		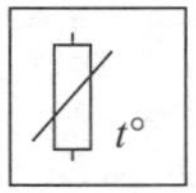 $t°$	
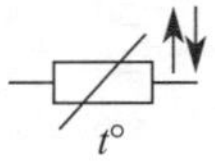 $t°$		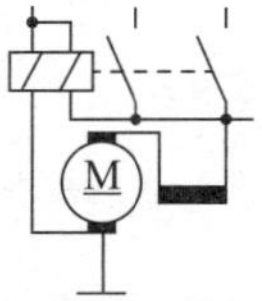 M		 G 3~ ΣU	

班级　　学号　　姓名

2. 分析图 8–1 所示的带电压调节器的交流发电机的图形符号，该符号由哪些图形符号组合而成？并写出其含义。

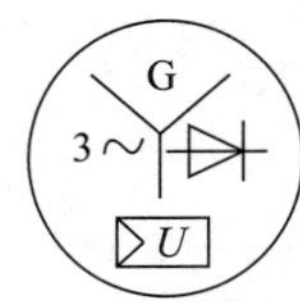

图 8–1　带电压调节器的交流发电机的图形符号

3. 写出下表中汽车电器常用缩略语的含义

缩略语	含义	缩略语	含义	缩略语	含义
ABS		A/T		CAN	
A/C		CPU		ECM	

4. 端子的标识符号应包括哪三部分？

班级　　　　学号　　　　姓名

5. 识读图 8-2 所示的奇瑞艾瑞泽高压系统部件连接关系图，写出图中缩略语的含义。

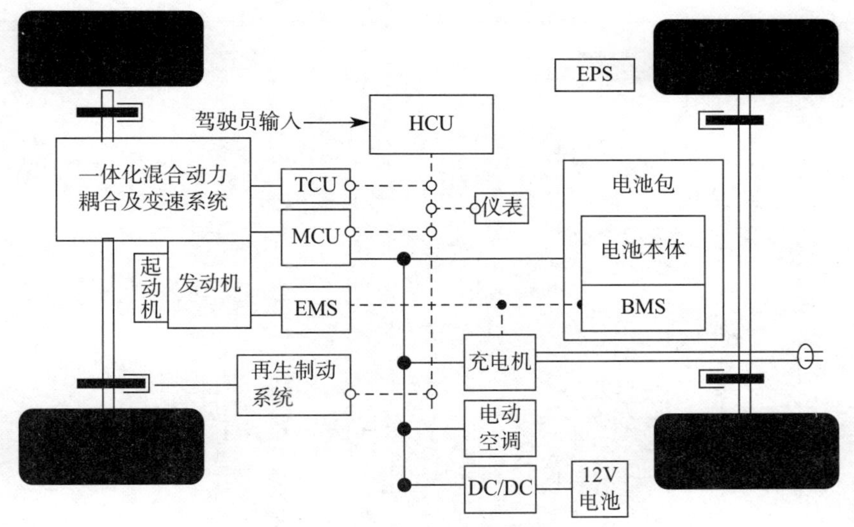

图 8-2 奇瑞艾瑞泽高压系统部件连接关系图

6. 识读图 8-3 所示的汽车电源系统接线图，并回答下列问题。

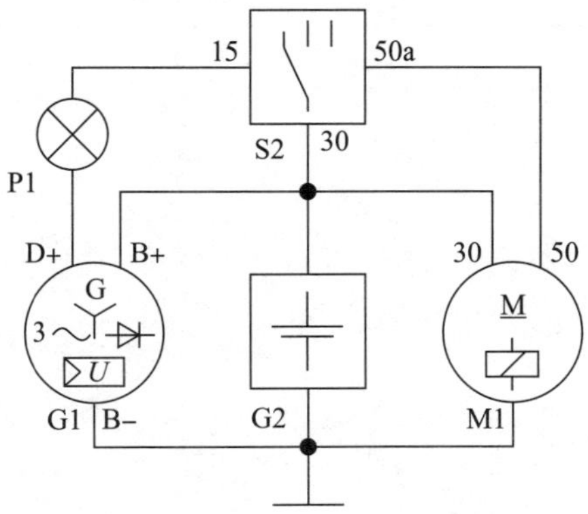

图 8-3 汽车电源系统接线图

（1）图中点火开关 S2 有几个端子？写出其端子代号。

（2）写出图中点火开关 S2 端子的完整端子代号，并写出其完整的端子标识。

班级　　　　学号　　　　姓名

§8-2　绘制电路图的一般规则和基本表示方法

一、填空题

1. 电气制图一般只使用__________线、__________线、__________线和双点画线四种形式的图线。

2. 在电气简图中，箭头有__________和__________两种图示形式。

3. 图线的布置方式主要有__________布置、__________布置和交叉布置三种。

4. 在电气图中，电路或电气元器件的布局方法有____________布局法和__________布局法两种。

5. ________表示法是指在简图中把表示一个项目的各组成部分的图形符号绘制在一起的方法。

6. __________表示法是指把一个项目中某些部分的图形符号在简图上分开布置，并用参照代号表示它们之间关系的方法。

7. 元器件和设备的可动部分通常表示在______________或不工作的状态或位置。

8. 每根连接线或导线各用________条图线表示的方法，称为多线表示法。

二、选择题

1. 当需要在图上显示出图的某一部分表示的是功能单元或结构单元时，可用（　　）围框表示。

A. 细点画线　　B. 实线　　C. 虚线

2.（　　）布局法是只考虑便于看出电路或电气元器件的功能关系，而不考虑其实际安装位置的一种布局方法。

A. 功能　　B. 位置　　C. 功能和位置

3. 下列（　　）用位置布局法布置，能清楚地表示出电气元器件的相对位置和导线走向。

A. 框图　　B. 电路图　　C. 接线图

4. 电路符号“┼”表示（　　）。

A.“十”字形连接点

B. 两条连接线交叉但不连接

5. 在功能布局法中，按照因果关系、动作顺序等（　　）布置。

A. 从左至右或自上而下

B. 从右至左或自上而下

C. 从右至左或自下而上

班级　　学号　　姓名

三、简答题

1. 画出开口箭头、实心箭头图形。在电气简图中，开口箭头的主要作用是什么？实心箭头的主要作用是什么？

2. 识读图 8–4 所示的电路图，并按要求回答下列问题。

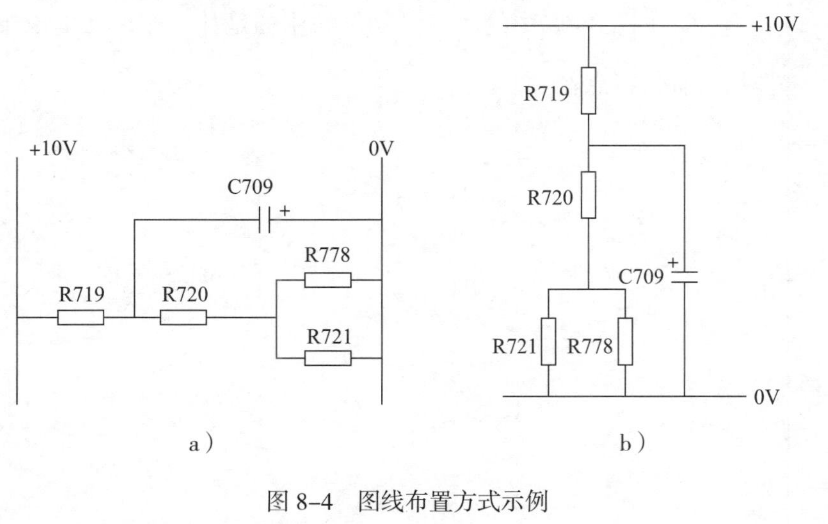

图 8–4　图线布置方式示例

（1）图 8–4a 中的连接线主要采用什么布置方式？该布置方式有何特点？

（2）图 8–4b 中的连接线主要采用什么布置方式？该布置方式有何特点？

班级　　　　学号　　　　姓名

3. 识读图 8–5 所示图例，并按要求回答下列问题。

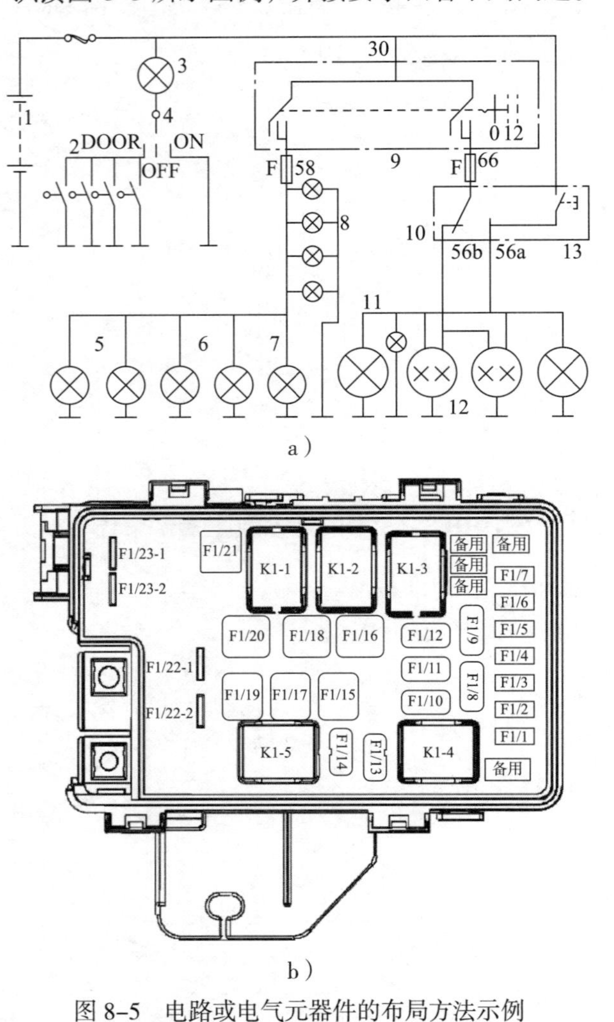

图 8–5　电路或电气元器件的布局方法示例

（1）图 8–5a 中的电路、电气元器件采用的是什么布局法？该布局法有何特点？

（2）图 8–5b 中的电气元器件采用的是什么布局法？该布局法有何特点？

班级　　　　学号　　　　姓名

4. 识读图 8-6 所示图例，并按要求回答下列问题。

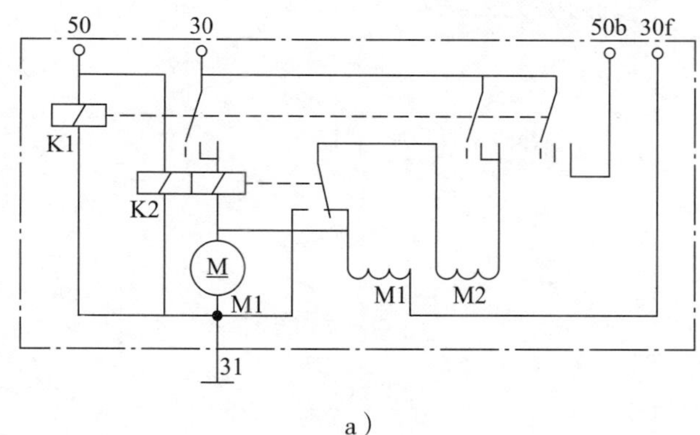

a）

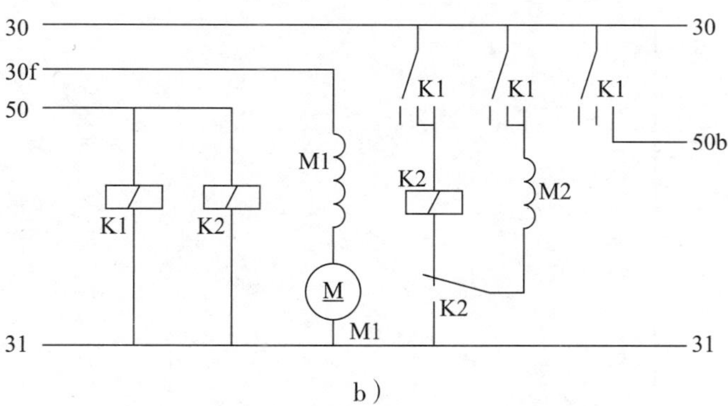

b）

图 8-6 电气元器件的基本表示方法示例

（1）在图 8-6a 中，对驱动部分和被驱动部分之间具有机械连接功能关系的元器件采用什么表示方法？该表示方法有何特点？适用于什么场合？

（2）在图 8-6b 中，对驱动部分和被驱动部分之间具有机械连接功能关系的元器件采用什么表示方法？该表示方法有何特点？

班级 学号 姓名

5. 分析图 8-7 所示的大众汽车电路图，并按要求回答下列问题。

（1）在图 8-7 中，连接线在哪些地方采用了中断表示法？（在图中圈出）

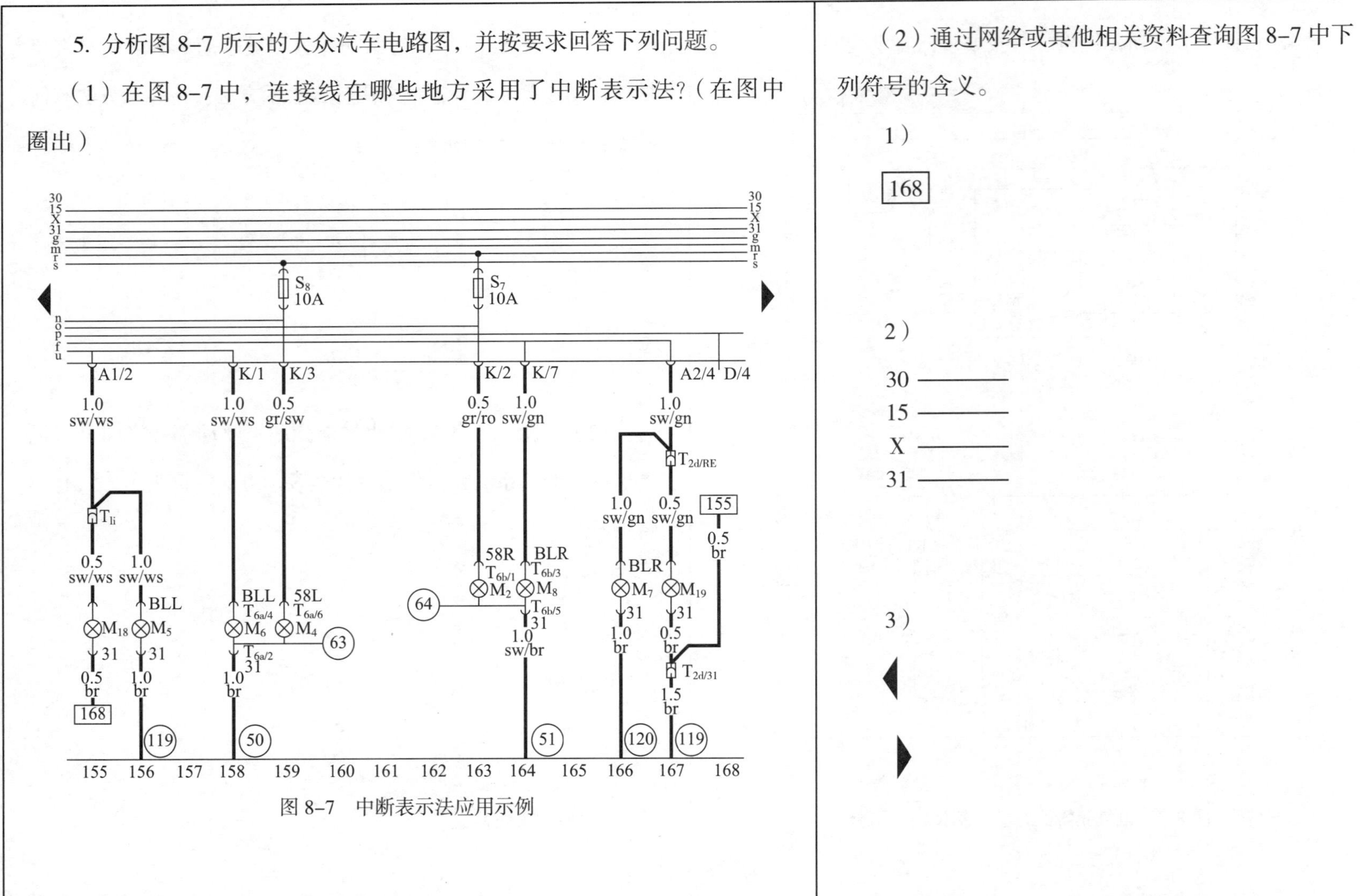

图 8-7　中断表示法应用示例

（2）通过网络或其他相关资料查询图 8-7 中下列符号的含义。

1）

168

2）

30 ________

15 ________

X ________

31 ________

3）

◀

▶

班级　　　　学号　　　　姓名

§8–3 汽车电路图的常用类型

一、填空题

1. 原理框图是一种用________符号或带________的框绘制，概略地表示电气系统的基本组成、相互关系及其主要特征的简图。

2. 当用带注释的框绘图时，框内的注释可以是________，也可以是________符号，还可以是文字与图形符号兼有。

3. 在原理框图中，框有________线框和________线框两种形式，其中________线框的容量要比________线框大一些。

4. 原理框图中的连接线一般用________线表示法表示。对________线框，连接线应接到框内图形符号上；对________符号或________线框，连接线应接到框的轮廓线上。

5. 框图是按________布局法布置的，并用________表示信息流或能量流的传输方向。

6. 在汽车电路图中，电气设备、电气装置（或器件）在电路原理图上位置的表示方法主要有____________法和____________法。

7. 在大多数汽车电路原理图中，电源线一般布置在图的______方，搭铁线布置在图的______方，电流方向自上而下。

8. 点画分隔线或边框线是部分电路的________线，用于表示装置或部件的________和结构关联。

9. 若连接线贯穿图幅的距离较长，则允许被________。

10. 接线图中的电器件一般用____________符号表示，也可用________符号表示，接线处用圆、点、接插连接或只用接入线。

11. 在汽车电路图中，连接线常用的表示方法有________法和________法两种。

12. 用关联法绘制的接线图其装置和电器件的识别标记要用它们上面已有的________标记表示。

13. 用分解法表示接线图有两种表达方式：一种是用装置、电器件的________符号描述，并带目标指示的接线和导线的颜色标识；另一种是用装置和电器件的________符号描述，并带目标指示的接线和导线的颜色标识。

14. 线束中同路的导线尽量画在一起。图中导线一般都标有导线类型、__________代号、__________、横截面积等标记。

班级　　　　学号　　　　姓名

二、选择题

1. 绘制原理框图的图形符号主要有框形符号和带注释的框两种，其中（　　）应用最广。

A. 框形符号　　B. 带注释的框

2.（　　）是一种用电路符号详细地表示电路的各个细节和工作原理的简图。

A. 电路原理图　　B. 原理框图　　C. 接线图

3. 在汽车电气与电子系统中，（　　）是装置或部件的非导电边框，既不表示装置与部件的外壳，也不能用于装置的接地线。

A. 实线　　B. 虚线　　C. 点画线

4. 在强电系统中，边框线常与用（　　）表示的接地保护线（PE）相连。

A. 实线　　B. 虚线　　C. 点画线

5.（　　）是一种用来标记电气装置的接线位置和与该装置外部和内部（如果需要）的导线连接等内容的简图。

A. 电路原理图　　B. 原理框图　　C. 接线图

6. 下列（　　）不是按功能布局法绘制的。

A. 原理框图　　B. 电路原理图　　C. 接线图

7.（　　）是指元器件之间的连接线是逐根绘制的方法，也就是连接线的多线表示法。

A. 关联法　　B. 分解法

8. 用分解法绘图可省去装置和元器件之间的连接导线，使图面简洁、清晰。为便于查找，要求所有从一个装置和元器件引出的导线都要含有“（　　）”标记。

A. 图形符号　　B. 目标指示　　C. 技术数据

9. 用关联法绘制的接线图能清楚地反映出线路中各元件之间的连接关系，但图中线条数明显增加，不适用于（　　）线路。

A. 简单　　B. 复杂

班级　　学号　　姓名

三、简答题

1. 分析图 8–8 所示汽车电控喷射系统原理框图，并回答下列问题。

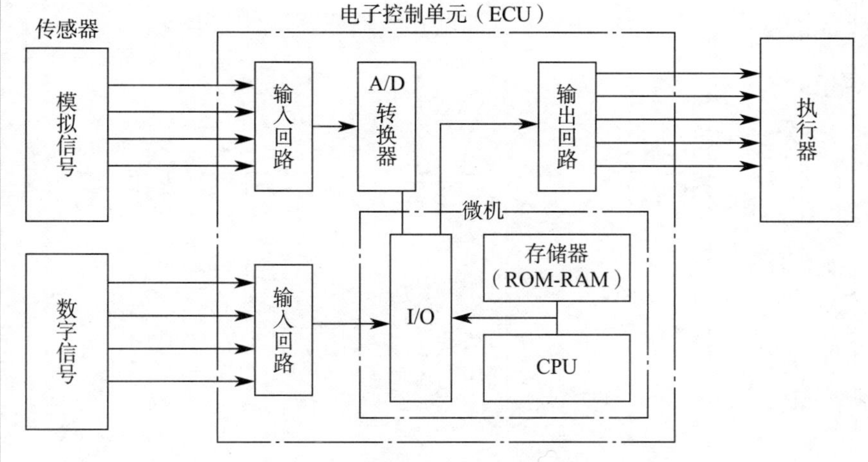

图 8–8 汽车电控喷射系统原理框图

（1）该汽车电控喷射系统原理框图用哪种图形符号绘制？

（2）图中框的形式主要有哪几种？哪种框包含的容量大一些？

（3）图中的连接线用什么表示法表示？

（4）该框图是按什么布局法布置的？

（5）图中的箭头表示什么含义？

（6）图中，对细点画线框，连接线应接到什么符号上？对细实线框，连接线应接到什么线上？

（7）图中，什么功能单元是用框的嵌套形式表示的？

班级　　学号　　姓名

2. 分析图 8–9 所示的简单汽车照明和信号、制动、刮水系统电路图，并回答下列问题。

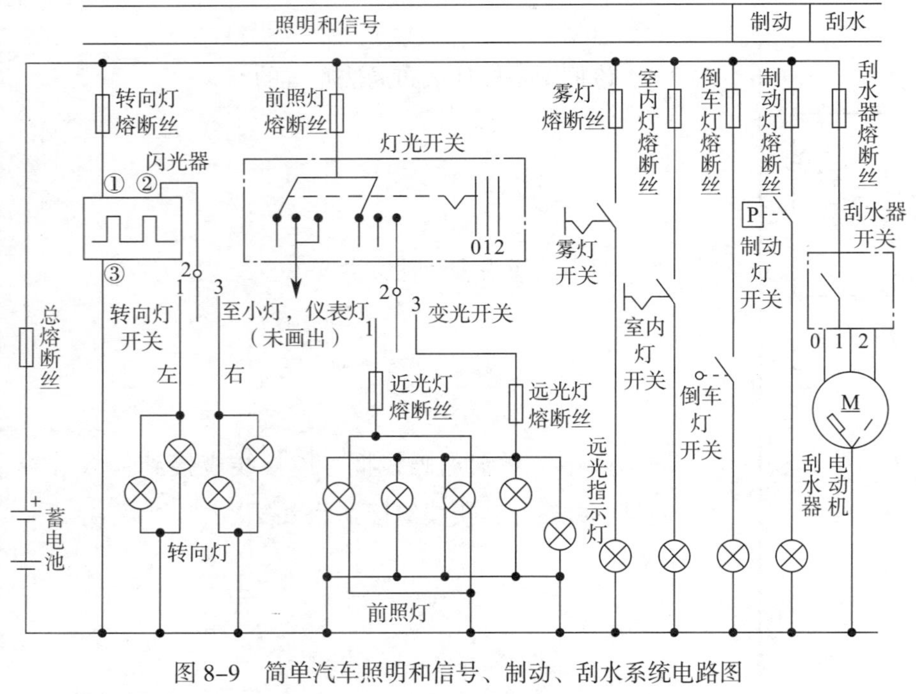

图 8–9　简单汽车照明和信号、制动、刮水系统电路图

（1）图中，电路是按什么布局法布置的？

（2）图中，用什么表示方法标记电器在图上的位置？

（3）图中，细点画线围框表示什么含义？

（4）图中，灯光开关采用了哪种表示方法？

（5）图中，图线主要采用了哪种布置方式？

（6）图中，电路应按电流方向怎样排列？

（7）图中，电源线布置在图的什么位置？搭铁线布置在图的什么位置？电流方向如何？

班级　　　　学号　　　　姓名

3. 分析图 8–10 所示的汽车电源系统接线图，并回答下列问题。

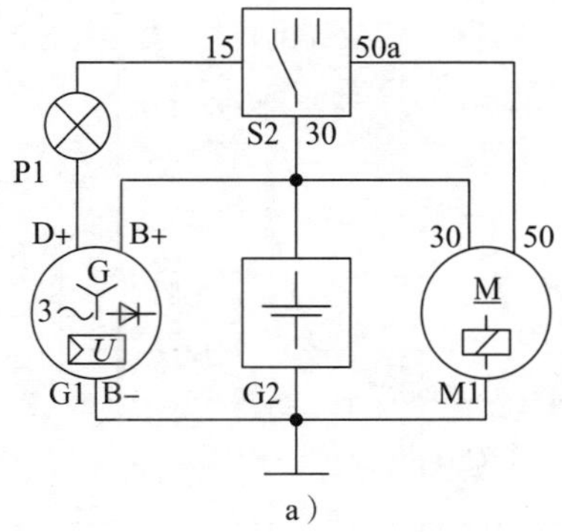

a）

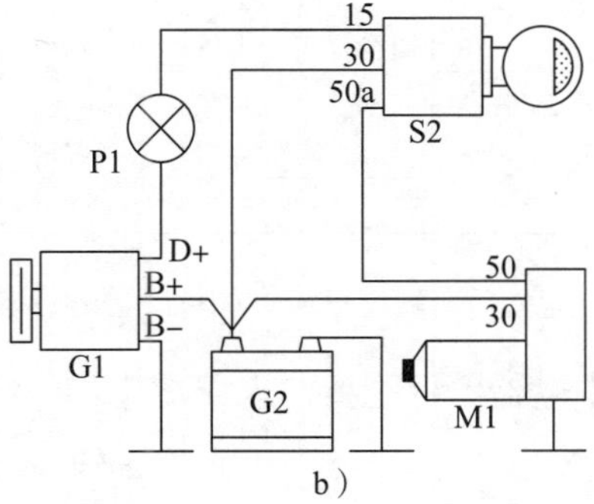

b）

图 8–10　汽车电源系统接线图

a）用装置、元器件的电路符号描述

b）用装置、元器件的简化图形描述

（1）图中，汽车电源系统接线图的连接线是采用什么方法绘制的？

（2）用分解法表示图 8–10 所示的接线图。

班级　　　　学号　　　　姓名

4. 分析图 8–11（见后页）所示的日产风神蓝鸟轿车转向信号灯和危险警告灯电路接线图，并回答下列问题。

（1）接线图中的电器是用什么符号表示的？

（2）接线图是按什么布局法布置的？其布局特点是什么？

（3）图的左边、右边分别为汽车的哪一部分？上边、下边分别为汽车的哪一侧？

（4）图中导线用什么标记？

（5）结合图 8–12 所示的日产风神蓝鸟轿车转向信号灯和危险警告灯电路原理图，回答下列问题。

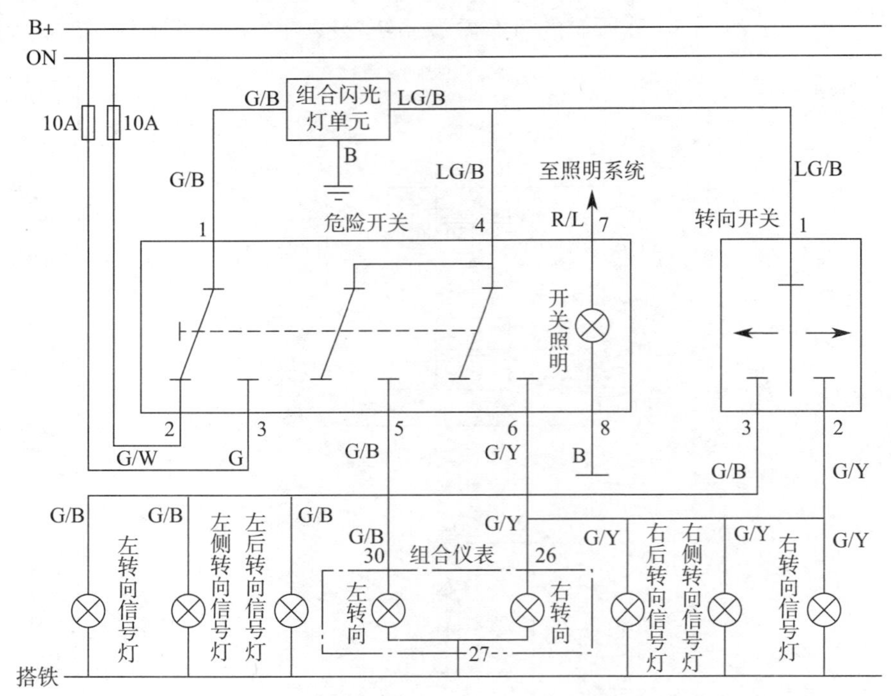

图 8–12　日产风神蓝鸟轿车转向信号灯和危险警告灯电路原理图

1）为什么接线图中电器的标记要与电路图中的一致？

2）参考电路图直接在接线图 8–11 中描画出左转向信号灯控制电路的接线关系。

班级　　　　学号　　　　姓名

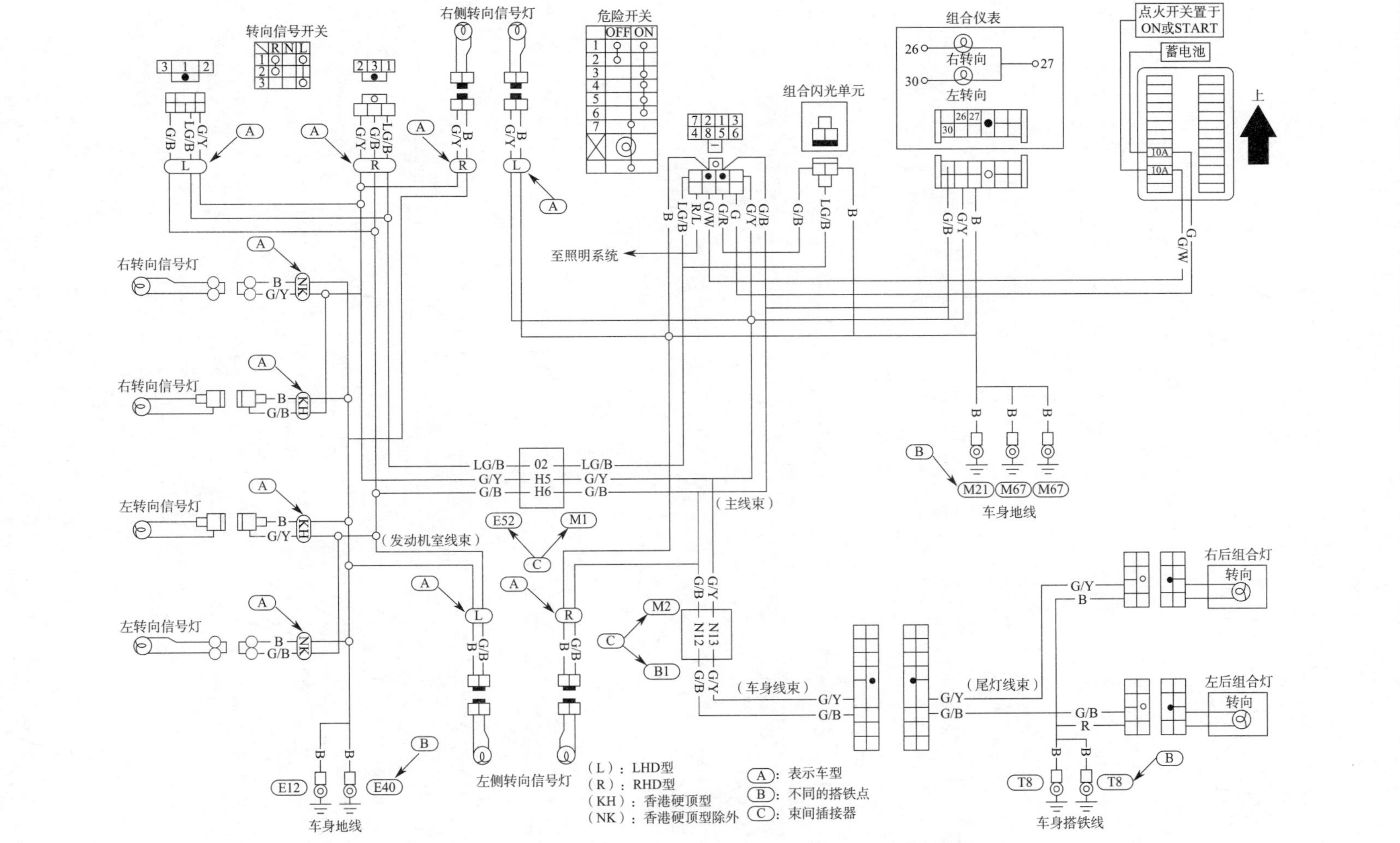

转向信号开关

右侧转向信号灯

危险开关

OFF ON

组合仪表

26 右转向 27

30 左转向

点火开关置于ON或START

蓄电池

组合闪光单元

上

至照明系统

右转向信号灯

右转向信号灯

左转向信号灯

左转向信号灯

（主线束）

（发动机室线束）

车身地线

右后组合灯 转向

左后组合灯 转向

（车身线束）

（尾灯线束）

左侧转向信号灯

车身地线

车身搭铁线

（L）：LHD型

（R）：RHD型

（KH）：香港硬顶型

（NK）：香港硬顶型除外

Ⓐ：表示车型

Ⓑ：不同的搭铁点

Ⓒ：束间插接器

图 8-11 日产风神蓝鸟轿车转向信号灯和危险警告灯电路接线图

班级 学号 姓名